BESTSELLER

Jon Sistiaga, premio Ondas en 2012 y 2016, y premio Ortega y Gasset de Periodismo, es un reconocido reportero y documentalista que ha cubierto conflictos y guerras en los Balcanes, Irak, Ruanda, Irlanda del Norte o Afganistán, entre otros muchos lugares. Curtido también como periodista durante los peores años del terrorismo en el País Vasco, sus reportajes han profundizado siempre en las razones últimas para usar y justificar el recurso de la violencia.

Durante dos décadas, Sistiaga ha entrevistado a talibanes afganos, miembros de ETA, guerrilleros de las FARC, narcos mexicanos, militantes del IRA, genocidas ruandeses o yihadistas de Al Qaeda, así como a un sinfín de víctimas. Sus documentales y artículos se han publicado en Telecinco, Cuatro, Canal+, CNN, *El País* o Movistar+. En esta última plataforma creó y dirigió el programa *Tabú*, donde reflexionó y profundizó en temas tan sensibles como la muerte o la maldad humana.

En 2005 publicó en Plaza & Janés, con gran éxito, *Ninguna guerra se parece a otra*, donde relata su experiencia en la guerra de Irak. En 2022 publicó *Purgatorio*, su primera novela, también con Plaza & Janés.

JON SISTIAGA

Ninguna guerra se parece a otra

DEBOLS!LLO

Papel certificado por el Forest Stewardship Council®

Penguin
Random House
Grupo Editorial

Primera edición con esta presentación: septiembre de 2025

© 2004, Jon Sistiaga
© de las fotografías interiores: Archivo personal del autor,
Antonio Baquero, Olga Rodríguez y Diego Miralles
© 2004, 2025, Penguin Random House Grupo Editorial, S. A. U.
Travessera de Gràcia, 47-49. 08021 Barcelona
Diseño de la cubierta: Penguin Random House Grupo Editorial
Imagen de la cubierta: © Agustín Escudero

Printed in Spain – Impreso en España

ISBN: 978-84-663-8118-5
Depósito legal: B-12.079-2025

Compuesto en gama, s. l.
Impreso en Black Print CPI Ibérica
Sant Andreu de la Barca (Barcelona)

P 3 8 1 1 8 5

PRÓLOGO

AQUELLA GUERRA, TODAS LAS GUERRAS

Han pasado veinte años desde la primera edición de este libro, y me temo que las cosas han ido a peor. Cuando mi editor David Trías y yo pensamos que *Ninguna guerra se parece a otra* era un buen título para un libro escrito por un experimentado corresponsal de guerra, ninguno de los dos pensábamos que el mundo iba a convertirse en un lugar todavía más oscuro. Y no todas las guerras son iguales ni se libran de la misma manera. Solo se parecen en el sufrimiento que causan en la población civil y en aquellos a los que pilla en medio. Aquella guerra de Irak que retrata este libro mutó después en un conflicto contra una insurgencia legitimada para atacar a la potencia invasora. El conflicto de Afganistán, del que también se habla, acabó con una rotunda derrota y retirada de Estados Unidos que, traicionando a todos los que confiaron en sus intenciones, dejaron el país a merced de los talibanes.

¿Y después?

Después, y sin citar los conflictos que asolan el África subsahariana o las guerrillas que todavía pelean en las selvas colombianas, llegaron las guerras de Siria, Ucrania y Gaza. La primera la sentimos en Europa por la llegada de numerosos refugiados que no fueron bien recibidos, porque eran musulmanes y de piel oscura; la segunda, que la percibimos como una guerra de agresión a nuestro modo de vida, generó una enorme y estimable ola de solidaridad con todos esos refugiados rubios y cristianos; y la tercera, en fin, la tercera, la de Gaza, es algo tan desproporcionado que no me cansaré de insistir que nos va a pasar factura en nuestro sistema de valores. Porque estamos consintiendo un genocidio de proporciones colosales. En este libro que ahora, queridas nuevas y nuevos lectores, tenéis entre manos, se cuenta cómo eran las operaciones militares de Israel en Gaza y Cisjordania hace dos décadas. Lo único que las diferencia de las de ahora es el uso habitual de drones. Es decir, la ocupación y la represión desproporcionada viene usándose años y años, aunque muchos la hayan descubierto ahora por el horror en Gaza.

He repasado lo que escribí en 2004 y sigo pensando que es una crónica fiel y no estereotipada del oficio de corresponsal de guerra. No es un libro ombliguista, ni hay frases que despellejen a compañeros, ni se exalta lo peligroso o aventurero que es el oficio de reportero, y me pregunto: ¿Cómo lo escribiría ahora un periodista *influencer*...?

Este libro va de guerras, sí, pero sobre todo va de las personas que se juegan la vida y su estabilidad familiar, mental y emocional, por contar las miserias y las bondades de las que son capaces los seres humanos en las situaciones más extremas. Este libro va de compañerismo, va de sentirse responsable del sagrado deber de informar a la sociedad, para que ésta sepa tomar decisiones adecuadas basadas en informaciones reales, consistentes y verificadas. Este libro es, casi, un tratado melancólico de periodismo. De un periodismo que se encuentra en la Unidad de Cuidados Intensivos. Que, por tanto, puede recuperarse, pero para eso tiene que quitarse la respiración asistida y coger fuerzas.

Cuento el día a día del periodista en medio de un conflicto: desde cómo conseguir comida o gomina para el pelo, a cómo hacerte amigo de tu censor para irle poco a poco colándole información prohibida. De cómo controlar tu miedo, o cómo mentir a tu familia sobre las penurias que estás pasando. De cómo negociar en el mercado negro una botella de whisky para darte un alegrón por seguir vivo, a cómo racionar las botellas de agua en una ciudad a 45 °C y sin aire acondicionado para poder beber y asearte durante las próximas semanas. Ahora eso se cuenta en *stories*, al momento, de una manera casi narcisista por muchos que entienden el oficio como una plataforma de lucimiento. En Irak no había periodistas activistas, había sólo contadores de historias. Aunque no le gustaran a la línea editorial de sus periódicos o televisiones. Se contaba lo que veíamos. Con nuestros propios ojos.

Uno de los capítulos de *Ninguna guerra se parece a otra* se titula «Las mentiras de la guerra», y habla sobre cómo identificarlas, aflorarlas, esquivarlas o, simplemente, desmentirlas. Quizá, no sé, es un ejercicio nostálgico en un mundo mediático donde se priman los bulos, las patrañas y las medias verdades porque el algoritmo las prefiere, las adora, y además son mucho más virales que las verdades enteras. Ahora manda el clic, y los titulares chillones, sensacionalistas e hiperbólicos están arrasando con el buen periodismo. Aquél por el que murieron José Couso, Julio Anguita, Roberto Fraile, David Beriain y tantos otros. Ninguno quería morir ni tenía alma de héroe o un afán desmesurado de protagonismo. Los cuatro eran amigos y los mejores periodistas que he conocido. Estoy seguro de que hoy en día no tendrían redes sociales y seguirían poniéndose las botas para cubrir conflictos o desastres naturales y dar voz a todas las víctimas.

Este libro es un homenaje a todos ellos y a todos los que seguimos creyendo que el trabajo de informar honestamente es una labor social que hace mejores a las personas. Porque lo que no es periodismo, es propaganda. Y permitir que los políticos nos hablen desde una pantalla, o desde un *link* a una descarga de vídeo, o desde un comunicado oficial, es traicionar esta profesión. Estamos para hacer preguntas incómodas desde el respeto, no desde el acoso obsceno de un micrófono metido en la boca por un matón de colegio que sólo busca viralidad para conseguir más clics y más ingresos.

«Los periodistas son el enemigo del pueblo», dijo Donald Trump. Y lo creen todos los aspirantes a autócratas y *tecnomandarines* que le quieren imitar. También aquí en España. Lo de hablar en nombre del «pueblo» ya lo hicieron en Alemania desde 1933, y también en Euskadi se asesinaba en su nombre. Mucho cuidado con apropiarse del concepto.

Al menos en Irak, el sátrapa Sadam Husein no engañaba. Tenía un Ministerio de Información, como el Ministerio de la Verdad orwelliano, y tenía una oficina de censores que nos vigilaba desde la nuca. Ah, espera, fue el asesor principal de Trump, Steve Bannon, el que dijo eso de que «la verdadera oposición son los medios y la única manera de lidiar con ellos es inundándolo todo de mierda». Pues en ese momento estamos, y este prologo, veinte años después, es un desahogo escrito desde el orgullo por mis compañeros y por una forma de entender el periodismo como servicio público.

José, te sigo echando de menos, compañero.

JON SISTIAGA,
septiembre de 2025

ÍNDICE

1

LA SOLEDAD DE LA HABITACIÓN 1403

«¡Pero qué hija de puta es la vida!», pensé para mí. Estaba más solo que nunca, más desamparado y más triste que nunca. Doce horas antes un carro de combate norteamericano había disparado un obús contra el hotel Palestina y había impactado junto a nuestra habitación, matando a mi compañero y amigo José Couso. La habitación, esa noche, se hizo hostil. Miré hacia la izquierda, a la cama de al lado, donde dormía Couso, donde todavía estaba el estuche de sus lentillas y una camiseta sucia, y volví a llorar.

Esa noche decidí quedarme en nuestra suite 1402. En la planta 14 de ese hotel. Dos habitaciones unidas por un salón. Una de ellas orientada hacia el sur, donde dormíamos. La otra, orientada hacia el norte, hacia donde estaban los puentes desde los que nos cañonearon. Lo fácil hubiera sido dormir en otro lugar, en otra cama, con otra gente, pero me hubiera traicionado a mí mismo. Y quizá traicionaría a José buscando otras compañías. No. Tenía que quedarme allí. Donde lo habían matado. Aunque fuera sólo como terapia de choque. Fuera, el aire pegaba tan fuerte que lograba colarse por las junturas de las ventanas silbando de manera aterradora. Hay veces, en Bagdad, que de repente se levantan todos los vientos conocidos, se juntan en el desierto, y cuando han cogido suficiente fuerza, calor y sobre todo arena, se lanzan contra la ciudad de manera inmisericorde. Esa noche había tormenta y el desierto había decidido acercarse a la ciudad.

No es que esos vientos sean intrínsecamente malvados, pero saben asustar. Son como el azote de un dios ofuscado. Logran meter pequeñas partículas de polvo a través de cualquier rendija, ensuciándolo todo, y componiendo una abrumadora sinfonía de silbidos. Es un ruido agudo, tremendamente desasosegante. Recuerdo que a veces no podíamos ni mantener una conversación porque éramos incapaces de oírnos. Como si cientos de brujas malas, malvadas, rodearan de repente la habitación, giraran a su alrededor velozmente y gritaran todas a la vez o se rieran. «Aquelarre de arena», lo llamábamos José y yo. Pero ahora estaba solo, y ese ruido insoportable me estaba poniendo de los nervios.

Comencé a dar largos tragos a una botella de whisky Dimpel 12 años que habíamos comprado en el mercado negro unos días antes. Quería emborracharme. Que el alcohol me embotara el cerebro hasta caer rendido. Cuando José vivía, todas las noches nos tomábamos un pequeño trago, un tapón decíamos, para quitarnos el frío de la terraza y ganar aplomo durante los bombardeos. Pero en ese momento, bebía a morro. Desesperadamente. El ruido de aquellos vientos, agudo, lacerante, temible, me estaba desquiciando. Llegué a la conclusión de que la única manera de poder dormir algo esa noche era beber a destajo. Beber hasta olvidarme del temporal y de los ojos tristes de José cuando entendió que la vida se le iba. El polvo de arena que desde hacía días lo cubría todo había vestido también la botella de whisky. La miré fijamente y vi en el cristal las huellas dactilares de varios dedos. Eran los míos y los de José.

La oscuridad era prácticamente absoluta. Llevábamos cinco días de apagones, de negrura densa y gelatinosa. Cinco noches de velas, de manos palpando paredes, de pequeños chorros luminosos de linternas juguetando sobre las moquetas, de gritos asustados o susurros cariñosos: «¿Estás ahí? No veo nada...». Pero esa noche ni siquiera conecté el pequeño generador que habíamos comprado por si se iba la electricidad. Quería estar en silencio y paladear mi propia desdicha. Masticar una y otra vez, como esos chicles ajados a los que ya no les encuentras sabor, los terribles momentos que me había tocado vivir. Repasar cada instante, cada segundo, para saber si había fallado en algo, si podía haber hecho otra cosa para salvar la vida del bueno de José. Fustigarme la conciencia con preguntas para las que no estaba preparado: ¿y si hubiéramos salido del hotel en lugar de decidir esa mañana que era más seguro quedarse? ¿Le hubiera salvado la vida haber apretado más fuerte el torniquete? ¿Habrían logrado reanimarle en otro hospital? Y sobre todo ¿por qué ese tanque norteamericano disparó contra el hotel?

Seguí bebiendo y dando vueltas por la habitación. Me di cuenta de que no tenía respuestas. Que la contestación fácil habría sido echarme la culpa de todo. Que esa mañana debería haber abandonado el hotel; que el torniquete se lo tenía que haber hecho antes; que debería haber elegido otro hospital; que los norteamericanos... ¿que los norteamericanos, qué? «Que no deberían haber disparado, joder», me grité dejando de pensar en silencio. ¿Y eso también era culpa mía?... Me quedé mirando la botella, ensimismado, enfocándola con la linterna azul que usaba José, preguntándome a mí mismo qué opinarían los miles de iraquíes que habían perdido algún familiar durante los bombardeos aliados. Acababa de toparme de bruces con lo que los militares llaman «la niebla de la guerra», con esa parte de incertidumbre que la hace imprevisible y caótica. Mi habitación estaba llena de niebla, y de rabia y de dolor y deseos de venganza.

El teléfono interno del hotel, lo único que no dejó de funcionar durante toda la guerra, no paraba de sonar. Desde otras habitaciones el resto de colegas de otros medios, el resto de amigos, llamaban y llamaban preguntando qué tal estaba, diciéndome que subían a hacerme compañía, o que bajara yo porque se había convocado una reunión de toda la prensa española en la habitación de Antena 3. Yo contestaba con evasivas y en un tono de voz amable. De persona entera.

Tardé en bajar. Me asustaba esa soledad, pero quería estar así unos minutos. Me tumbé en mi cama. Aparté la sábana arrugada y sucia que llevaba más de dos semanas puesta y traté de recordar los segundos previos al cañonazo. Debían de ser las once de la mañana. Acababa de llevar un té a Couso y me había trasladado a la otra habitación para lavarme un poco y cambiarme de ropa. El asalto estadounidense a la ciudad había comenzado de madrugada, a las seis de la mañana, y llevábamos muchas horas despiertos grabando sus incursiones sobre el puente de Al Yumuría.

No nos había dado tiempo a ducharnos, ni siquiera a desperezarnos. Habíamos saltado de la cama con los primeros ruidos de los aviones A-10 Thunderbolt entrando en barrena sobre nuestras cabezas para aniquilar las pocas baterías antiaéreas que les quedaban a los iraquíes. Desde ese momento estuvimos varias horas de balcón a balcón, de una habitación a otra, siguiendo todo lo que ocurría en el teatro de operaciones. Por primera vez no teníamos que ir a buscar la guerra a frentes lejanos e inestables, sino que los combates venían has-

LA SOLEDAD DE LA HABITACIÓN 1403

ta el hotel. Esto no nos había pasado en ningún conflicto. «¡Cómo me iba a imaginar que la caída de Bagdad la contemplaría en calzoncillos y con legañas!», pensé mirando el techo oscuro de la habitación.

Entonces me puse a hablar en alto, como si Couso estuviera en la habitación y me escuchara. Como hacíamos todos los días a esas horas, sobre las once de la noche, después de entrar en directo para el Informativo. Mientras tratábamos de llamar a nuestras familias para comentarles cómo habíamos pasado el día. Le dije, a la vez que recogía las fotos de sus hijos Jaime y Pepe colocadas en la cabecera de su cama, que nunca había tenido una relación tan intensa de amistad y trabajo con nadie. Le comenté que sentía haberle hecho esas espantosas escaleras en la nuca la última vez que le corté el pelo con su propia maquinilla. Le reconocí que la misma mañana que le mataron había conseguido negociar media caja de cervezas con el traductor de una televisión griega a cambio de darle una botella de ginebra local que nunca nos atrevimos a probar.

Repasé mentalmente todos nuestros mejores momentos. También todos los peores, pero en eso acabé pronto. Recordé la entrevista que le había hecho una noche por teléfono Àngels Barceló, la presentadora de nuestros informativos, con la que había coincidido en Belgrado durante los ataques de la OTAN.

–Esta ciudad tiene muchas imágenes para rodar, pero es imposible, Àngels –dijo al principio de la conversación–. Muchos compañeros han sido detenidos en comisaría dos o tres horas por grabar algo no permitido y a ninguno nos apetece estar durante los bombardeos en un sitio que puede ser atacado.

Sonreí a oscuras. Forzando la mueca. «Te voy a quitar el

puesto», me había dicho después de la entrevista. Lo había hecho estupendamente y recuerdo haberle dicho que él siempre podría sustituirme a mí, pero que yo no tenía ni idea de manejar una cámara.

Aquella entrevista quedó como un epitafio sonoro de José. En ella se reflejaba su carácter amable y pausado. Su voz cálida y serena. Su vocación de gallego reflexivo. «¿Cómo estáis de ánimo?», le había preguntado Àngels con esa cercanía y familiaridad que tratamos siempre de dar a nuestros informativos.

—Estamos bien —había respondido José—. De vez en cuando con un poco de susto. Ayer, por ejemplo, no dormimos nada, y ya son ocho días de bombardeos. Intentamos controlar la situación porque, a veces, te confías demasiado.

Me levanté de un salto y alumbré una cazadora negra que colgaba detrás de la puerta y que muchas veces compartimos. «Qué mierda, José —volví a hablar en alto—. Por confiar demasiado, por quedarnos en el hotel, a lo seguro, te han matado, amigo.»

Hice su maleta. Guardé toda su ropa excepto varios pares de calcetines sucios que tenía amontonados sobre la moqueta, junto a un sillón color burdeos lleno de costurones. En un lateral de la maleta coloqué el libro que estaba leyendo: *Morir para contarlo*, de Julio Fuentes, el corresponsal del periódico *El Mundo* muerto un año y medio antes en Afganistán. «¡Joder, Couso! —le dije—, mira que es perra la vida, amigo. Con la de veces que hemos comentado las crónicas de Julio, y hablábamos de él y de su mala suerte, y ahora me toca a mí empaquetar todas tus cosas y tus recuerdos y sacarte de aquí.»

En ese momento, el generador del hotel se puso en marcha y la luz mortecina y blanda de los fluorescentes se desparramó por la habitación. Metí a presión toda la ropa y cerré la cremallera subiéndome encima de la maleta. Parecía que iba a estallar. Dentro había colocado una preciosa alfombra que José había comprado por 80 dólares a un anticuario antes de que empezaran los bombardeos y que pensaba colocar en el salón de su casa.

¡Qué sensación tan demoledora hacer el equipaje de un amigo muerto! Sientes que lo inexorable ha vuelto a triunfar. Que sigue habiendo algo por encima nuestro que nos controla, que juega con nosotros, que nos maltrata, nos zarandea y nos maneja a su antojo. En esos momentos también se va algo de tu propia vida, de tu alegría. Se escapa esa parte de cariño y amistad que habías reservado y entregado a tu amigo. Y te sientes como un sepulturero, como un ladrón de intimidades que penetra en los secretos de su colega. En sus papeles, en su ropa interior, en sus lecturas, en sus facturas... Te sientes un violador de esas interioridades que pertenecen a lo más privado y lo más sagrado de cada uno.

Paré unos momentos. Necesitaba hablar. Llamar a alguien para volver a hacerme el duro y conseguir fuerzas con las que seguir en esa habitación. Hablé con mi mujer, Yolanda, que estaba embarazada de ocho meses, con mi madre, con Juan Pedro Valentín, mi director de Informativos y con mis amigos íntimos Iñaki Olazábal y Julio Muley. Era una necesidad compulsiva de escuchar voces cariñosas. De recibir ánimos. Les dije que estaba bien, que no se preocuparan, que yo era fuerte. Que aguantaría entero hasta lograr evacuar el cuerpo de Couso. Mentira. Estaba derrotado. Hundido. Humillado. Quería gritar con todas mis fuerzas. Sacar de dentro ese monstruo de odio y rabia que estaba desequilibrando mi estabilidad emocional. No quería venganza, pero sí respuestas. Alguien debía explicarnos por qué nos convertimos en objetivo militar. Quién había decidido que lo fuéramos.

Hice también, seguramente, la llamada más dolorosa. Hablé con Lola, la mujer de José, y sentí que me quebraba. Que me rompía por dentro. Lola estaba deshecha. Traté de explicarle, ahorrándome los detalles, qué es lo que había ocurrido. Sólo pude decirle que había muerto trabajando, haciendo lo que le gustaba, y sobre todo, pensando en los suyos.

Resulta curioso cómo aparecen y desaparecen los territorios de la memoria sin que nosotros seamos capaces de controlarlos. Mientras hablaba con ella, no conseguía quitarme de la cabeza una imagen muy lejana de José, cuatro años antes, en la frontera de Kosovo. Yo había estado detenido seis días junto al cámara Bernabé Domínguez por la policía serbia y, cuando finalmente fuimos liberados y recorrimos andando la tierra de nadie de la frontera con Macedonia, allí estaba José, detrás de su cámara. Esperándonos. Fue la primera sonrisa que vimos. Mientras hablaba con Lola recordé que José había dejado su cámara en el trípode y había salido corriendo a abrazarnos, loco de alegría. Habían sido seis días de angustia y José prefirió abandonar su cámara y perder la imagen, pero ser el primero en saludar a sus amigos. Los planos de nuestra propia liberación nos los pasaron otras televisiones amigas, pero a nadie le importó. Hablaba con Lola y podía sentir aquel abrazo bonachón y cálido de hace cuatro años.

Dejé el teléfono y volví a la otra habitación. Donde había muerto José. Nuestra suite se componía de dos habitaciones de dos camas cada una, unidas por un pequeño salón que utilizábamos como oficina. Dormíamos juntos en una de ellas, en la 1402, mientras que la otra, la 1403, donde lo mataron, se la habíamos cedido al corresponsal de la radio pública italiana, RAI, Ferdinando Pellegrini. Tenía las mejores vistas sobre los complejos presidenciales que fueron bombardeados, pero desde allí no había cobertura de satélite para los teléfonos. Así que decidimos dormir en una y grabar desde la otra. Ferdinando nunca nos puso pegas por utilizar su balcón. Al fin y al cabo, la habitación la pagábamos nosotros y se la cedimos porque cuando confinaron a todos los periodistas en el hotel Palestina él no pudo conseguir ninguna.

Me quedé inmóvil en la puerta. Una bofetada gélida, como de una mano de hielo, me paralizó durante unos segundos. En aquella habitación hacía frío. Estaba helada y oscura. Parecía que la muerte se había quedado a dormir allí. Tan duro que parezco, tan impermeable a los miedos comunes, y allí, de pie, se me congeló toda esa osadía. Me quedé petrificado en la moqueta y por instinto recorrí con la vista, pausadamente, cada resquicio, cada centímetro de pared de aquella habitación. Como si buscara los restos de una presencia extraña. Tantas veces me había reído de las teorías sobre la persistencia de las almas en los lugares donde dejaron de existir sus vidas, y de repente, me encontré llamando a mi compañero en un último y desesperado intento de volver a hablar con él: «¡José! –dije con un hilo de voz–, José, compadre, ¿por qué me has hecho esto?».

Miré fijamente a su cámara reventada, mutilada, igual que le habían dejado a él. Estaba tirada junto a un sillón, y todavía sujeta al trípode, al que le faltaba una de sus patas. A su alrededor sólo había cristales, restos de metralla, trozos de hormigón, y un grueso surco de sangre seca por donde yo había arrastrado a Couso. Quería que algo, que alguien, me respondiera. Ese frío extraño, fúnebre, me puso nervioso, muy nervioso. Miré a la cámara y volví a decir: «José, tío, no nos ha podido pasar esto».

Seguía en la puerta de la habitación sin atreverme a pasar.

Cerré los ojos y me dije a mí mismo que nunca había creído en esas cosas y que no hiciera más el tonto. Pensé si no sería mejor haber llamado a alguien para que me acompañara en lugar de pasar esa noche solo. ¿Por qué hacía tanto frío si al otro lado de la suite el calor era insoportable? Si la temperatura en todo Bagdad era insoportable en medio de esa tormenta de arena. Supongo que la fatalidad, el horror, deja una impronta en los territorios que conquista, una marca indubitada de que allí ha pasado algo muy malo. ¡Tantas y tantas veces he tenido que anotar y relatar las formas que adopta la muerte! En Ruanda, en Colombia, en Kosovo, en Afganistán, en Palestina. Ahora me tocaba a mí aplastar y estrujar mi memoria para recordar todos los detalles de aquellos dolorosos momentos. Me di cuenta entonces de que sólo cuando esa angustia te alcanza directamente eres capaz de asumir, y describir, la inmensa desdicha de ser víctima. Por fin me ponía en la piel de una madre kosovar, de un niño afgano o de un padre iraquí.

Me tomé como una prueba contra mí mismo entrar en aquella habitación, recoger la cámara destrozada de mi amigo y observar las marcas dejadas por el proyectil. Quería ver las muescas y dibujar mentalmente el trallazo. Vi las manchas de sangre en el suelo y tragué saliva. Mi mente se activó como si fuera un libro al que se coge del lomo y se pasan las páginas rápidamente. Empecé a ver, a velocidad de vértigo, pequeños fragmentos de memoria de lo que había ocurrido horas antes en ese lugar. Todo pasaba muy rápido, casi fugaz. La explosión, los gritos, la histeria, el olor de la sangre, el frío de los cuerpos moribundos, las lágrimas, el dolor... Noté que me daban arcadas y tenía sensación de mareo. Fuera, los silbidos de las brujas creaban un ambiente irreal, desconcertante. Salí de allí. En la puerta me di la vuelta despacio y volví a mirar dentro de la habitación, hacia la ventana. Me puse serio y apreté los dientes. Le dije a la Muerte, con el tono más pausado pero más despreciable que pude, que era una hija de puta. Que había elegido al mejor de todos nosotros. Y que no le tenía miedo, que me iba a quedar a dormir en la habitación, junto a la cama de José, junto a su tremendo vacío.

Crucé la suite. En la mesa del salón-oficina quedaba un zumo de pomelo caliente y media taza de té turbio que nuestro conductor había preparado por la mañana y se había quedado allí. Abandonado y frío. En la pared, me fijé con tristeza en un mapa de Irak que teníamos clavado con chinchetas. Estaba lleno de circulitos rojos que colocábamos a medida que teníamos datos del avance norteamericano para saber cuál era la situación de los combates. Todas las mañanas, mientras desayunábamos, y con la taza en la mano, nos acercábamos a ese mapa para valorar la situación, como si fuéramos dos estrategas decidiendo el próximo movimiento táctico. Preguntándonos si los americanos cruzarían el Éufrates por Hila o por Hindiya.

Los circulitos rojos habían comenzado 20 días antes, al sur, rodeando Basora y Um Kassar, después se extendieron por todo el país. Nasiriya, Nayaf, Kerbala, Kut, acercándose cada vez más a la capital. Recuerdo que la mañana que lo mataron, y mientras su cámara grababa a los tanques de EE.UU. sobre el puente de Al Yumuría, José había realizado un enorme y grueso doble círculo rojo alrededor de Bagdad. «Ya están aquíii», decíamos maliciosamente a la vez, como la niña rubia de *Poltergeist* citando a los espíritus del televisor. Eso significaba que la guerra tocaba a su fin y que nos volveríamos pronto a casa. Él, para estar con su familia, y yo, para ver el nacimiento de mi hija.

Fui a nuestra habitación. Continué recogiendo sus cosas y hablándole. Mientras miraba su fotografía sonriente en la acreditación rosada del Ministerio del Interior, le dije que lo habíamos logrado, que el ministerio y sus funcionarios habían desaparecido y ya no tendríamos que pagar los casi 2.000 euros que les debíamos. Era un impuesto desorbitado que había que abonar semanalmente a unos funcionarios corruptos y que iba a unas arcas desconocidas. Nosotros estábamos ya sin dinero, y Couso siempre decía que teníamos que adoptar un perfil bajo, discreto. «No hagas preguntas en las ruedas de prensa, Jon, que no se queden con nuestras caras, que no tenemos un duro.» Lo logramos, Couso, aguantamos y no les pagamos. «Pero ¿de qué nos sirvió?», le dije a la fotografía de la acreditación, si ahora ya no podemos reírnos de nuestra hazaña, ni podemos bromear con los chicos de Antena 3, que sí que pagaron.

Miré debajo de la cama, donde a veces metíamos bolsas o calzado. Encontré un par de pegatinas de «No a la guerra» que habíamos traído desde España. Estaban llenas de pelusillas de polvo porque, desde que habían empezado los bombardeos, no habíamos vuelto a tocar nada debajo de los colchones. Cuando llegamos al hotel Palestina pusimos una de esas pegatinas en la puerta de la habitación, y otras dos en las cabeceras de las camas, junto a nuestros sueños.

Me había acordado de esas pegatinas un par de horas antes, mientras entraba en directo para mi televisión. No sé de dónde saqué las fuerzas para aparecer ante la cámara, no derrumbarme, y además, aguantarme toda la indignación que llevaba dentro. «José no estaba aquí porque le gustara la guerra, sino porque pensaba que su presencia era necesaria para enseñar las fatalidades y las brutalidades de la guerra», había dicho dirigiéndome a los espectadores de Telecinco.

Me dije que seguramente la gente tiene la percepción de que vamos a las guerras por puro morbo. Porque nos gusta la sangre. Despegué el papel del dorso de las pegatinas y las pegué en la ventana de la habitación. «No, no nos gusta el morbo», me contesté a mí mismo. Los dos estábamos en contra de esta guerra, pero pensábamos que esa postura no podía salir de nuestra habitación, donde dejábamos de ser periodistas y nos convertíamos en ciudadanos. Desde que llegamos a Bagdad habíamos inundado nuestros cuartos con esas pegatinas. «No, no nos gusta la sangre.»

Me asomé a la ventana para respirar un poco. El vendaval me despeinó y me hizo cerrar los ojos. El pelo se lleno de arena. La botella seguía en mi mano, así que le di un largo trago. Miré al cielo, a esa masa marrón de viento y polvo, y sacudí violentamente la botella lanzando un poco de whisky a la noche. «Para ti, hermano. Esta botella era de los dos y nos la beberemos los dos.»

Durante unos momentos me sentí como el propietario de todo el dolor y el estupor que habían causado la muerte de José. Pero enseguida me di cuenta de que eso no debía ser así. Que en Madrid, en ese instante, su familia y sus amigos eran los verdaderos depositarios de su recuerdo. Me imaginé la redacción de Informativos Telecinco. La conmoción que había sufrido. Los esfuerzos que habían realizado para sacar adelante el informativo de ese día. Las lágrimas que habían derramado mientras editaban o realizaban. No había visto la cara de Àngels, pero sí había escuchado su voz. Y la de Marieta Frías, la editora, al otro lado del auricular que yo llevaba en el oído. Susurrándome. Animándome. Àngels había aguantado estoicamente todo el programa y sólo al acabar, cuando se despidió, cuando se quedó sola en el estudio, rompió a llorar. No, no podía apropiarme del recuerdo de José. José era de todos. Entré otra vez en la habitación y cerré el balcón. La arena lo había vuelto a cubrir todo otra vez, pero no me importó.

Desde el baño llegó el ruido agónico de una cañería renqueante. Eso quería decir que había agua y podía darme una ducha. Encendí varias velas y corrí a la bañera. El agua, como siempre, salía con unas partículas ferruginosas que te dejaban el pelo apelmazado y la piel cuarteada. Estaba fría. Eso no le venía nada bien a la borrachera que estaba cogiéndome, pero me quedé un buen rato debajo de ese chorro roñoso. Me tomé mi tiempo porque quería ordenar ideas, y pensar. Sobre todo pensar. ¿Cómo iba a evacuar el cuerpo? ¿De qué ayuda disponía? ¿Por qué nos habíamos quedado cuando el resto del equipo de Telecinco había decidido abandonar Bagdad justo antes de los bombardeos?...

Preguntas y reproches. Me miré al espejo. Tenía cara de cansado. La luz de las velas me hacía unas enormes sombras negras debajo de los ojos. Ojeras de moribundo. Me sequé con una de las dos pequeñas toallas blancas que teníamos. Habíamos marcado con un rotulador una de las caras para saber qué parte utilizábamos esa semana, porque ya no hacíamos colada. El servicio del hotel había desaparecido unos días antes. Ahmed, el encargado de la planta 14 que entraba cuando quería en la habitación para prepararse un té o robarnos unas galletas, se había despedido una semana antes. Desde entonces ni se hacía la cama, ni se limpiaba la habitación ni se cambiaban las toallas.

Me cambié de ropa y bajé a buscar al resto de colegas. Estaban todos abatidos pero la sensación de que yo estaba bastante entero nos ayudó a todos. Antonio Baquero, de *El Periódico de Catalunya*, se empeñó en quedarse conmigo a dormir. Le dije que no, que tranquilo, que estaba bien. Al rato aparecieron Diego Miralles e Íñigo Pérez-Tabernero, productores de MediaSat, la empresa española que proporcionaba a las televisiones la cobertura técnica para mandar las imágenes y hacer los directos, y no me dieron opción de negociar. Ellos dormirían juntos en la cama de José y yo al lado, en la mía, pero a mí no me dejaban solo.

Todos bebimos mucho esa noche. Todos brindamos por José en innumerables ocasiones. Todos queríamos emborracharnos para poder dormir sin llorar, o sin pensar en nuestras familias y en lo mal que lo estaban pasando. O simplemente, para darle una patada a ese miedo que se había metido en nuestras gargantas. Queríamos ahogarlo. Anegarlo. Todos eran conscientes de que un obús se había metido por la ventana de una de las habitaciones. Le había tocado a Telecinco, pero podía haber sido la de *El País,* la de TV3, o la de la SER. Había muerto un amigo pero podíamos haber sido cualquiera. Esa certeza nos hundió. Habíamos llorado toda la tarde, y nos conjuramos para que esa noche no se volviera a derramar una lágrima más en público. Las penas nos las guardamos para la almohada y todos llevaron a aquella habitación sus últimas existencias de alcohol. Bebíamos a muerte como homenaje a ese ser tan especial que nos alegró tantas noches con su risa contagiosa y sus imitaciones de Chiquito de la Calzada.

El mazazo moral fue, para algunos, insuperable. Dos camarógrafos fueron incapaces de volver a grabar un plano desde aquel día. Más de un periodista se quedó vacío, seco, y pidió a sus responsables dejar la ciudad cuando se pudiera. Esa noche casi todos decidieron irse del país en cuanto se organizara un convoy de evacuación. Todos recibieron llamadas de sus jefes para darles ánimo. Pero, también, de sus directores para transmitirles un mensaje inquietante: el propio ministro de Defensa español, Federico Trillo, había llamado personalmente a algunos de ellos para pedirles que evacuaran a sus periodistas. Que saliéramos como fuera. «¡Como si salir fuera tan fácil!», exclamábamos.

No podíamos entender cómo un ministro de Defensa, asesorado por tantos mandos militares, no sabía que la peor de las soluciones la noche en la que la capital de un país puede ser conquistada es la de intentar salir. ¡En qué cabeza cabe recomendar que arriesguemos nuestras vidas entre fuegos cruzados, saltando las líneas de unos y otros, atravesando controles de milicianos fuera de sí! Para salir... ¿Adónde? ¿A Jordania, por la carretera más bombardeada de Irak; a Siria, con su frontera cerrada; hacia Kuwait, de donde venían los americanos que nos acababan de atacar? ¡Qué ideas tan peregrinas se pueden fabricar desde un despacho de Madrid cuando se trata de taponar una crisis!

Sobre las tres de la mañana, Diego e Íñigo consideraron que ya estaba suficientemente borracho como para ir a la cama. Borrachera dura. Seca. Sin canciones ni chistes. Sin risas ni gritos. Borrachera de dolor. Me metieron en la cama y cerré los ojos. Estaba más acompañado que nunca, pero me sentía más solo que nunca.

2

REPORTEROS EN TIERRA DE NADIE

A casi todos los periodistas que cubrimos conflictos y guerras nos gusta hacernos los duros, pasar por tipos a los que no se les mueve una ceja aunque acaben de contemplar la matanza más horrorosa, pero es sólo una pose, una impostura. Todos, a lo largo de nuestra vida profesional, nos desmoronamos en alguna ocasión porque, aunque sepamos dónde está nuestro umbral de resistencia, siempre hay una variable incontrolada que puede hundirte. No se necesitan grandes matanzas, no es necesario estar en el centro de feroces combates; puede ser, por ejemplo, la mirada inerte de un crío la que te haga sentir el tipo más miserable del mundo.

Yo me he sentido así en numerosas ocasiones. Cada vez que he tenido un par de segundos para pensar que cuando todo acabe, que cuando la guerra que estoy cubriendo finalice o mis jefes decidan que su interés mediático ha bajado, yo volveré a mi casa, a la comodidad de la ducha, la cama, la calefacción o simplemente al cariño de los míos. Entonces me siento miserable. Porque pienso que aquellas miradas tristes de niños se quedarán atrás. Serán punzantes recuerdos que me asaltarán de vez en cuando, que me preguntarán en la oscuridad de la noche: «¿Crees que aquel crío hutu que te ayudó a llevar las maletas en el hotel Mille Collines de Kigali seguirá vivo?». Y yo me encogeré de hombros, y me contestaré que seguramente no, pero ¿qué puedo hacer?

No, los reporteros de guerra no vamos a los conflictos para dar soluciones, sino para explicar lo que pasa. Los reporteros de guerra no somos trabajadores de organizaciones humanitarias. No nos metemos en los lugares más peligrosos del planeta para ayudar, sino para reflejar lo más perverso del ser humano que siempre aflora en esas ocasiones. Nuestra misión es evitar la impunidad de los carniceros de almas. De todos esos tipos despreciables a los que una pistola o un kalashnikov transforma en máquinas de matar. Los ciudadanos eligen cómo ser informados y por quién. Nosotros, entonces, vamos allí para mostrarles la perra realidad de la guerra. Y esa perra realidad es muy sencilla: en las guerras se mata y se muere. Y que nadie venga a decirnos que en la guerra también hay límites y hay reglas. En la guerra, o se mata o se muere, y nosotros lo enseñamos.

A veces, esa muerte nos alcanza de lleno y nos convertimos nosotros mismos en la noticia. Son muchos los reporteros que han caído en la última década. En torno a 200 en los últimos 10 años, según cifras de Reporteros sin Fronteras y del Comité para la Protección de los Periodistas. Catorce periodistas murieron en los 21 días que oficiosamente duró la Guerra de Irak desde la orden de ataque de George Bush la madrugada del 19 de marzo hasta la caída de Bagdad el 9 de abril. Entonces, ¿por qué volvemos a las guerras si hay tanto peligro? ¿Por qué los reporteros españoles que regresaron de Bagdad tras pasar allí las tres semanas de bombardeos fueron inmediatamente sustituidos por otros colegas que nos hicieron el relevo?

La respuesta es sencilla: porque hay que estar... Porque alguien tiene que contar a los demás qué es lo que está pasando. Porque no podemos permitirnos el lujo, a estas alturas de civilización, de ceder espacios de impunidad a todos esos miserables que en las guerras satisfacen sus peores instintos. Porque si no estuviéramos nosotros, o en ocasiones, un pequeño puñado de voluntariosos trabajadores de ONG o de misioneros, las matanzas y las aberraciones morales que se pueden cometer en un conflicto ni siquiera se reflejarían en los libros de historia. De esta manera, al menos, nos garantizamos que todos esos canallas no puedan sentirse orgullosos de su trabajo cuando sus nietos les pregunten qué hicieron de jóvenes en la guerra.

Pero ¡basta ya! Dejemos las elucubraciones éticas sobre la bondad de nuestro trabajo. Todo lo dicho en las líneas anteriores sólo son frases bonitas para conferencias o para ilusionar a estudiantes de periodismo. Nuestro trabajo es mucho más desalentador. Ni conseguimos encarcelar a tiranos, ni somos capaces de evitar que los hospitales se llenen de niños mutilados, ni hacemos más cortas las guerras por mostrar su lado más sórdido.

¡Ni siquiera somos capaces de enjuiciar y conseguir condenar a los asesinos de periodistas! Esa estirpe de criminales que ha empezado a extenderse por todos los conflictos. Quizá eso sea lo más desolador de nuestro trabajo. Que no hay responsabilidad penal por los asesinatos de los nuestros. Nadie paga por la muerte de periodistas. No se condena a generales o a políticos por los ataques contra la prensa y la libertad de expresión e información. En casi todos los casos, siempre hay alguien que ordena a un soldado o a un miliciano matar a un periodista y después, el asesino se diluye fácilmente en el mar seguro e impenetrable de su tropa. ¿Cómo encontrarlo después? ¿Cómo localizar a ese oficial superior que le ha dado la orden de disparar y que nunca dará la cara? ¿Cuántos casos recuerdan ustedes de juicio contra soldados o militares o paramilitares por asesinar a un periodista? Se pueden contar con los dedos de la mano. Nadie ha localizado y juzgado a los francotiradores que en Sarajevo diezmaban a los reporteros en la avenida de los Snipers. Tampoco sabemos quiénes eran los milicianos que dispararon contra Miguel Gil en Sierra Leona. O los miembros de la célula talibán que asesinaron a Julio Fuentes. ¿Cuántos soldados del ejercito israelí han sido siquiera sancionados por disparar contra periodistas? Ni siquiera fue castigado el marine que mató a Juantxu Rodríguez en Panamá.

Vayamos a un ejemplo mucho más cercano y doloroso. Sabemos los nombres de la dotación del carro M1 Abrams que disparó contra el hotel Palestina en Bagdad y quiénes eran sus oficiales. Su unidad tiene incluso hasta página web. ¿Podremos algún día conseguir algo más allá, como mucho, de sus peticiones de perdón por lo que ellos llamarán un garrafal fallo militar en una zona de guerra peligrosa y bajo fuego enemigo? Me temo que no. Soy pesimista. Así que volviendo a la reflexión anterior, volvemos a las guerras porque hay que estar. Porque es una obligación moral con todas las víctimas allí olvidadas. Porque todo sería mucho peor si no estuviéramos. Porque sin testigos, el terror no tiene ninguna medida y al menos, con nuestra presencia, queda retratado. Por lo menos, en nuestra sociedad tan lujosa y globalizada, quizá conseguimos despertar algunas conciencias. Algo es algo.

Todo esto no quiere decir que los reporteros de guerra estén hechos de una pasta especial, como dice el tópico y nos preguntan a menudo. Creo que no, que la mayor parte somos unos tipos bastante vulgares. Con vidas personales y profesionales muy simples y muy alejadas del esquema del divismo dibujado por algunos. Todavía algunos, pocos, mantienen actitudes de héroe trasnochado de película en blanco y negro, pero son, en general, comportamientos reflejos. Caricaturas de esa imagen maldita del reportero de guerra cultivada por algunos de nuestros ilustres veteranos contadores de guerras. No, ya no es lo mismo, mal que les pese a algunas vacas sagradas del periodismo de conflictos que se hace en este país. Ha cambiado mucho la manera de cubrir las guerras de como se hacía hace 20 años a como se cubren ahora.

No, no somos tan duros. Ni tan alcohólicos, ni tan mujeriegos, ni tan depresivos como cuenta la leyenda. Los reporteros de guerra, afortunadamente, somos mucho más sencillos. Es decir, puede que alguno de nosotros tenga alguna de esas cualidades, que los hay, pero es difícil recordar a alguien que las tenga todas a la vez. Se acabó la época de aquellos corresponsales, encantados de conocerse, que consideraban las guerras como la mejor de las ocasiones para su lucimiento personal. Desde hace años, los conflictos son cubiertos por un número creciente de reporteros de muchos medios. La mayoría jóvenes, la mayoría muy bien preparados, la mayoría amigos. Todos, desde luego, con ganas de conseguir información diferenciada y grandes exclusivas, pero con un alto concepto de lealtad y compañerismo.

Y todos con sus propios mecanismos de aislamiento personal para no acabar afectados por lo que vemos. Para que el olor a sangre no nos perturbe más allá de la náusea y nos obligue a abandonar. Hay que ser muy fuerte. Hay que estar mentalmente muy preparado para que no te impregnen las miserias humanas que nos rodean en las guerras. Ser fuerte no es igual a ser duro. Un cirujano tiene que ser fuerte. Lo tiene que ser un simple camillero de urgencias que todas las noches recoge cuerpos en accidentes de coche. Ser duro significa que no te importan ni te afectan todas las tragedias que reflejamos. Y así no se hace buen periodismo. Si no conseguimos emocionarnos con lo que vemos, no podremos transmitir el sufrimiento de las víctimas o el desprecio por la vida de sus agresores.

Hay que vencer a todos esos fantasmas que suelen aparecer en cuanto te acuestas, cierras los ojos y te recuerdas a ti mismo quién eres, qué haces allí, y qué estarán haciendo los tuyos en ese momento. Todas esas sombras negras pugnan por hundirte, por devorar tu moral, por hacerte sentir un desgraciado con suerte, pasaporte y billete de vuelta, en medio del horror. En cada guerra aparecen todos estos caballeros de la muerte y entran a cuchillo en tu subconsciente. Sin que te des cuenta. Minando tu moral, desgastándote. Son como emisarios de la fatalidad que tratan de convencerte de que ése no es tu sitio. De que te vayas. De que les dejes solos, trabajando, sin testigos. «De que te pires», me decía Couso cuando yo le contaba mi teoría sobre estos heraldos sombríos y me preguntaba cuándo aparecerían en Bagdad.

Seguramente, para enfrentarnos con éxito a todas esas fuerzas oscuras y mutiladoras, los periodistas de guerra nos fabricamos una imagen de insensibilidad, de aproximación a la muerte casi con perspectiva analítica de forense. Una imagen de distanciamiento, de frialdad, incluso de frivolidad. Pero, repito, esta coraza mental es en la mayoría de los casos meramente estética. Vamos de duros, como decía, pero no lo somos.

La técnica que la mayoría utilizamos para conseguir escapar de nuestros propios miedos es desdramatizar todos los horrores que vemos, hasta casi trivializarlos. Incluso hacer bromas con ellos. Por ejemplo, llamar «barbacoa» a la tremenda imagen de tres soldados iraquíes achicharrados dentro de su blindado puede parecer fútil, pero, seguramente, es la única manera de que los reporteros encontremos fuerzas suficientes y nos traguemos las arcadas para acercarnos a la escena, tomar alguna imagen para que conste esa carnicería y comprobar si los soldados iban armados, si estaban de retirada, si se habían rendido, si eran fuerzas de élite de la Guardia Republicana o si eran pobres reclutas de reemplazo.

«¿Habéis visto la barbacoa?» No es una broma de un reportero a otro. Es un ejercicio de estómago. Significa que alguno de nosotros ha tenido el suficiente valor y ha contenido la respiración bajo un pequeño pañuelo para acercarse a ese coche y grabar la escena. La imagen de esa «barbacoa» puede que acabe incrustándose en nuestro subconsciente para quedarse por mucho tiempo. Puede que se convierta en una de esas pesadillas infinitas que a veces te acompañan durante meses, escondidas en alguna parte de tu mente, para aparecer de repente, y conseguir que te desmorones como un crío. A todos nos pasa y quien diga que no, miente.

Porque aunque luego el espectador contemple en un informativo una imagen pavorosa y cruel, pueden estar seguros de que la realidad es mucho peor. Porque todavía ni la televisión, ni los periódicos, ni las radios, son capaces de transmitir el hedor de la muerte, la única cualidad que no puede traspasar las pantallas del ordenador y que es casi imposible de describir. El repugnante tufo de la calamidad es lo que hace soberbia a la muerte. Inimitable en su supremacía. Es un olor pegajoso. Pesado. Casi aceitoso.

Recuerdo que la primera vez que me impregnó, en una fosa común de Ruanda llena de cuerpos macheteados y blanqueados de cal viva, me costó casi cinco minutos de arcadas conseguir ponerme delante de la cámara y comerme el asco para hacer la crónica. Había llovido y la humedad, junto al calor asfixiante, había hinchado los cadáveres. Había muertos por todos los lados y los voluntarios de la Cruz Roja no daban abasto. El ambiente pesaba. Era denso. Daba igual donde fueras o lo que hicieras. Parecía que una mano invisible, fría, viscosa, te tocaba para recordarte que aquél era territorio conquistado por el infierno.

En cuanto regresé al hotel intenté inútilmente quitarme esa sensación restregándome con jabón. Mis compañeros Bernabé Domínguez y Carlos Benito se frotaban los brazos y la cara con avidez, casi con desesperación, como si quisieran arrancarse esa capa superficial de piel que había estado en contacto con el aire putrefacto de los cadáveres. No habíamos tocado ni un solo cuerpo muerto, pero parecía que su letanía de descomposición se había posado sobre nosotros. Esa sensación de estar tan cerca de la muerte, en los umbrales de su reino, percibiendo incluso sus aromas, es muy difícil transmitirla en una crónica.

Bernabé Domínguez siempre dice que él soporta todas las barbaridades que tiene que grabar porque se aproxima a esa realidad a través del pequeño visor de su cámara. Una pequeña ventana por la que mira en blanco y negro. Eso, dice, le ayuda a grabar la sangre. Aunque sea de un soldado, de una madre o de un niño. El blanco y el negro, desde luego, no evita el olor, pero al menos, así, no ve el color de la muerte. Así, dice, puede moverse entre cadáveres soportando las arcadas y la mala leche de ver tanta atrocidad.

Años después de aquella primera percepción en Ruanda de la desolación en toda su hegemonía, sigo sin acostumbrarme a ello. Pero he aprendido que no es necesario mostrar a los espectadores toda la crudeza de la muerte. Que no tengo por qué agobiar a la audiencia con más tormentos de los que son capaces de soportar. Que para eso me mandan a mí a esos sitios. Para que yo los sufra, se los cuente y se los transmita de la manera más fiel posible. Que no tenemos por qué meter en el plato de sopa de los espectadores, mientras comen, los sesos desparramados de un soldado muerto. Porque eso no aporta nada nuevo a mi información. Puede que revuelva las tripas del que está viendo la televisión, pero no estoy seguro de que remueva su conciencia.

Algunos llaman a esto «higienizar» las imágenes. Blanquearlas. Hacer la guerra más agradable. Creo que es simplemente una cuestión de decencia profesional. De mantener en márgenes dignos el contrato imaginario que nos une a los reporteros con los espectadores. Siempre que nos lo saltemos debemos advertir antes de por qué lo hacemos. Son muy escasas las ocasiones en las que se hace necesario un primer plano realmente brutal. Quizá por la relevancia de la víctima, por ejemplo, los hijos de Sadam Husein, Uday y Qusay, expuestos hasta la saciedad para demostrar su fallecimiento. O quizá por el modo en el que alguien ha muerto, como cuando empezaron a estallar los primeros terroristas suicidas palestinos en los centros comerciales de Jerusalén.

En abril de 2002 un equipo de Informativos Telecinco logró entrar por primera vez, junto a otros dos periodistas españoles, en el campo de refugiados palestinos de Yenín, en Cisjordania. Tras varios días de asedio por el ejército israelí el campo estaba destrozado. Habían muerto numerosos soldados hebreos, milicianos palestinos, y sobre todo, civiles. En una de las casas devastadas por los *bulldozers* israelíes encontramos los cadáveres de cuatro activistas palestinos. Un vecino piadoso había salido en algún momento de tregua del sótano donde seguramente estaba escondido y los había tapado con alfombras. Llevaban varios días muertos.

El hedor, otra vez el hedor, era insoportable. La habitación estaba oscura y sucia. En el ambiente había un rumor de centenares de moscas volando disgustadas porque les habíamos interrumpido el festín. Nos tapamos la nariz con unos pañuelos que nos prestábamos unos a otros a medida que los periodistas salían de la casa y otros entraban. Miré a mi cámara. Antonio Palomares aguantó la arcada y entró.

–Los cadáveres están muy descompuestos. Es muy desagradable –le dije–. Tienes que hacerlo fino porque si no no podremos emitir ni un solo plano.

–De acuerdo, vamos dentro.

Antonio se lució. Retrató los cuerpos en planos generales, fijándose el tiempo justo en pequeños detalles como una mano, o un pie, o una cabeza boca abajo. Logró así transmitir la tremenda crudeza de los combates que habían tenido lugar en ese campo de refugiados sin herir ninguna sensibilidad.

Mientras estábamos grabando, un fotógrafo de la agencia Reuters levantó una alfombra para ver y fotografiar uno de los cadáveres. Todos los que estábamos allí le gritamos que no lo hiciera. Inmediatamente, del interior del cuerpo, surgieron miles de gusanos que comenzaron a retorcerse al contacto con el oxígeno. Desde aquella negrura inmensa que era el estómago desventrado del palestino surgió como un inmenso aullido de pavor sordo que nos dejó a todos mudos. Un grito silencioso de espanto con el que la muerte nos reprochaba interrumpirle su digestión. «*Bastard*» fue lo más suave que pude llamar a aquel tipo sin escrúpulos.

El resto de periodistas hizo lo mismo en varios idiomas, pero creo que al fotógrafo le quedó bastante claro lo que le decíamos. A punto estuvimos incluso de empezar a pegarnos delante de los cadáveres, lo cual hubiera sido bastante patético. La apoteosis del horror que buscan muchos periodistas es sólo un ejercicio de sadismo televisivo. A los muertos sólo hay que sacarlos, y sin recrearse mucho, cuando son el testimonio de una atrocidad. Cuando contar esos cadáveres, uno a uno, refleja que el mundo, pese a lo que nos empeñemos, no es ni bonito ni feliz.

Reflexionando después con Antonio, con Jon Ander Olangua, el productor, y con otros periodistas, llegamos a la conclusión de que lo que había hecho el fotógrafo no sólo no le había proporcionado una mejor información, sino que incluso había deformado la realidad que se encontrarían otros periodistas que pudieran llegar más tarde a la misma escena. Nosotros no «higienizamos» nuestro reportaje en Yenín, pero otros sí que procuraron «contaminar» el suyo.

Es muy fácil hacer periodismo con las víctimas. Enseguida se crea una empatía con ellas. Los perdedores, sus desgracias y todas sus historias siempre son mucho mejor aceptadas en nuestras sociedades. Además, todos hemos sufrido algún episodio dramático en nuestras vidas, la pérdida de un familiar o alguien cercano, que nos hace solidarizarnos con esas víctimas. En todas las guerras encontramos un niño al que cogemos afecto y al que adoptaríamos. O una señora que nos recuerda a nuestra madre. O un joven miliciano de nuestra edad en el que vemos posibilidades de poder hacer una vida normal y convertirlo en nuestro amigo.

Pero lo verdaderamente difícil es hacer periodismo con los verdugos. Es mucho más difícil, pero incluso es más atractivo por lo que tiene de reto personal y profesional. Acercarte a ellos requiere unas enormes dosis de autocontrol y de hipocresía periodística. Hay muchos seres humanos que no merecen ese nombre y es mejor llamarlos, simplemente, hijos de puta. Pero incluso a esos hijos de puta hay que sonreírles cuando se quiere llegar hasta ellos para preguntarles por qué matan, por qué se ensañan y si sienten algún tipo de satisfacción cuando lo hacen. Muchas veces, cuando los periodistas los tenemos delante, lo único que quisiéramos es gritarles fuerte que se peguen un tiro en la sien y se borren de la tierra.

Pero la entrevista hay que conseguirla. Por eso necesitamos de esa hipocresía. De esas dotes actorales y de disimulo. Porque hay que evidenciar lo canallas que son. En eso pienso cuando sonrío a un oficial de la guerrilla hutu Interhamwe que se empeña en contarme cómo se utiliza el machete para cortar cabezas de tutsis ruandeses. En eso pienso cuando pongo cara de interesado a un paramilitar protestante irlandés que me narra sus asesinatos y me dice que «no hay romanticismo en volarle la cabeza a un católico, pero que alguien tiene que hacerlo». Disimulo y hago como que entiendo e incluso comparto las razones de los terroristas suicidas palestinos para volarse en pizzerías llenas de niños. Disimulo y hago como que entiendo e incluso comparto las razones de los colonos judíos que quieren expulsar al mar a los palestinos. Acepto los vasos de té y alabo la hombría de los comandantes afganos encargados de degollar a los talibanes. O no me importa beberme unos tragos de *rakia* que me ofrecen los Frenkis, los paramilitares serbios que me cuentan sus recientes hazañas, como quemar varias mezquitas de kosovares, algunas, «je, je», con gente dentro. Alguien tiene que hacerlo. Alguien tiene que poner el estómago para tratar de entender las razones de todos estos salvajes o al menos, para tratar de explicarlas.

Hay una vital diferencia entre hacer periodismo de guerra con una cámara de televisión y hacerlo para un periódico o una radio. Nosotros no podemos engañar a nadie. O tenemos la imagen y por tanto estábamos allí, o no estábamos y lo contamos de oídas. En cualquiera de los dos casos, estemos o no estemos, el reportero ya maneja unos márgenes de riesgo importante en cuanto entra en zona de guerra. Se acusa a muchos de hacer sus crónicas desde el hotel, sin salir de la habitación. Existen. He conocido algún ejemplo cercano, de nuestro entorno, pero como este libro no pretende parecerse a *Territorio Comanche* y no tengo ninguna necesidad de despellejar a nadie, no vamos a dar nombres. En cualquier caso, y pongo un ejemplo evidente, incluso encerrado en la habitación del hotel Palestina, un reportero destinado en Bagdad y sin demasiadas intenciones de salir a jugarse la vida en las calles de la ciudad también corre sus riesgos. Es decir, que cualquier periodista que decida cruzar una frontera caliente y adentrarse en zona de combate, cerca o lejos del teatro de operaciones, merece que se le reconozca como reportero de guerra.

Pero sí es cierto que seguramente a las televisiones se nos exige un poco más de «realidad bélica». Esa exigencia es lo que llevó a la muerte al llorado Miguel Gil, cámara de televisión de la agencia APTN en Sierra Leona. El día anterior a su asesinato a manos de un grupo de rebeldes, la competencia de la agencia Reuters había conseguido unas espectaculares imágenes en exclusiva. Tras escuchar las sugerencias de sus jefes en Londres, Gil arriesgó más de la cuenta para igualar la apuesta.

Su muerte, al menos, sirvió para hacer reflexionar a los directivos de las grandes cadenas de información sobre las exigencias de riesgo razonable a sus periodistas. En un congreso celebrado en Barcelona en el año 2000, llamado Newsworld, llegaron a elaborar un decálogo de normas para garantizar la seguridad de los periodistas en zonas de combate. Básicamente pretendía imponer un freno a los editores de los medios en la desesperada carrera por conseguir las imágenes más espectaculares de una guerra. Lo primero, decían, era no poner en peligro la vida de los reporteros. No estuvo mal como idea. Pero claro, luego llegó el 11 de septiembre, llegó Afganistán, estalló la Intifada, se atacó a Irak, y aquellos acuerdos ya no tuvieron demasiada virtualidad.

Es curioso, e inquietante, que esa «realidad bélica» que se nos exige en televisión a veces sea transformada, deformada o incluso conformada por la propia cámara. La diferencia entre que alguien perpetre un crimen atroz o que no lo haga puede ser simplemente la presencia de una televisión. A veces las sentencias de muerte se ejecutan sólo porque ha aparecido un periodista, por el placer exhibicionista del asesino de turno, o se suspenden precisamente porque hay un periodista. Porque ese reportero puede ser un testigo incómodo y luego habría que matarlo a él. O simplemente porque el responsable de turno entiende que le daría muy mala prensa asesinar a alguien delante de la cámara, como hizo aquel general vietnamita, Nguyen Ngoc Loan, descerrajando un tiro en la sien a un vietcong. Muchas veces la suerte de alguien que prácticamente ha dejado de tenerla depende de la aparición de un reportero gráfico.

Pero si a veces nuestra presencia puede salvar una vida, otras veces la condena. Una cámara puede espolear a algún miliciano descerebrado a matar a un prisionero, simplemente por hacerse el duro delante del periodista. Como si fuera un pasaporte a su inmortalidad como guerrillero o un diploma de graduación en bizarría. Ocurre especialmente en algunos conflictos particularmente virulentos de África. Ha pasado en Afganistán. Todo el mundo pudo ver tras la caída de Kabul cómo milicianos uzbekos asesinaban a un barbado talibán que se había rendido sólo porque estaban las televisiones delante.

Por irnos más cerca, en los propios territorios ocupados palestinos, durante la segunda Intifada, las milicias de los Mártires de Al Aqsa, el brazo armado no reconocido del partido Al Fatah de Yaser Arafat, ajusticiaban públicamente a supuestos colaboracionistas siempre que hubiera una cámara delante. Mi sensación, cuando ocurría esto y estaba presente, era la de sentirme parte del pelotón de fusilamiento. De que, sin consultarme, alguien decidía que debía colaborar en un asesinato. Sólo por tener una cámara. Sí, ya sé, me suelo decir, es la pavorosa realidad de lo que ocurre en la guerra, pero yo voy para contar las perrerías que hacen otros, no para sentirme parte de ellas.

Un ejemplo. En abril de 2002 nos encontrábamos en la ciudad de Ramalá, capital administrativa de Palestina, junto al productor Jon Ander Olangua y el cámara Antonio Palomares. Hacía mucho calor. Estábamos sudando. Los israelíes habían levantado durante cuatro horas el toque de queda para que la gente pudiera salir a la calle a comprar algo de pan y fruta. Olía a cloaca. ¡Otra vez el olor intransmitible en televisión! Pero había algo anómalo en el ambiente. Las miradas huidizas de los vecinos, los continuos grupos de jóvenes que cuchicheaban en voz baja y después se desintegraban, la inquietante sensación de que algo iba a pasar. Decidimos mantener nuestra presencia allí, aunque no llegáramos al informativo del mediodía.

De repente escuchamos un frenazo en seco y vimos que algunos de aquellos jóvenes corrían hacia la plaza Manara, en el mismísimo centro de la ciudad. Se oyó un disparo. Luego otro y después una ráfaga. Corrimos. Cuando llegamos pudimos ver en directo, y grabar, el fusilamiento a quemarropa de tres hombres por parte de varios milicianos. Dispararon varias ráfagas apuntando hacia el suelo, donde estaban los tres cuerpos. Los habían llevado hasta allí en el maletero de un coche, sabiendo que había varios equipos de televisión en la zona que grabarían la ejecución sumarísima. «Yo no he hecho nada, llevadme al hospital», decía el único que todavía tenía aliento para hablar pese a los balazos que desangraban su cuerpo.

Conseguimos salvar las imágenes y emitirlas. Fueron sólo 40 segundos de plano en los que se ve la ejecución y cómo los rematan. Y digo salvar las imágenes porque pese a la discutible idea de esos asesinos, de esos «verdugos del pueblo», de que la ejecución debe ser pública, para que sirva de escarmiento, siempre hay ciudadanos con criterio, en este caso palestinos razonables, que entienden que esa imagen difícilmente puede ser buena para su causa. Si no se actúa rápido, se sale de la escena cuanto antes, y se cambia la cinta de la cámara, lo más probable es que alguien acabe, con toda lógica, confiscándola. Por eso apenas hubo imágenes del linchamiento de dos reservistas israelíes en la comisaría de Ramalá, cuando una turba de decenas de personas los destrozó y arrojó sus cuerpos por la ventana. Había decenas de cámaras grabando, pero todas las cintas fueron requisadas.

Lamentablemente, aquella ejecución sumaria de tres palestinos había ocurrido en el centro de la capital palestina, en pleno Ramalá, a mediodía. Con hechos como éstos siempre hay alguien que sale perjudicado mediáticamente y alguien que sale beneficiado. Los israelíes se frotaron las manos cuando vieron esas imágenes. Para ellos demostraban la violencia innata de los palestinos, que se mataban entre sí. Para los palestinos, estábamos haciéndoles el juego a los hebreos. El caso es que fue un hecho que desde un punto de vista informativo nadie podía negar que era relevante. Había ocurrido y había que contarlo. Palestinos ajusticiando a palestinos. Lo habíamos grabado. Debía abrir el Informativo.

Pero no en todos los casos la cámara capta algo que es en sí un hecho informativo. Algunos incluso están dispuestos a fabricar ese hecho, a corromper la realidad. A inventarse historias, por decirlo claramente. Existe esa raza de reporteros demiurgos, creadores de sus propias mentiras. Lo único bueno que tienen es que no duran mucho. Se les pilla enseguida y sus momentos de gloria no duran más allá de una cobertura, de un conflicto. Siempre habrá alguien, en su redacción, en los que le leen o le ven, que vea algo raro, que encuentre algo que no le cuadre. Siempre hay alguno de nosotros que estamos allí y que no vemos lo que él describe. Porque simplemente no existe. Se lo ha inventado. A partir de ese momento, de que alguien tiene sospechas de que uno de esos tipos ha aparecido por la zona, todo el mundo intenta pillarlo en fuera de juego. Es un trofeo de guerra entre periodistas. Desenmascarar al mentiroso.

En Irak hubo algún caso. No excesivamente notorio, pero lo hubo. Hubo quien, por ejemplo, se atribuyó el mérito de arriesgar su integridad física escapando de los guías del Ministerio de Información, que nos seguían a todas partes, para coger taxis por cuenta propia y conseguir información diferenciada. ¡Iluso! Todo el mundo sabía que estaba en su habitación, escondido y deprimido, pero luego describía escenas que parecían reales. Hubo incluso un argentino que, en el colmo de la desfachatez, llegó a mandar crónicas firmadas en Bagdad cuando el tipo se encontraba en Jordania y no había pisado suelo iraquí.

En Afganistán, por ejemplo, antes de la caída del régimen talibán, había una auténtica y desenfrenada carrera entre algunos periodistas, sobre todo norteamericanos, por conseguir imágenes de combate. Algunos de nosotros elegimos cubrir la guerra desde el norte del país, desde los feudos de la llamada «Alianza del Norte», en los angostos desfiladeros del valle del Panshir.

Estos *muyahidines* eran unos tipos muy duros. Curtidos en varios años de guerra. Contra los rusos primero, contra todos ellos entre sí después, y luego contra los talibanes. Nacían y morían con un kalashnikov bajo el brazo. Su concepto de la muerte se alejaba, incluso, de los trazos gruesos dibujados en el Corán sobre el sacrificio de los mártires. Era para ellos una concepción casi animista. ¡Vivir, morir, que más les daba! Ninguno se había asomado más allá de su aldea y de sus miserias. No entendían que pudiera haber algo al otro lado de las montañas e incluso que fuera mucho mejor que el presente que conocían. Si el jefe de su clan les ordenaba matar, mataban; si les pedía morir, morían; y si les recomendaba vivir, pues procuraban vivir.

En aquel ambiente cada hombre era una máquina de pelear. Todos iban armados y exhibían sus poderes con regocijo tribal. Por eso no era difícil encontrar a alguno de ellos, especialmente los que estaban en las líneas del frente, que fuera rápidamente convencido de que disparara su arma. Que atacara a los talibanes. ¡Que les lanzara toda su potencia de fuego a esos cabrones! No había más que picarles un poco para que allí mismo activaran un frente que llevaba tiempo dormido. Una línea de trincheras en la que no se había disparado desde hacía dos años se convertía así en una delgada línea roja donde muchos periodistas obtenían sus minutos de gloria y se enseñaban, se mostraban a sí mismos, en medio de una supuesta batalla.

Mentira. Al otro lado no había nadie. Ni siquiera se podía ver a los talibanes, que además, nunca respondían a las provocaciones. Seguramente porque en su lado no había periodistas a los que enseñar su arsenal. Hablé con mis jefes de Madrid. Me comentaban que llegaban escenas de combates y yo les decía que no existían, que eran ficticias, recreadas. Me pedían guerra, así que les mandé guerra, pero convinimos en que siempre debíamos advertir de que al otro lado no había nadie.

La credibilidad se la da al periodista su honradez, su honestidad. Ése es nuestro único capital. Dejémonos de monsergas inútiles sobre la objetividad y todas esas expresiones bonitas de profesor de universidad. No existe la objetividad. Mi versión nunca es objetiva. Es mía. Es subjetiva. De Jon Sistiaga. Y la única manera que tengo de que esa visión subjetiva sea lo más próxima a la realidad es actuando con honestidad. Reconociendo que es MI versión. Y que procuro contar con todos los elementos posibles de análisis para no ser intoxicado, mediatizado o inducido.

Por eso, en Afganistán, diariamente advertía de que los milicianos a los que yo enfocaba, y que miraban a la cámara siempre posando, siempre sonriendo, con delectación casi onanista, estaban encantados de demostrarme su virilidad disparando a donde yo quisiera. Ésa era la guerra que nos encontramos en Afganistán durante dos tediosos meses. Hasta que cayó Mazar e Shariff y comenzaron las verdaderas escaramuzas. Ésa es la guerra que yo conté a mi audiencia y que otros prefirieron maquillar de auténticas batallas de ferocidad inusitada.

Pero todo era mentira. Bastaba con hacerse amigo de un jefe tribal para convertirte en su periodista «empotrado», según la terminología del Pentágono. Ni siquiera hacía falta pagarles para que dispararan. La verdad es que nunca supe de nadie que pagara por ello, al menos en Afganistán. No hacía falta. Aquellos *freedom fighters*, luchadores por la libertad, como les llamaban los norteamericanos pese a que ellos también escondían a sus mujeres detrás de un burka, estaban tan encantados con sus armas que las utilizaban sin ningún pudor.

Yo me hice amigo del comandante Mersha, el jefe de la guarnición de Kapisar. Un tayiko de suaves maneras y rostro casi occidental al que sus hombres adoraban. Le caímos bien. Nos mimaba. Quizá fuera porque en nuestro equipo había una mujer, Ana Crespo, a la que hacíamos pasar por mi esposa para aplacar la insolente superioridad de los afganos con las mujeres.

El comandante Mersha nos llevaba a los frentes que él controlaba y un día nos preparó una sorpresa. Hizo formar a su unidad, 500 hombres desarrapados, y nos preguntó qué tipo de arma queríamos ver en acción. Le dijimos, por supuesto, que un surtido de todo lo que tuviera. Así que desde ráfagas de kalashnikov, a disparos de lanzagranadas RPG-7, cohetes soviéticos Katiushas o andanadas de carros T-54 y T-62, todo su arsenal fue disparado. Por supuesto a un enemigo imaginario, pero aquello parecía el infierno de la guerra en sus momentos más cruentos. En nuestra crónica dijimos que todo había sido una ficción. Que lo habían hecho por el poder magnético de nuestra cámara. Porque estábamos allí, porque ellos estaban aburridos, y porque les sobraban armas. Nunca supimos dónde cayeron todas esas granadas y si había alguien al otro lado.

Escaramuzas parecidas fueron retratadas por otros periodistas funestos. Recuerdo incluso a un supuesto reportero estadounidense con supuesta acreditación de *The Wall Street Journal* del que siempre sospechamos que realmente era un miembro de las Fuerzas Especiales norteamericanas infiltrado como periodista. Una tarde le pidió prestado su kalashnikov a un miliciano y se puso a disparar como un loco contra unas piedras. Detrás, el resto de guerrilleros gastaron varios peines de munición para demostrar que el extranjero no tenía mejor puntería. Periodistas como ése decidieron explotar la vertiente belicosa de los tayikos. Esas demostraciones de fuerza de la Alianza del Norte, los sonidos de los disparos, los gritos de los milicianos, ambientaban sus «excelentes» y recreadas crónicas de combate. Satisfacían así los deseos de sus jefes y, sobre todo, calmaban sus propias pulsiones guerreras.

A pesar de ejemplos como los anteriores de nefasto periodismo, sigo pensando que no hay nadie inmune a la barbarie. Que no hay ningún reportero que no se cuestione su propio oficio o cuestione al propio ser humano cuando contempla una atrocidad. Esas situaciones límite, esas imágenes nauseabundas, todo se almacena en el archivo más cruento de nuestras memorias. Todo acaba pasando factura. Pero mientras continuamos en medio del conflicto que estamos cubriendo, mientras seguimos en la zona de guerra, no podemos dejar que esos hechos nos influyan, porque entonces estamos muertos como periodistas.

Si contemplar una determinada atrocidad nos mediatiza, nos desactiva para seguir informando, la postura más valiente y más honesta es abandonar el lugar. Por eso, mientras dura nuestro trabajo, mientras permanecemos en el foco de esa guerra, nos metemos en esa especie de armadura antitraumas. Es como un método de autodefensa ante el derrumbe interior. Porque hay que seguir trabajando, porque las personas que nos leen, nos escuchan o nos ven, merecen seguir siendo informadas.

¡Ya llegará! Ya llegará el día en que el llanto de esa madre afgana junto a su hijo muerto o la mirada perdida de ese miliciano serbio o la tristeza infinita de aquel anciano ruandés acabe repiqueteando en tu subconsciente cuando menos te lo esperas. Semanas después, meses después, para recordarte si pudiste hacer algo por ellos o, simplemente si fuiste capaz de reflejar bien su historia. Preguntas que te agobian tiempo después de volver. Y que en algunos casos pueden llevar a plantear la cuestión de si regresaremos a otro conflicto.

Porque, ¿qué nos impulsa a volver a una guerra? Algo de hipnótico debe de tener cuando se convierte en un acontecimiento al que no puedes faltar. No es una cuestión de expulsión de adrenalina, ni de demostraciones de testosterona. Para cualquier periodista, la cobertura de una guerra es el máximo acontecimiento profesional al que se puede aspirar. Después, gustará o no. Enganchará o no. Pero una guerra es una experiencia que debería tener todo periodista vocacional. Porque en una guerra el reportero se convierte en periodista total. El reportero se exprime a sí mismo, agota toda su capacidad creativa en reportajes y crónicas, en editoriales y entrevistas. En una guerra se exploran terrenos y géneros periodísticos que normalmente no se tocan. El enviado especial se convierte en su propio jefe. Él decide qué hacer cada día. Adónde ir, si arriesgar o no arriesgar, si buscar una historia bélica en el frente o retratar un drama humano en un campo de refugiados. Cada periodista elige también su tipo de aproximación al conflicto. Personal, audaz, analítica, de retaguardia...

La libertad formal de la que disfruta un reportero de guerra es difícilmente inigualable en ningún otro ámbito del periodismo. En Bagdad, durante los días previos al ataque, cuando todavía se podía hacer información de guerra que no estuviera mediatizada por los bombardeos y sus consecuencias, procurábamos mostrar cada día los diferentes aspectos de una sociedad desconocida para el público español.

Era información de guerra, porque Irak se preparaba para la guerra. Pero la posibilidad de rastrear estilos periodísticos no habituales, nos motivaba a José Couso y a mí más que la pura información bélica a la que estábamos acostumbrados. Las imágenes de su cámara nos llevaron al territorio de la economía con reportajes sobre la bolsa de Bagdad o la depreciación del dinar iraquí; al de la cultura, con incursiones en varias galerías de arte o mercados de libros; al de los deportes y su extraña liga de fútbol tutelada por el presidente del Comité Olímpico Iraquí, Uday Husein; o al de la religión, en un país de mayoría chiita dominado por una minoría sunita y con una fuerte y poderosa tradición cristiana. Diferentes aspectos de una misma y complicada sociedad en los que el reportero de guerra debe saber también bucear para encontrar explicaciones plausibles a lo que de verdad ha ido a contar: la guerra. Para encontrar argumentos sólidos y sobre todo respuestas a eso que ocurre en la batalla: que la gente mata y que la gente muere.

Todos tenemos alguna primera vez en la que no sabemos nada, no conocemos a nadie, nunca hemos escuchado un tiro o visto un cadáver. Todos tenemos ese amanecer al mundo real de la guerra. Algunos se asoman con miedo y desconcierto; otros, con suficiencia y valor. No hay fórmulas. Ni unos ni otros se garantizan su reacción final. Puede que el primerizo más lanzado acabe escondido en el hotel y la reportera más tímida sea la más audaz. Solo aquel que se haya asegurado una buena preparación intelectual previa tiene garantizada la calidad de sus crónicas. Su solidez, su interés, su seriedad. Hay que leer mucho, estudiar mucho, memorizar mucho. No se puede saber toda la historia de Afganistán y al mes siguiente cubrir los combates en el Congo o convivir con la guerrilla colombiana, y pretender saberlo todo de esos países. Es evidente que no tenemos esa capacidad de absorción, pero hay que intentarlo. Ésas son las ventajas y las desventajas de estar hoy en Bagdad y mañana en Belfast.

«*Ikra´a*», me decía un buen amigo iraquí en Bagdad. «Lee», ésa es la primera palabra del Corán y seguramente la más importante. «Lee y aprende», me repetía Safa, mi conductor. Yo me lo tomaba a broma y le decía que ya había leído partes del Corán y le retaba a leer la Biblia. «Lee y entenderás muchas cosas que pasan aquí», me recomendaba.

–¿Han leído los otros periodistas el Corán? –me preguntó Safa una noche en la que Couso y yo le intentábamos explicar el misterio de la Santa Trinidad.

–Supongo que sí, si vienen a Irak a una guerra en la que Sadam Husein está llamando a la *Yihad*, a la guerra santa, algo tendrán que saber.

–Es que es muy importante haberlo leído para distinguir entre chiitas y sunitas, entre *Yihad* defensiva y *Yihad* ofensiva, para saber si los mártires suicidas están reconocidos por el Libro Sagrado. Es muy importante para trabajar.

–Lo sabemos, Safa –le contestaba–, por eso lo hemos leído.

–¿De verdad te lo has leído? –me preguntó José cambiando del inglés al castellano–, porque yo no.

–Claro que no, lo he hojeado, me he leído algunas azoras y algunas aleyas. Al fin y al cabo, aquí en Irak te los encuentras escritos en todos los lados y por lo menos ahora me suenan de algo. Pero no te preocupes, Mahoma tampoco me ha convencido. Sigo siendo ateo.

Durante un buen rato aquella noche estuvimos hablando sobre la responsabilidad de ser periodista en lugares de conflicto y la necesidad de estar preparado.

Es muy difícil hacer periodismo de riesgo cuando se pertenece a ese riesgo. Cuando se está, como dicen los anglosajones, involucrado en el conflicto. Los verdaderos periodistas de guerra son los que viven en las zonas donde hay guerra. Los periodistas kosovares, colombianos, palestinos o afganos. Cuando llegamos los corresponsales y los enviados especiales ellos ya llevan tiempo viviendo en el horror. Cuando nosotros nos vamos ellos se quedan en esa guerra. A ellos nos dirigimos el resto de reporteros en cuanto aterrizamos en un país asolado. Porque saben quién es quién. Conocen las razones, distinguen los matices. Se saben los itinerarios, las carreteras, los atajos. Tienen contactos entre los que luchan y saben cómo llegar hasta ellos. Muchas veces, demasiadas, se convierten en parte del conflicto o los convierten en parte del conflicto. La mayoría de periodistas que mueren en zonas de guerra son reporteros locales que caen asesinados porque son considerados parte interesada.

Israel y los territorios ocupados son un ejemplo flagrante. Allí los reporteros palestinos, trabajen para medios locales o para medios internacionales, son constantemente vejados por los soldados hebreos. Con el argumento de que sus periódicos y televisiones fomentan el odio al Estado de Israel, estos periodistas son vistos como enemigos. Se les detiene, se les dispara y en muchos casos se les mata. La relativa libertad que disfrutamos el resto de periodistas extranjeros nos sirve a veces para denunciar esas arbitrariedades.

Durante la Intifada de 2002 pudimos grabar cómo una patrulla israelí detenía a un fotógrafo y a un cámara de televisión. Ambos eran palestinos. Trabajaban para France Press y Reuters, respectivamente. Habíamos estado con ellos grabando un funeral en las afueras de Hebrón, codo con codo. No había habido incidentes. No había tensión en el ambiente. Sin embargo, aquellos soldados decidieron arbitrariamente apuntarlos con sus armas y detenerlos. Nosotros grabamos la escena. El cámara, Antonio Palomares, grabó furtivamente el arresto y cómo los introducían en un vehículo. Una vez que tuvimos la prueba de su detención, cambiamos la cinta de la cámara y la escondimos.

Después, Antonio volvió a coger la cámara ostentosamente y se puso a grabar a los soldados. Ahora queríamos que nos vieran. Si los soldados observaban que había testigos de la prensa internacional, quizá soltaran inmediatamente a los reporteros. A veces funciona. Esta vez funcionó a medias. Soltaron a uno y a otro lo trasladaron a prisión. Solo nuestras imágenes pudieron demostrar cuándo y cómo había sido detenido. El fotógrafo de France Press estuvo seis meses en prisión acusado de simpatizar con las milicias radicales de Hamas. El otro, el camarógrafo que soltaron, se llamaba Mazen Dana. Murió en mayo de 2003 en Bagdad tiroteado por un carro de combate norteamericano.

La suerte es muy importante, pero para tenerla, para que esa señora caprichosa te mire, hay que llamar su atención. Hay que arrimarse a las historias. Merodear por sus alrededores. Mirando, preguntando, dejándote ver. Sólo así se consigue llegar a la cúpula de los terroristas protestantes del Ulster, o al líder espiritual de los suicidas de Hamas, o a los comandantes de las FARC colombianas. Sólo arrimándose se llega a prisioneros talibanes o guerrilleros mai-mai zaireños.

Esta profesión se ha deformado tanto que cualquiera de estos ejemplos es considerado un excelente trabajo periodístico, pero si se entrevista a algunos de los líderes terroristas que ordenan a sus comandos colocar coches bomba en Madrid pasamos a ser cómplices o portavoces de su violencia. Y todo porque esa violencia nos toca de cerca. Porque es nuestra violencia. Y porque no nos interesan las razones de los que la usan o la justifican. Estamos «envueltos en el conflicto». Una entrevista a uno de esos tipos con pasamontañas y chapela ya no es considerada tan buen periodismo, por eso las entrevistas a ETA las tienen que hacer enviados especiales de televisiones belgas, británicas o portuguesas.

3

LA PRIMERA IMPRESIÓN DEL RÉGIMEN

«En el caso de que los norteamericanos llegaran hasta las puertas de Bagdad en un plazo más o menos corto –dije tragando saliva–, ¿han pensado ustedes en la posibilidad de una rendición rápida para evitar el sufrimiento de la población civil?» Formulé la pregunta situándome detrás de la cámara de José, para que Tarek Aziz, intentando buscar mis ojos, respondiera mirando a los espectadores de Telecinco. Había sido ministro de Asuntos Exteriores durante la primera Guerra del Golfo y ahora era viceprimer ministro. Su cara era seguramente, después de la de Sadam Husein, la más conocida de los dirigentes iraquíes para la población occidental.

Canoso, siempre sonriente, y con unas gafas de montura gruesa, tenía pinta de viejo catedrático de universidad. Pasaba por ser la «cara amable» del régimen del partido Baaz. Una de esas expresiones que nos inventamos los periodistas para retratar al que parecía más simpático y menos siniestro de toda la camarilla de criminales que dirigía Irak. Como era cristiano caldeo, el único del círculo más íntimo de Sadam, y como recibía amablemente a la prensa y como hablaba inglés era la «cara amable». Los norteamericanos, menos proclives a encontrar amigos entre sus enemigos, prefirieron llamarlo el 8 de picas en su inclemente baraja de capturables.

«¿Se rendirían?» Tarek Aziz apenas se pensó la respuesta a mi pregunta. Faltaban casi diez días para que comenzara la guerra e Irak vivía todavía en el espejismo iluso de que la diplomacia conseguiría que EE.UU. no atacara. El viceprimer ministro había convocado sólo a periodistas de medios españoles a una rueda de prensa. Su embajada en Madrid les había mandado suficientes informes sobre la fuerte oposición de la mayoría de la población a esta guerra y a la participación española en ella. Por eso quería someterse a nuestras preguntas e intentar mandar así un par de mensajes de socorro a esa opinión pública contraria a la guerra.

–Lucharemos hasta la última bala –contestó solemnemente mirando a nuestra cámara.

José y yo sonreímos. Ya teníamos lo que queríamos. Un titular. Esa frase lapidaria que los periodistas nos guardamos con cuidado y sacamos a relucir semanas después para comprobar si tenía sentido o no. «*Until the last bullet*», hasta la última bala. La expresión se convirtió en una de nuestras frases preferidas. La repetíamos sobre todo cuando en las noches de bombardeos íbamos acabando una tras otra, de manera inexorable, las latas de fabada y de sardinas y las pocas botellas de whisky que habíamos almacenado.

«*Until the last bullet.*» La sentencia de Tarek Aziz, evidentemente, no tuvo ninguna virtualidad en las calles de Bagdad. La ciudad cayó en dos días y la última bala ni siquiera se la guardaron para suicidarse de un tiro en la sien, como pensábamos todos que iba a suceder después de encarnizadas resistencias. Bagdad se rindió enseguida y sus dirigentes, aquellos que apelaban a la legendaria ferocidad de sus ancestros asirios y babilónicos, fueron cayendo o se entregaron. Como el propio Aziz, que lo hizo el 24 de abril. Aguantó 15 días escondido.

La rueda de prensa del ex canciller se realizó en su palacio, dentro del recinto presidencial. Un magno edificio de techos de casi 50 metros de altura, que desde fuera parecía un pequeño Versalles y desde dentro era un inmenso laberinto de despachos y salas de reuniones. De ese edificio, que bien podría haber albergado algún museo en el futuro, sólo quedaron las paredes de piedra, de un metro de grosor, tras los bombardeos de la noche del 20 de marzo. Desde nuestra ventana en el hotel Palestina grabamos cada uno de los impactos de los misiles Tomahawk, que entienden poco de arte arquitectónico. Recuerdo nuestras caras de dolor, como si los bombazos nos dieran también a nosotros, cuando veíamos saltar por los aires los miles de placas de cerámica que recubrían por fuera el palacio y lo hacían brillar de manera hipnótica cuando le daba el sol del atardecer.

Pero el día de la cita con Tarek Aziz nadie se figuraba que aquel palacio dejaría de existir en breve. Los periodistas fueron convocados a una hora determinada en el hotel para que los recogiera un autobús y los trasladara al edificio. Nosotros llegamos tarde. Habíamos estado grabando en otra zona de la ciudad y perdimos el bus. Así que les dije a José Couso y a nuestro traductor Jorge Rallés, que intentáramos coger un taxi para llegar hasta allí.

El conductor, un iraquí joven y entusiasmado de hacer una carrera alocada y contrarreloj, como en las películas, se saltó todas las medianas que encontró y casi todos los semáforos. Estaba encantado. Pero cuando llegó a la zona del palacio y le dijimos que nos acercara a la puerta, su rostro se endureció, dejó de reírse y pasó de largo. Mientras le gritábamos que teníamos prisa, que no llegábamos a la rueda de prensa, él no decía nada. Frenó un kilómetro más adelante, se volvió y nos preguntó si estábamos locos. Él no podía arriesgarse a parar a tres periodistas delante de un edificio oficial, nos espetó con cara de miedo. Íbamos sin guía del Ministerio de Información, «¿Y si el soldado de la entrada coge mi matrícula?», preguntó angustiado. Los *mujabarat*, el servicio secreto, como poco le quitarían el taxi, pero no descartaba ser torturado, encarcelado o hecho desaparecer. Nos quedamos callados, mirándole y escuchando cómo él mismo se respondía.

Era la paranoia persecutoria que el régimen había instalado en la sociedad iraquí. Un clima de miedo, de recelo. Un ambiente de desconfianza en el que la única manera de sobrevivir o prosperar era convirtiéndose en un hombre del partido o en un chivato. Bajamos del taxi un tanto impresionados y fuimos andando hasta la verja exterior del palacio. El soldado de la entrada se mostró inusualmente amable y, pese a no llevar ningún responsable del Ministerio de Información con nosotros, nos permitió el paso.

Un coche nos llevó hasta la inmensa entrada, una puerta de madera de doble hoja de unos 15 metros de altura. Como nadie salió a recibirnos decidimos abrir el portón y echar un vistazo dentro. Al entrar pudimos contemplar la magnificencia superflua del régimen. Un concepto del arte y la decoración basado, no en la belleza de las cosas, sino en su monumentalidad. En el cuanto más grande mejor. Las vertiginosas paredes estaba completamente tapadas con enormes tapices; había unos muebles de imitación estilo Luis XVI que parecían diseñados para gigantes; y del techo, de abigarrados artesonados arabescos, colgaban descomunales arañas de cristal.

Aquello no era bello. Era un auténtico ejercicio de grandilocuencia hueca. Igual que el propio régimen de Sadam Husein. Su fijación por utilizar una iconografía babilónica, megalómana, casi autocomplaciente, era igual que su manía por esos discursos embriagadores, panarabistas, libertadores, con los que trataba de ganarse a las masas árabes. Puro fuego de artificio. Igual que el inmenso pasillo del palacio en el que nos encontrábamos. Pura vanidad de mármol.

De repente nos vimos los tres completamente solos en ese palacio gigantesco. Éramos como tres enanos que no dejaban de mirar las lejanas bóvedas sobre nuestras cabezas. Al principio nos hizo gracia la situación, luego empezamos a preocuparnos. Estábamos solos en el centro de la vicepresidencia de Gobierno de Sadam Husein. En medio de aquel enorme pasillo había una mesa de oficina que no pegaba con el resto de la decoración y encima, un teléfono. Supusimos que el ujier ya había acabado su turno porque allí no aparecía nadie.

Empezamos a andar buscando a alguien. Hablábamos en alto e incluso gritábamos para hacernos notar. Todo estaba vacío. Silencioso. No había nadie en los despachos. Daba la impresión de que el ministerio había sido evacuado y todos sus archivos escondidos en algún lugar secreto. Teníamos miedo. Viendo cómo había actuado el taxista, si un soldado de la Guardia Republicana nos encontraba entrando y saliendo de los despachos de la vicepresidencia de Gobierno la acusación de espionaje estaba cantada.

La situación era realmente surrealista, pero estábamos inquietos. La rueda de prensa de Tarek Aziz había empezado y nosotros nos habíamos perdido en su vacío palacio. Al final, José y Jorge decidieron fumarse un cigarro en uno de esos sillones y yo me dediqué a probar todas las combinaciones posibles con el teléfono. Alguna debería funcionar. En todos los ministerios las líneas internas empiezan por 0, o por 1, o por 9... Probé hasta que al otro lado alguien contestó en árabe. Le dije «*Marhaba*», hola en árabe, y enseguida Jorge le explicó que estábamos esperando a que alguien nos llevara ante el vicepresidente.

Mientras venían a recogernos reflexionamos sobre la posible descomposición del régimen. Aquella situación era una metáfora de su vacuidad interna. Muy robusto por fuera, muy duro, supuestamente impenetrable, pero vacío por dentro, hueco, levantado sobre falsas premisas ideológicas que sólo podían sustentarse imponiéndolas por la fuerza bruta. Un funcionario con kalashnikov vino a recogernos. Llevábamos media hora en las entrañas del régimen. Andando en sus tripas. Llegamos tarde a la sala donde estaban el resto de colegas y Tarek Aziz, pero pudimos hacerle la pregunta. Sí, resistirían hasta la última bala...

Esa frase empezó a sonarnos a consigna cuando la escuchamos varias veces a diferentes ciudadanos bagdadíes. «Será que es lo único que saben decir en inglés», me decía Couso. El caso es que la sociedad iraquí, en los días previos a la guerra, sólo era capaz de repetir los lemas patrióticos con los que les bombardeaban desde la televisión pública y desde los periódicos afines al régimen, los únicos permitidos.

Durante aquellos días, pudimos hacer una radiografía aproximada del pueblo iraquí, que nos llevó a la conclusión, acertada, de que el régimen se iba a desmoronar rápidamente porque tenía los pies de barro. Casi todas las mañanas yo entraba en directo para la tertulia política de un programa de mi televisión, y cada vez que me preguntaban qué iba a pasar yo siempre decía que, desde allí, cualquier respuesta era buena. Que podía ocurrir cualquier cosa. Pero que era difícil asegurar si todos esos fieros *fedayines* y demás soldados de Husein sacrificarían sus vidas por el dictador en cuanto vieran llegar a los tanques norteamericanos.

Un día José y yo nos quedamos escuchando a los tertulianos, que comentaron mi crónica. Nos hizo gracia la seguridad con la que hablaban algunos de ellos, pontificando, adoctrinando al resto, como si tuvieran línea directa con el presidente iraquí o el presidente estadounidense. Nosotros, desde el centro de Bagdad, éramos incapaces de hacer un pronóstico fiable y algunos de aquellos tertulianos eran capaces de adivinar el futuro bélico del país. Cuando colgamos el teléfono le pregunté a José.

–¿Tú qué opinas?

–Estos iraquíes salen por patas en cuanto lleguen los yanquis –me dijo–. Aquí nadie quiere a Sadam Husein excepto cuatro incondicionales. Ya lo has visto.

–Este cabrón tiene a todo el país en un puño. Recuerda al taxista. Todo el mundo sabe que si habla o dice más de la cuenta los matan. Aquí no hay libertad para opinar...

Era imposible que todas las bocas iraquíes repitieran las mismas consignas oficiales y que aquello fuera espontáneo. Solamente cuando conseguíamos quedarnos unos segundos a solas con los entrevistados, mientras uno de nosotros despistaba al guía del Ministerio de Información, lográbamos entrever el subsuelo de reclamaciones de esa sociedad. En esos segundos, en ese pequeño espacio ingrávido de libertad, el tono de voz de la gente se hacía de repente casi inaudible. Apenas se les oía, pero sus ojos miraban fijamente y apelaban a nuestra inteligencia para interpretarlos. «Si yo pudiera hablar», parece que decían.

Hubo que rastrear mucho y aprender a interpretar signos y gestos. Las dictaduras sólo consiguen contener las libertades, pero no hacerlas olvidar. Y Sadam cometió, como dictador, un fallo garrafal al dar a su pueblo unas dosis de cultura bastante mayores de las que se pueden encontrar en cualquier otro país árabe de la zona. Fue lo único bueno que hizo. Proporcionarles algo de cultura. Debió mantenerles en la indigencia intelectual, que no esperaran nada porque nada conocían. Pero al inocular en la sociedad el virus de la cultura, del saber, de la formación, era sólo cuestión de tiempo que su pueblo eclosionara.

Ésa es la razón de que, afortunadamente, encontráramos interlocutores que buscaban maneras de evadirse de la vigilancia de los «comisarios políticos» que nos imponía el Ministerio. Siempre era posible tropezar con alguien con la suficiente cintura intelectual como para autocensurarse en lo obvio (y repetir eso de que «Los yanquis morirán en el desierto»; «Sadam es un gran líder»; «Daremos nuestra sangre por él»; «Mil años de historia nos avalan»; bla, bla, bla...), y apuntar, de manera casi incomprensible para la capacidad cognitiva de nuestros censores, ideas mucho más trascendentales e importantes sobre su país.

Esa dualidad entre lo que se piensa y lo que se dice, entre lo que les gustaría y lo que aparentaban, hizo de la población iraquí un curioso ejemplo sociológico de esquizofrenia colectiva. Nada era lo que parecía. Nadie era como aseguraba. Todo el mundo mentía. Analizar aquella sociedad era un reto para el periodista. Si te quedabas en la superficie, si no indagabas, si no escarbabas, podías acabar tragándote las consignas de Sadam. Si se profundizaba se encontraban algunos pequeños rastros que, al menos, creaban una duda razonable. Suficiente para poner todas las informaciones oficiales al vapor caliente de la desconfianza.

Algunos de los mejores ejemplos de esa doble personalidad los encontramos en el café otomano Shabandar, que en turco significa «El comerciante». Uno de los más antiguos y conocidos de la ciudad. Poetas, escritores, arquitectos, incluso algunos miembros del partido único Baaz desencantados con el devenir ideológico del régimen, toda la *intelligentsia* iraquí se reunía en esta especie de Café Gijón los sábados por la mañana. Allí se podía escuchar la mejor retórica sadamista, pero, tras una pausada calada a esas cachimbas de agua y humo que allí llaman narguiles, la misma boca soltaba un feroz pullazo contra el régimen. En ese local hablaban de todo. De libros, de política, de fútbol y sobre todo, de la guerra. El Shabandar era el café de las tertulias y de los contubernios, de los cotilleos y de las conspiraciones. Sus paredes rezumaban la humedad que se filtraba desde el río Tigris porque no lo habían pintado en cien años, desde los tiempos de la ocupación otomana. En el aire flotaba una persistente neblina de tabaco de manzana y las fotografías que lo decoraban, todas en blanco y negro, llamaban a tiempos pasados, de califatos y harenes, de beduinos y caravanas de camellos.

Couso retrató aquel ambiente con maestría. Sus imágenes lograron una textura casi vaporosa. Igual que la atmósfera del café, donde estrechos haces de luz solar entraban como puñales hacia el suelo y se mezclaban con las volutas de humo que los tertulianos lanzaban al aire. En las mesas se amontonaban pequeñas tacitas llenas de posos y ceniza. Era como un viaje en el tiempo al corazón de la dominación otomana. De vuelta en el hotel, mientras editábamos el reportaje, le pedí a José que pusiera la pantalla del monitor en blanco y negro.

–Enhorabuena –le dije–, has logrado que tus imágenes se parezcan a las fotografías sepia y desgastadas de las paredes.

–¿A que sí? –asintió regocijado y sonriendo–. En blanco y negro parece una escena de hace 100 años.

El té amargo era la bebida preferida de aquel local. Ali Abashi, que se autodefinió como poeta, me dijo: «Nuestros ancestros llevan aquí 8.000 años, y han peleado en muchas guerras. Los americanos no nos van a ganar». Era chiita, y no fue capaz de improvisarnos ni un solo verso, pero fue uno de los primeros en hacernos delante de la cámara una alambicada declaración en la que, sin mostrarse en contra de Sadam, tampoco se mostraba a favor. Su razonamiento era impecable. Nunca dijo que Sadam fuera su líder y que su actitud política contra EE.UU. fuera la única posible, pero si la pregunta era si temía al ataque norteamericano la respuesta era que no. Que los ganarían. Y daba igual si la guerra la empezaba Estados Unidos o Irak. Si había guerra, pelearían contra el invasor.

Los mismos equilibrios dialécticos nos hicieron otros parroquianos del café. Anticuarios como Aws Al Sabah, dueño de una de las tiendas mejor surtidas de Bagdad, o libreros como Mahmoud Taki. Personas, digamos, con cierto nivel cultural, con cierto acceso al exterior del país, con dominio en muchos casos del inglés. Muchos de ellos aprovechaban las mañanas de rezo de los viernes para acercarse al mercado de libros de Al Mutanabi y rellenar sus maltrechas bibliotecas.

Ese mercado, cuyo nombre proviene del más grande de los poetas abasíes, es un lujo para la vista e incluso para el olfato. Huele a libro viejo, a pequeñas joyas escondidas esperando ser hojeadas. En los puestos se podía encontrar de todo. Desde soflamas capitalistas editadas en Estados Unidos a tratados marxistas de la Unión Soviética. Desde un póster de los futbolistas Ronaldo o Beckham, hasta un manual de lucha guerrillera con instrucciones de cómo fabricar bombas o lanzar una granada. Hubo incluso quien localizó un viejo libro sobre el desarrollo urbanístico en la Barcelona de principios del siglo pasado.

Había muchos libros en ruso y en chino, de las épocas en las que el no alineamiento se confundía con la cooperación solidaria y los estudiantes iraquíes más espabilados conseguían becas para estudiar en Moscú, Pekín o La Habana. «El embargo nos ha afectado mucho» nos repetían todos los libreros. Se notaba en la oferta. La producción literaria iraquí estaba bajo mínimos. No les quedaba papel, y la mayor parte de los libros se vendían sin tapas, apenas sujetos por los lomos con unos brochazos de goma arábiga.

Aquél fue el último viernes que visitamos el mercado de Al Mutanabi, porque una semana después comenzaría la guerra. Al volver a la habitación del hotel Al Rasheed ojeé un ejemplar de los cuentos de *Las mil y una noches* que me había llevado en la maleta. Los relatos de la hermosa Sherezade, aunque no todos los historiadores están de acuerdo, discurren en la tierra que estaba a punto de ser invadida. Aquel Bagdad que nos encontramos esa mañana de marzo, no parecía estar preparándose para la guerra, aunque hubiéramos notado en todos aquellos intelectuales que habíamos entrevistado cierta cultura de la resistencia.

Busqué el cuento de *Simbad el marino*, uno de los más conocidos. En la parte del relato en la que cuenta su navegación por el río Tigris, el anónimo autor de la narración puso esta frase en boca del protagonista: «Acabamos de bordear Basora, paraíso de la bendición, para ascender hasta Bagdad, morada de la paz». ¡Bagdad, morada de la paz! Desde que Sadam gobernaba el país habían luchado ocho años con los iraníes, invadido Kuwait y guerreado contra una coalición internacional en 1991, gaseado a los kurdos y diezmado a los chiitas. ¡Morada de la paz! Si no hubiera sido anónimo, seguro que Sadam le habría erigido un monumento al escasamente visionario autor.

Se me antojó que el dictador se había apropiado del papel de Sherezade. La doncella debía ser ejecutada por orden del califa antes del amanecer y fue salvando su cuello todas las noches inventándose cuentos que engatusaban al soberano hasta pasadas las ocho de la mañana. Iba así retrasando su ejecución hasta la madrugada siguiente y así sucesivamente. La imaginación de Sherezade no tenía fin: *Ali Babá y los cuarenta ladrones*, *Aladino y la lámpara maravillosa* y otros 999 cuentos. Viendo los diferentes ases que Sadam Husein se iba sacando de la manga para retrasar el inicio de la guerra y como era capaz de estirar el tiempo diplomático, parecía que su capacidad de fabulación era también ilimitada.

Durante unas semanas de infarto, las tres que precedieron al comienzo de los ataques, los periodistas no dábamos abasto. Hubo diferentes iniciativas del gobierno iraquí, negativas norteamericanas, propuestas de la ONU, sugerencias de Francia y Alemania, envites de Rusia y China, o silencios de la Unión Europea. Fue el tiempo de la «diplomacia exprés», a ver quién proponía más y más rápido. Y Sadam, desde luego, sabiéndose la Sherezade de este cuento, no paraba de inventarse historias que convencieran o al menos entretuvieran a quienes debían decidir o influir en su sacrificio.

Uno de los órganos de decisión era el Consejo de Seguridad de la ONU. A mediados de febrero pidió a Irak que permitiera el vuelo sobre su territorio de aviones espía U2 que podrían localizar supuestos laboratorios de armas de destrucción masiva. Los iraquíes se negaron con razón, porque esos aviones, norteamericanos, también iban a fotografiar a sus tropas y los despliegues que tenían diseñados. Después se pidió a Sadam que permitiera a los inspectores de la ONU po-

der entrevistar en privado, e incluso fuera del país, a científicos que habrían estado trabajando en los programas de armamento químico o biológico. Una propuesta razonable para
evitar coacciones de militares iraquíes. Pues también se negaron. Cuando por fin se hizo público a primeros de marzo el
Informe Blix sobre las investigaciones de los inspectores de
las Naciones Unidas, en el que se decía que necesitaban más
tiempo, Sadam permitió los vuelos U2 y las entrevistas privadas. Había ganado dos semanas.

Volvió a jugar en el campo diplomático cuando se le exigió la
destrucción de los misiles Al Samud. En árabe significa «Resistencia», y eran una versión mejorada de los viejos Scud tie-
rra-tierra soviéticos. El 29 de febrero vencía el plazo para des-
truirlos y Sadam esperó hasta el día anterior para aceptar esa
imposición. También era una decisión lógica. Su país estaba a
punto de ser invadido y desde la ONU, como muestra de
buena voluntad, se le pedía que se deshiciera de la mayor parte de su arsenal estratégico. De la única arma que le permitiría
defender Bagdad en un radio de 200 kilómetros de distancia.
La ONU argumentaba que se había encontrado una unidad
de ese misil Al Samud que superaba en unos pocos kilómetros el radio de acción que tenían adjudicado. Esos misiles,
decían EE.UU. y Gran Bretaña, podían ser cargados con armas químicas o biológicas con las que se podría alcanzar, por
ejemplo, Israel, y que sería bueno que como gesto de buena
voluntad los destruyera. Demostrarían así que no tenían ninguna intención agresiva, pero su eliminación les dejaría sin
defensas ante un más que probable ataque norteamericano.

Así fue. La guerra finalmente empezó y Sadam sólo pudo
lanzar contra Kuwait unos cuantos misiles que había logrado

ocultar a los inspectores. Fueron lanzamientos sin coordenadas, sin objetivos fijos, a ojo, simplemente apuntando hacia el sur, hacía el lugar de donde venían las tropas norteamericanas. Es decir, que misiles tenían, pero que contaran con los vectores de lanzamiento y la capacidad tecnológica necesaria ya era más discutible.

El caso es que los *bulldozers* aplastaron varias decenas de misiles y que nadie, nunca, vio aquellas imágenes. «Yo las he visto y he llorado. Ha sido muy duro», nos confesó en su despacho Uday Al Taj, el director general del Ministerio de Información y uno de los tipos más peligrosos para los periodistas que merodeaban por Bagdad. De él dependían todos nuestros visados o los permisos para hacer nuestros reportajes. A Al Taj el aplastamiento de un misil le había producido unos lagrimones que sólo un iraquí patriota como él podía entender. «El gobierno de España es cómplice de esto», nos dijo con voz suave y calmada, mientras se mesaba el inevitable bigote.

Su trabajo consistía en entorpecer la labor de los reporteros y, si no lo conseguía, tratar de intoxicarla. No fue el único que apeló a la supuesta dureza de las imágenes de los misiles aplastados. A casi todos los militares consultados parecía dolerles en sus propias carnes la destrucción de esos cohetes. «Desde mi punto de vista –le dije a nuestro traductor Jorge Rallés–, hay que estar muy mal de la cabeza para llorar por unos misiles.» Muchos periodistas comentamos que aquellas confesiones eran una metáfora del pensamiento militarizado del gobierno iraquí y hubo quien incluso pretendió encontrar en los Al Samud una proyección fálica del poderío omnímodo de Sadam. Si destruía sus misiles, se castraba a sí mismo. No en vano, en muchas de sus estatuas ecuestres, el caballo que montaba galopaba sobre una alfombra de misiles, e incluso había ordenado erigir una magnífica mezquita con minaretes en forma de cohetes.

El general Amer Hamudi Al Saadi era uno de los principales asesores científicos del dictador iraquí e interlocutor con los inspectores. También era otra de las «caras amables» del régimen. De buenas maneras y pelo canoso, era uno de los pocos miembros del gabinete de Sadam que no cultivaba el culto al mostacho. El 2 de marzo nos dijo en rueda de prensa que el presidente en persona había tomado la decisión de que no se emitieran ninguna de las imágenes de esos misiles retorcidos. La televisión iraquí había grabado su destrucción y después de un visionado privado en uno de sus palacios, Sadam dijo que quería evitar el impacto emocional en la población. «Iba a ser muy doloroso», dijo en la rueda de prensa Al Saadi, casado con una ciudadana alemana y el primero en entregarse a los norteamericanos en cuanto supo que su nombre estaba en el número 55 de la baraja de los más buscados. El general no esperó mucho. El 12 de abril, tres días después de la caída de Bagdad, su esposa llamó a los reporteros de la cadena germana ZDF. Las cámaras fueron testigos de que Al Saadi se entregaba de manera voluntaria a los marines.

El superior de Al Saadi era otro general, Hussan Mohamed Amin, formalmente director del Organismo Nacional de Control, y oficialmente encargado de lidiar con los inspectores de la ONU y sobre todo de torearlos. EE.UU. prefirió llamarle el seis de tréboles. Casi siempre vestido de militar y con esas gafas negras que les gusta llevar a los generales de todos los ejércitos dictatoriales del mundo, Amin llegó a reconocer en una rueda de prensa que si habían comenzado a destruir los misiles era sólo para satisfacer y ayudar en lo posible a los países del Consejo de Seguridad que estaban en contra de la guerra. Es decir, que se apretaba y se aflojaba el grifo de las reclamaciones y de las concesiones en función de si el momento negociador aconsejaba disuasión, persuasión, prevención o apaciguamiento. El arte de la diplomacia se hizo casi sublime durante aquellos días.

Sin embargo, en la calle, los ritmos sociales eran otros. Si sus dirigentes sollozaban al ver los misiles laminados por las apisonadoras, la población iraquí tenía otras causas por las que llorar. Por ejemplo, hacer suficiente acopio de comida, agua y medicinas. Despedirse de familiares y amigos a los que no sabían si volverían a ver o esconder sus pocos objetos de lujo por si estallaba el caos después de los ataques.

Tratamos de comprobar si la recomendación presidencial de que cada familia consiguiera un arma para defenderse era una nueva bravata de Sadam o se cumplía a rajatabla. En Irak había muchísimas armas, pero muy controladas. Casi todas estaban en poder de los miembros y militantes del partido único Baaz, y eran exhibidas ostentosamente en los desfiles públicos promovidos por el gobierno iraquí. ¿Y el resto de la población no militante?

Visitamos varias armerías en Bagdad y pudimos comprobar que los emocionales discursos de Sadam a su pueblo aconsejándoles resistir la guerra sólo calaban en los más concienciados y adictos al régimen. Shaad era el dueño de la armería Alam Ashlija, «el mundo de las armas». Tenía unos 60 años y una educación exquisita que utilizaba para enseñarnos las excelencias de sus pistolas de segunda mano. Su muestrario era amplio. Desde Browning belgas, a Llamas fabricadas en Elgoibar, pasando por Smith & Wesson norteamericanas e incluso una copia local de las Beretta italianas que allí llamaban con orgullo Tariq.

–Cada iraquí ya tiene un arma en su casa, así que no necesitan otra –nos dijo siempre sonriente–. Yo, al menos, no he notado un incremento de ventas por la llegada de la guerra.

Faltaban un par de semanas y la psicosis del ataque no parecía haber afectado demasiado a la población. Shaad montaba animadas tertulias todas las mañanas en su tienda. Si hay algo que les gusta a los iraquíes es hablar y discutir. Allí se juntaban antiguos amigos, todos mayores de 60 años, y todos con la experiencia que da haber conocido en su país el dominio de los británicos, la independencia bajo una monarquía impuesta, el espejismo de una república panarabista y, finalmente, la peor de las dictaduras.

–No tememos a los americanos –comentó uno de los clientes mirando hacia la cámara y de reojo hacia nuestro guía–. Somos fuertes y creemos en Dios.

Todos asintieron. Ese hombre había encontrado la expresión exacta para quitarse de encima la incómoda presencia de los periodistas y sobre todo del chivato de los servicios secretos. Todos podían quedarse tranquilos. El informe al Ministerio de Información sería óptimo y ellos quedarían como unos buenos iraquíes que cumplían con su deber.

La esquizofrenia vital impuesta por el régimen de Sadam era absolutamente desquiciante para muchos ciudadanos, pero sobre todo para nosotros, extranjeros y además periodistas. En todo momento te notabas vigilado, observado, perseguido o cuestionado. Nos costó acostumbrarnos a esa lógica de la delación en la que todas las entrevistas estaban amañadas por la presencia coercitiva de un supuesto guía, en realidad un soplón de los servicios de inteligencia. Muchos ciudadanos, escarmentados por los métodos brutales de los *mujabarat*, los servicios secretos, se habían convertido a lo que podríamos llamar el «sadamismo sociológico». Es decir, que muchos pensaban que la situación era inevitable e inmutable y por eso acababan introduciéndose en el sistema. Perteneciendo a él. Sirviéndolo. No eran acérrimos militantes baazistas, pero nadie en su barrio podría decir que eran traidores a los que vigilar o de los que sospechar.

Esa paranoia la sufrimos algunos periodistas. Una reportera de un periódico fue confundida en un mercado con una soldado norteamericana disfrazada. Es decir, con una espía. Desde luego que contado ahora suena a majadería, pero cuando un tendero que quiere ganarse puntos de patriotismo empieza a gritar desgarradamente que hay una espía en el mercado y cuando una turba de gente comienza a ponerse nerviosa buscando a esa espía, lo mejor es salir de la zona para evitar un estúpido linchamiento. Y todo porque a un frutero se le ha metido entre ceja y ceja que en Bagdad, curioseando entre los mangos y los dátiles, hay una agente secreta norteamericana.

Todos tuvimos algún tipo de experiencia parecida. Situaciones incontrolables que de cómicas se tornaban de repente en dramáticas e incluso peligrosas. Cuando dejamos la armería de Shaad fuimos a devolver a nuestro confidente particular a sus cuarteles del Ministerio de Información. Al regresar hacia el hotel, ya solos, vimos otra armería abierta. Se llamaba Al Hadaf, «El blanco», y en la puerta tenía dibujado un revólver bajo el rotulo en inglés de «*guns*», pistolas. Decidimos entrar pese a no llevar guía y José robó unos planos de un par de clientes probando una pistola y una carabina. Cuando el dueño se puso nervioso por la ausencia del guía levantó la voz, para que lo escucharan los clientes e incluso se le oyera desde la calle, y nos expulsó del local empujándonos, apuntándonos con el dedo y gritándonos «*mujabarat ameriquiya*», espías norteamericanos...

La situación fue realmente tensa y refleja la alucinación casi estalinista de muchos bagdadíes, de muchos iraquíes en el resto del país, por buscar infiltrados y traidores. Aunque fueran inocentes, daba igual, pero era la manera más rápida de pasar a engrosar esa mítica y acomodaticia lista de «ciudadanos de confianza». Seguramente ese armero, o ese frutero, eran unas excelentes personas. Unos padres devotos y muy amigos de sus amigos, pero así era la vida en el Irak de Sadam. Un país convertido en una enorme cárcel donde el chivato, el delator, en términos policiales el colaborador, alcanzaba cierto estatuto de intocable. Ese armero, ese frutero, se garantizaban el legítimo derecho de no ser investigados. De ser considerados por el jefe local del Baaz, por el jefe del distrito, el del barrio, o el de la manzana, dependiendo del nivel de la delación, como personas de confianza del régimen.

El dictador que se autoproclamaba el «padre de todos los iraquíes» se había convertido también en su Gran Hermano. Los servicios secretos, los delatores que había en cada barrio y en cada manzana, los guías, todos formaban parte de ese engranaje violento e inquietante que hace funcionar a las dictaduras. Los resortes comunicativos de la sociedad iraquí estaban cercenados. No había periódicos libres, ni televisiones. No se podía levantar la voz para criticar el régimen sin que alguien, en la mesa de al lado, en la habitación de al lado, pudiera escuchar la herejía y delatar al subversivo.

A comienzos de 2003, en pleno debate internacional sobre si se iba a la guerra contra Irak, Sadam Husein decidió autorizar los cafés privados de internet en el país. Por supuesto, con todos los cortafuegos posibles para que aquello no se convirtiera en una ventana de libertad hacia el exterior. Las curiosidades de los iraquíes quedarían tamizadas por normas leoninas. No se podía acceder a páginas pornográficas, a aquellas que atentaran contra la religión, o a las webs de la oposición iraquí en el exilio.

Por supuesto, no había chats y el correo electrónico de libre acceso estaba prohibido. Es decir, no se podía entrar en páginas como Hotmail o Mixmail que proporcionan esos servicios gratis. Las cuentas de correo debían solicitarse obligatoriamente a cualquiera de los dos servidores públicos, warka.net y orok.net. De esta manera, los mensajes que enviaran los internautas iraquíes serían controlados y escudriñados por los servicios secretos de Husein. Estas normas desmedidas afectaron al trabajo de los periodistas. Todos aquellos que tenían una cuenta de correo en servidores como Hotmail, Wanadoo o Yahoo no pudieron utilizarlas.

Sadam logró crear en Irak una sociedad policializada. Atemorizada por numerosos cuerpos y servicios de seguridad, que además se espiaban entre sí e incluso procuraban torpedearse los unos a los otros. Una técnica muy perspicaz de Sadam que lograba así motivar a todas sus agencias de inteligencia para superar a las otras y evitaba, además, que ninguna se hiciera con los resortes fundamentales del Estado. La rivalidad llegaba al extremo de poner al frente de los principales servicios a sus propios hijos y a sus generales más leales. Todos ellos, en las reuniones de Gabinete, pugnaban por revelar la información más sensible e importante o presentar los logros de espionaje más espectaculares.

Los *mujabarat* eran los servicios de información centrales y se dedicaban sobre todo al interior del país. Para este servicio trabajaban la mayoría de los guías que nos acompañaban y todos aquellos iraquíes que nos rodeaban con frecuencia, como chóferes, camareros, empleados de los hoteles o cambistas, entre muchos otros. Los *istijbarat*, o servicio militar de inteligencia, dependían directamente de presidencia. Casi todos los empleados de las embajadas iraquíes en el extranjero, incluida la de Madrid, pertenecían a este servicio. Tenían una unidad, conocida como la 999, la triple 9, que se dedicaba a labores de infiltración o desestabilización sobre todo en el Kurdistán o en Irán. Los *Amn Al Khas*, también llamados Departamento de Asuntos Especiales, eran el cuerpo menos conocido pero el más temido de los servicios secretos. Servían sobre todo de escoltas de élite a los jefes del Baaz.

Con toda esta miríada de agencias y servicios era difícil no estar controlado. A todo lo anterior había que sumar además los diferentes cuerpos policiales que pululaban por Bagdad y que constituían un auténtico catálogo de uniformes. De todo ello fuimos conscientes el cinco de marzo, dos semanas antes de la guerra, cuando a Sadam se le ocurrió, aprovechando la presencia de la prensa internacional, hacer un simulacro de actuación de todas sus policías para el día que se declarara el estado de excepción.

La mañana amaneció soleada y calurosa y cuando salimos a la calle, vimos que aquel tráfico ingobernable que caracterizaba a la capital se encontraba más fluido que de costumbre. Había más agentes que nunca, y todos parecían muy ocupados en dirigir la circulación, en lugar de charlar con los conductores en los semáforos, como era habitual. Los policías, para nuestra perplejidad, iban vestidos con sus uniformes de gala. Cada uno llevaba puesto un casco de fibra de vidrio y su respectivo kalashnikov al hombro. Había dos por cada cruce. Incluso donde no había coches. El caso es que se les viera.

Había policía de tráfico con trajes azules y grises de dudoso camuflaje urbano, cadetes con uniforme verde pálido y horrorosos sombreros de pluma, policía judicial de camisa blanca inmaculada e incluso bomberos sonrientes armados con subfusiles.

En la plaza de Al Tajaría, una de las más populosas de la ciudad, hablamos con algunos de ellos. El teniente Mohamed se estiró el uniforme, retocó su gorra de plato, se quitó el sudor de las sienes y dijo algo que ya esperábamos: «Estamos dispuestos a sacrificarnos por nuestro país y por nuestro presidente». Otra vez el discurso oficial y memorizado. En cualquier caso todos aquellos agentes se sentían héroes por un día.

El Ministerio del Interior había decidido sacarlos a la calle para hacer un ensayo general de su cometido el día que estallara la guerra. Ellos debían mantener el orden en las calles, llegar los primeros a los lugares bombardeados, abrir el paso a los bomberos, evitar los saqueos y, en última instancia, colaborar con los militares en la defensa de la ciudad palmo a palmo. No lo hicieron mal del todo durante los ataques aéreos, aunque de esa última labor, defender la ciudad, prefirieron abstenerse. Aquel día pudimos comprobar ese «estado policial» en su apogeo. Pudimos cerciorarnos de la cantidad enorme de iraquíes empleados en agencias del gobierno, y eso que todavía no habían salido a la calle ni las milicias del Baaz ni los *fedayines* de Sadam.

Esos sujetos eran los más concienciados del régimen, pero la inmensa mayoría de la población funcionaba con otros registros vitales. Dentro de las casas, durante las cenas familiares, los padres trataban de conseguir el nivel suficiente de aplomo para convencer a sus hijos y esposas de que no iba a pasar nada, de que todo saldría bien. Era la principal preocupación de la buena gente. Nos lo contaban los conductores, los traductores, e incluso, algún que otro guía del ministerio en momentos de desmoronamiento ideológico.

«A mí lo que me importa es mi familia, que no les pase nada a mis hijos, por favor», repetían casi todos. Algunos con lágrimas en los ojos, como si en nuestras manos, pobres periodistas, estuviera el poder hacer algo para evitar esos sufrimientos.

Hombretones de espaldas anchas, acostumbrados a hacer de noche la ruta Amman-Bagdad por el desierto, se venían abajo al reflexionar sobre lo que le podría pasar a su familia si faltaban ellos. Si la ciudad se precipitaba al vacío de la anarquía. Si faltaba la leche en polvo para sus bebés o la gasolina para sus vehículos.

Para disimular ese miedo invisible, incorpóreo, que se iba apoderando de la población poco a poco, minando su resistencia, muchos de ellos trataban de seguir haciendo una vida normal. Salían a la calle, hacia sus trabajos, como si no sucediera nada. Como si nada se estuviera desmoronando a su alrededor. Como si el país que habían conocido y al que amaban no estuviera a punto de desaparecer.

«Yo en la guerra del noventa y uno iba todos los días al trabajo en bicicleta, y si tenemos guerra otra vez, volveré a ir en bicicleta», nos contó durante una entrevista Ghassan Muhsen Hussain. Trabajaba en el Ministerio de Asuntos Exteriores y era un diplomático encargado de las embajadas de África y Sudamérica. En aquellos días Ghassan confesaba tener miedo a la guerra, pero trataba de ahuyentarlo haciendo como si no pasara nada. «Pero además de miedo tengo fe y estoy convencido de nuestra causa, así que he convertido el miedo en paciencia», nos dijo este sadamista convencido. Su lealtad al presidente era incuestionable.

Ghassan era uno de los que habían hecho dinero con el régimen. Durante todo el tiempo que pasamos en su casa, bebiendo té y admirando los cuadros que pintaba, trató de convencernos de que ganarían la guerra y que nada iba a cambiar. Que él seguiría acudiendo a trabajar al ministerio. Yo intentaba que me contestara a una sola pregunta: «Si los americanos entran en Bagdad y acaban con el presidente, usted qué hará, ¿se presentará al día siguiente en su despacho a trabajar como si nada hubiera cambiado?». Sí, me contestó finalmente, con esa mirada que ya habíamos empezado a reconocer en los iraquíes que responden mintiendo para guardar las formas. José y yo fuimos a visitar de nuevo a Ghassan a la semana de comenzar los bombardeos. Su casa estaba cerrada y precintada. Unos vecinos nos dijeron que se habían ido de la ciudad a un sitio más seguro. Como nos esperábamos, no había ido a trabajar.

Irak era uno de los pocos países árabes en los que se podía encontrar casi de todo. Sus tiendas estaban normalmente bien surtidas pese al embargo. Desde DVD de última generación a tangas de Woman's Secret de imitación, en Bagdad se podía encontrar de todo. La porosidad de la frontera con Jordania y Siria, y sobre todo con el norte controlado por los kurdos, había facilitado el trabajo de los estraperlistas. El gobierno había permitido en cierto modo ese contrabando para paliar las trabas del embargo de la ONU y porque la población urbana iraquí se había acostumbrado a cierta buena vida de la que habían disfrutado a finales de los años setenta, cuando se empezó a notar la entrada de dólares procedentes del petróleo.

La política de nacionalización del país llevó el bienestar a muchas familias iraquíes. Todos aquellos que consiguieron un puesto en la administración o en alguna de las múltiples empresas estatales mejoraron sustancialmente su nivel de vida. Las fábricas del Estado, los casi 300.000 soldados del ejército, los funcionarios, toda esa masa de empleados constituían un tejido laboral con una especial relación clientelar con el gobierno de Sadam. Como buen populista, el dictador consiguió levantar un régimen al que muchos de los ciudadanos consideraban una especie de «Estado-padre» o Estado protector. Si desaparecía Sadam, desaparecerían sus nóminas, su trabajo seguro, su estatus de empleado gubernamental. Eran una enorme masa de gente que no estaban dispuestos a cambiar de vida.

Las tribus, por ejemplo, todos esos clanes que en algunos casos podían alcanzar el millón de miembros. En aquellos días previos a la guerra estaban también preocupados por su futuro. Cientos de jefes tribales se reunieron a principios de abril en el hotel Bagdad para ver al presidente y ofrecerle su apoyo incondicional. José y yo los descubrimos por casualidad mientras volvíamos hacia nuestro hotel. Eran como una marea negra y roja de chilabas, túnicas, pañuelos y puñales al cinto. El colorido era tan especial que José quiso hacerles unos planos. Nuestro conductor, entonces, se puso muy nervioso. Veníamos de comer, no llevábamos guía y por tanto, si sacábamos la cámara, podían arrestarnos. De hecho, nuestro chófer no quiso pararnos enfrente de donde estaban concentrados todos esos jeques, sino un poco más lejos. Quería así evitar, igual que aquel taxista, que los miembros del *mujabarat*, la policía secreta, copiaran su matrícula.

José y yo nos acercamos con las manos en los bolsillos. Sin cámaras. Sonriendo a todo el mundo por si acaso. «Daremos nuestras vidas por Sadam», repetían. Otra vez la respuesta de manual en todos ellos. «Hemos venido aquí a ver al presidente, a ofrecerle nuestros respetos, y pedirle armas para defender nuestro territorio», aseguraban casi todos. Lo que muchos de ellos callaban ante la cámara e insinuaban en voz baja, casi silabeante, era la preocupación por el futuro. ¿Iba el gobierno a continuar comprándoles el trigo y el arroz a un precio fijo y además sobrevalorado? ¿El Estado les iba a seguir proporcionando gratis las semillas necesarias para que ellos planten ese arroz y ese trigo y puedan seguir vendiéndoselos al propio Estado? Esas pequeñas cuitas, mucho más prosaicas que ofrecer su vida por Sadam, era lo que de verdad les importaba. Ésas eran las conversaciones que captó nuestro conductor y que nos repitió con la sorna del descreído. O quizá era la del desilusionado.

Uno de los lujos occidentales más apreciados entre la prensa internacional era la posibilidad de comprar cervezas y alcohol, aunque estaba prohibido beberlo en público o en restaurantes. La permisividad del régimen sunita del Baaz, que en sus comienzos se declaró laico, y la influencia de una importante y económicamente muy poderosa minoría cristiana, permitía la existencia de licorerías, que eran como lugares de peregrinación para muchos reporteros. Especialmente cuando había que organizar alguna fiesta porque alguien se iba, alguien venía o se celebraba un cumpleaños.

La mayor parte de estas tiendas de alcohol estaban en la calle Mansur, donde se situaban todas las tiendas de lujo y los restaurantes más caros. También había algunas en la zona de Al Karradi. Este barrio no era tan bohemio como el Soho neoyorquino, pero se le parecía bastante. Allí se concentraban casi todas las galerías de arte de Bagdad. Irak es un país de inagotable tradición artística y sus diferentes escuelas pictóricas han sido siempre muy apreciadas en el resto de países árabes.

En esas galerías colgaban cuadros que en su mayor parte retrataban los motivos tópicos del arte popular iraquí. Escenas beduinas, desiertos, calles del viejo Bagdad, doncellas en baños turcos... Pero sobre todo, la mayoría de los artistas eran expertos en lo que allí denominaban el *cloning*, es decir, la réplica exacta de cuadros de grandes pintores clásicos europeos. Ahmed Al Asawi pintaba a diario en la galería Wasatti. Dalí, Monet, Renoir, Van Gogh, Velázquez... el copista Ahmed, de unos 25 años, mirada huidiza y carácter apocado, no le hacía ascos a nada. Aceptaba todos los encargos y sus reproducciones eran bastante fieles. Las vendía a muy buen precio a una clientela que se preciaba luego en su casa de tener copias originales de esos pintores que sólo podían contemplar en los ajados catálogos de arte del mercado de Al Mutanabi. Clientes que no podían ni soñar con visitar algún día el Prado o el Louvre porque el régimen les prohibía la salida como turistas.

La incertidumbre de la guerra había alejado a los compradores de los laberínticos pasadizos y subterráneos donde se escondían estas galerías, pero los pocos que iban demostraban un cierto olfato artístico en aquellos momentos de ruina emocional. El cuadro clonado más solicitado en aquellos meses previos a la guerra fue, curiosamente, el *Guernica* de Picasso. «Este cuadro representa la libertad, la paz, el no a la guerra», nos decía Fuad Abdelsatar, el encargado de la galería Babil, que llegó a vender hasta 60 *Guernicas* en los primeros 20 días de marzo.

La inexorable acometida de la guerra no sólo había afectado a la presencia de clientes; también había influenciado a los pintores y sus creaciones. Se notaba en sus brochazos, enérgicos y amargos. Los cuadros originales que vimos en aquellas galerías, como los del pintor babilonio Muayad Muj-sin, uno de los más conocidos en Bagdad, eran universos de desolación bombardeada. Pintaban el Irak destrozado por los proyectiles. Se imaginaban, y reflejaban de manera hiperrealista, un futuro de parejas de enamorados besándose en medio del caos, de familias rotas y hogares devastados en horizontes vacíos, de toda una generación fragmentada por la metralla.

Al abandonar aquellas galerías teníamos cierta sensación de ahogo, de agobio. No éramos iraquíes, pero estábamos impresionados. Aquellos pintores habían conseguido hacer un ejercicio de futuro. De imaginar su propio país 20 días más tarde. Tras los bombardeos. Un lugar infernal lleno de cadáveres y devastado por las máquinas de la guerra. Un paisaje de muertos sin ojos y de gritos negros.

Cuando salimos de allí, como digo, agobiados, nos encontramos de bruces con un gigantesco retrato de Sadam Husein de tres metros de alto por otros dos de ancho. Estaba apoyado contra la pared y parecía vigilar a todo aquel que saliera de las galerías. Lo habían pintado sentado en una especie de trono y vestía traje de raya diplomática y corbata azul. Parecía feliz. Preguntamos a Ahmed, el copista, por ese cuadro del presidente. Nos dijo que no sólo de clonaciones vive el artista, y que el Estado pagaba muy bien por obras como ésa, que esperaba para ser colocada en alguna avenida de Bagdad. Sadam miraba hacia su derecha, hacia donde estábamos nosotros, y sonreía. Nos sonreía a nosotros. Parecía hasta simpático. Couso y yo nos miramos y también nos reímos. Por un momento, dentro de las galerías, estuvimos a punto de pensar que él no tenía ninguna culpa de lo que le estaba pasando a su país.

4

LA FATALIDAD HACE SUS DESCARTES...

«Hoy hay un extraño silencio en esta ciudad normalmente atronadora. Apenas hay tráfico y en la calle parece que todos hablan en voz baja. Es como ese silencio de burbujas de los buceadores cuando deciden si jugarse la vida antes de entrar a explorar una cueva submarina. En la televisión hay una programación patriótica de desfiles militares...» Escribí estas líneas el día antes de que comenzaran los bombardeos. Era el 18 de marzo de 2003, por la mañana. Faltaba un día para que venciera el ultimátum de George Bush. Me acababa de levantar y observaba la ciudad desde la habitación del hotel Al Rasheed, el mejor de la ciudad, el más limpio. Pero también el más peligroso por su cercanía a todos los edificios oficiales que, con total seguridad, iban a ser devastados por la aviación norteamericana. Ese mismo día nos íbamos a mudar a otro lugar en principio mucho más seguro: el hotel Palestina. Llevábamos un mes en Bagdad, haciendo todo tipo de reportajes previos al inicio de los ataques y por fin, aquel día, aquel 18 de marzo, todos tuvimos la percepción de que, esta vez sí, la «Madre de todas las Batallas» estaba a punto de estallar.

Es difícil explicar el tremendo cóctel de sentimientos que uno tiene en una situación así. Por un lado consideras que estás en el centro mismo de la Historia, que lo que vaya a suceder acabará reflejado en esos libros que se estudian en los institutos. Que se organizarán seminarios y conferencias sobre lo que allí ocurrió, y que tú, además de vivirlo y contarlo en directo, te convertirás también en historiador de ese acontecimiento tan importante. Hay algo dentro de tu cuerpo, voluminoso e incontrolable, que te obliga a permanecer en el centro mismo de la calamidad, incluso a formar parte de ella. A ser su testigo, y a convertirte en portavoz de esos acontecimientos para miles de personas que quieren seguirlos a través de tu particular visión. No puedes fallar a todas esas personas. No debes.

Pero por otro lado está tu instinto de supervivencia y tu olfato que te dice que aquello puede complicarse. Y tu familia. Sobre todo, tu familia. Muchos reporteros acaban desistiendo porque en su entorno íntimo no soportan la idea de que arriesgue su vida por contar una guerra que no es la suya. Hay que estar anímicamente muy fuerte o tenerlo muy claro para que esas presiones no acaben desgastándote. Yo, por ejemplo, siempre llamo a mi madre cuando ya he llegado al centro del conflicto. La telefoneo desde Bagdad, o desde Jerusalén, para que no trate de convencerme de que no vaya, sino sólo de que tenga cuidado: «Siempre tienes que ir tú, ¿es que no hay otro?», es su frase preferida.

La noche del 18 de marzo, un día antes del comienzo del ataque anglonorteamericano contra Irak, fue la noche de nuestras madres. Todas nos llamaron ante la inminencia de la guerra. Con los nervios lógicos que habían creado tres semanas previas de abuso de información sobre la inminencia del ataque y sus devastadores efectos o sobre lo muy perverso que era Sadam Husein.

No sólo nos llamaron nuestras madres. Aquella noche sonaron los teléfonos de todos los periodistas españoles en

Bagdad y, supongo, que de todos los periodistas extranjeros. Eran nuestros jefes, nuestros responsables. No llamaban jefes de área o subdirectores, no, llamaron los máximos responsables de cada medio. En nuestro caso, nuestro director de informativos, Juan Pedro Valentín, nos animó, como siempre, a hacer lo que considéraramos más conveniente. Si nos quedábamos, bien; si se iba alguno, bien también; y si todos decíamos irnos y dejar a la cadena sin representación en Bagdad, sin problemas; él no iba a obligar a nadie a quedarse.

La mayoría de los periodistas recibieron llamadas similares, pero hubo algunos directivos que sugirieron, y en algunos casos casi exigieron a sus enviados especiales, que abandonáramos la ciudad. Eran, sobre todo, responsables de medios oficiales o semioficiales, que asumían las tesis del gobierno español de que cuantos menos testigos mejor, por lo que pudiera pasar. Al fin y al cabo, la guerra se libraba con apoyo del gobierno español, pero con el rechazo mayoritario de la sociedad, así que los corresponsales establecidos en Bagdad nos convertimos casi en materia de Estado. En elementos incontrolables que podían cultivar el «No a la guerra» en las conciencias ciudadanas en cuanto empezáramos a retransmitir los horrores de la guerra.

Por eso, algunos medios intentaron, fuera de toda lógica periodística pero con una evidente intencionalidad mediática, que sus informaciones desde el país invadido fueran lo más sesgadas posibles. Pretendían manipular a su antojo los flujos de información sobre las consecuencias de la guerra. Y eso sólo se podía asegurar sacando a su gente de allí y escribiendo todos los reportajes desde la redacción de Madrid. No teniendo a nadie en la zona, para evitar crónicas incontroladas o crónicas no afines al espíritu editorial del medio. Afortunadamente, ni uno solo de los colegas se dobló ante esa presión «política». Todos, disgustados por la docilidad de sus responsables directos, decidieron quedarse e informar sin tergiversar. Su trabajo fue lo más sugerente de este conflicto, porque, muchas veces, sus testimonios nada tenían que ver con la guerra aséptica que vendía el presentador desde Madrid.

Éste es el orgullo de los reporteros que hemos permanecido en Bagdad. Que nuestras crónicas no mentían. Que pese a lo que dijera la entradilla previa del conductor del informativo, o lo que indicara el titular de turno de ese periódico, nuestras informaciones entraban a cuchillo en la perra crueldad de la guerra. Eran puñetazos de realidad escritos al olor del queroseno de los generadores. Crónicas de radio deformadas por la frialdad metálica del teléfono por satélite y también, por qué no, por la ansiedad del miedo. Eran, en fin, directos televisivos en los que se podía ir comprobando cómo íbamos adelgazando, cómo nuestras camisas estaban cada vez más arrugadas o nuestras caras cada día más cansadas.

Nosotros no mentíamos. Y eso a veces chocó con las líneas editoriales de ciertos medios que se debatieron, ya comenzada la guerra, entre el orgullo de contar con un enviado especial en Bagdad y la crudeza incontrolable de sus informaciones. Parece mentira que algunos directivos que se dicen a sí mismos periodistas tuvieran la osadía de pedir a sus reporteros que abandonaran su puesto. No porque fuera demasiado peligroso. No porque temieran por sus vidas. No. Sino para evitar que incomodaran demasiado con su trabajo a determinadas instancias políticas. A veces da asco y sobre todo rabia trabajar en ciertas condiciones y con ciertos sujetos. Afortunadamente, en nuestro equipo nunca sufrimos la dictadura informativa de ningún comisario de despacho. Nadie, nunca, nos cambió una sola coma o nos sugirió un enfoque determinado.

Informativos Telecinco había enviado a Bagdad dos equipos de televisión y un traductor. En total éramos siete personas. El 18 de marzo, volvemos a ese día, fue especialmente turbador para todos nosotros. Parte del equipo había dado muestras de cansancio y sobre todo de inquietud. No estaban a gusto, no se sentían cómodos con la idea de permanecer en Bagdad durante lo que iba a ser un devastador ataque aéreo, así que los siete nos reunimos la noche anterior para decidir quién quería quedarse y quién quería salir. Dos periodistas, dos cámaras, dos productores y un traductor, todos con experiencia en zonas de combate, todos veteranos en algún conflicto, y todos con nuestras pequeñas vicisitudes interiores, nuestras preocupaciones y nuestros demonios personales. Esas variables son las que a cualquiera de nosotros nos llevan a decidir entre permanecer o abandonar. No es cuestión de suerte, ni siquiera de experiencia, sino de disposición de ánimo, de fortaleza mental, de ganas de hacerte un hueco en esa pequeña intrahistoria del periodismo. Entonces no lo sabíamos, pero mientras hablábamos y reflexionábamos sobre nuestro estado de ánimo, estábamos decidiendo entre la vida y la muerte. La fatalidad estaba haciendo sus descartes, eligiendo sus víctimas. Quién se iba, quién se quedaba, quién sobrevivía, quién moría...

Yo era el único de los siete que lo tenía claro: quería quedarme aunque tuviera que hacerlo solo. Aunque no pudiera hacer ni un solo reportaje para mi televisión y me tuviera que contentar con entrar en directo cada noche. Por eso hablé el primero de todos. Con franqueza. Para dejar las cosas claras y que no se interpretara que yo decidía en función de lo que hacían los demás.

—Yo me quedo —dije con voz grave—, he venido a cubrir la

invasión de Irak desde Bagdad y no me voy a ir ahora, pero el resto que haga lo que quiera, que aquí nos jugamos mucho.

Aquella reunión fue lacerante. Trágica. La habitación en la que nos encontrábamos se hizo, de repente, más pequeña. Nos comprimía. Nos agobiaba. No había ganas de reírse. No hubo ni una sola broma para relajar el ambiente. Sin levantarnos la voz, sin discutir, sin reprocharnos ninguna de nuestras posiciones, sin dejar de ser lo amigos que seguimos siendo los que sobrevivimos, hablamos a tumba abierta, con las tripas. Sin miedo a parecer cobardes o locos.

No era fácil la decisión. El que se fuera, aunque nadie se lo reprochara, soportaría la losa de haberse ido en el último momento. Sufriría internamente de manera agónica por pensar que de alguna manera había fallado. Que no había estado a la altura de los acontecimientos y que iba a ser criticado por ello. Es evidente que nadie puede pensar de esa manera tan ruin, y menos alguien que no se haya encontrado jamás en el trance de tener que decidir entre asumir un riesgo cierto de muerte o evitarlo. Pero para todos los que estábamos allí, profesionales con muchos conflictos a nuestras espaldas, aquella situación se nos antojaba realmente dolorosa.

Finalmente, un equipo decidió evacuar hacia Jordania. Federico Molina, un reportero bragado y experimentado, aquel periodista que se quedó escondido en el palacio presidencial de Venezuela y logró contarnos en directo el golpe de Estado contra Hugo Chávez en Venezuela y el contragolpe del presidente, eligió narrar la guerra desde la perspectiva de los refugiados, desde la frontera jordana, donde se preveía una avalancha de fugitivos. Con él se fue el cámara Bernabé Domínguez, seguramente el profesional que más guerras ha cubierto para Informativos Telecinco. Mi compañero en tantos conflictos. En 1999 ambos estuvimos seis días detenidos en manos de la policía serbia tras ser capturados en la frontera de Kosovo. Y con ellos iba otra rodada productora de la cadena, María José Benito, que ya había probado su valía entrando en Kabul después de atravesar territorio todavía controlado por los talibanes durante la guerra de Afganistán. ¿Se puede tener mejor currículum profesional que la de estos señores?

Su salida nos dejó un poco tristes. Era como si nos partieran por la mitad. Dejaron Bagdad la mañana del día 18, a primera hora, con intención de llamar en cuanto atravesaran la frontera jordana. Tenían que llegar antes del anochecer, antes de que pudieran empezar los bombardeos. Los cuatro que nos quedamos decidimos trasladarnos al hotel Palestina, donde teníamos reservada, por si acaso, una suite de dos habitaciones. Alguien se preguntará en qué momento decidieron trasladarse todos los periodistas a ese hotel. La respuesta es fácil: en cuanto la CNN dejó el hotel más lujoso de Bagdad, el Al Rasheed, y se refugió en el Palestina, de mucha peor calidad, todos se fueron detrás. Era evidente que ellos, y así nos lo hicieron saber algunos de sus periodistas, sabían de fuentes directas del Pentágono que el hotel Al Rasheed era un objetivo militar. Su situación estratégica, rodeado de complejos presidenciales y ministerios, le hacía vulnerable a cualquier misil que errara unos metros su trayectoria.

Mientras esperábamos noticias de nuestros compañeros hicimos el traslado de todas nuestras cosas al nuevo hotel. Su situación era privilegiada. Estaba situado a orillas del río Tigris, en el lado oriental de la ciudad, y desde sus balcones se veían todos esos cuarteles y ministerios que rodeaban al otro hotel, pero a una distancia razonable. Además, las vistas del resto de la ciudad eran apabullantes. Bagdad es una urbe completamente plana. No hay edificios altos. Apenas seis o siete rascacielos. El hotel Palestina tenía 17 plantas, y desde los pisos superiores se podían contemplar todos los ángulos de la ciudad y los trece puentes sobre el Tigris.

José Couso decidió compartir una de las habitaciones de la suite con Jorge Rallés, su amigo del alma desde que cubrieron el anterior bombardeo de Bagdad en 1998. Jorge era nuestro traductor. Un libanés curtido en la guerra de su país y que cuando logró escapar a España se convirtió en uno de mejores traductores simultáneos de árabe que he conocido. Su espíritu aventurero le había llevado a embarcarse en este viaje, pese a que no pertenecía a la plantilla de Telecinco. Asumía riesgos sólo por el placer de contemplar con sus propios ojos y entender, desde dentro, cómo cambiaba el mapa político y estratégico de Oriente Próximo. Algo que, como libanés militante, le afectaba directamente.

Yo compartí la otra habitación con Jon Ander Olangua, un productor de informativos que ha perdido la cuenta de los conflictos en los que ha estado. Un conseguidor infatigable de todo aquello que necesitáramos. Un negociador incansable capaz de agenciarse cualquier cosa sin soltar una sola propina.

Durante aquella mañana nos dedicamos a deshacer equipajes y montar nuestra oficina en el salón que comunicaba ambas habitaciones. Cuando pensábamos que nuestros compañeros estarían ya alojados en algún buen hotel de Amman, en Jordania, recibimos una llamada terrible. Los tres habían sido detenidos en la frontera acusados de evasión de capitales por llevar 8.000 dólares. Esta vez no funcionaron los intentos de soborno, ni siquiera el ofrecimiento a los funcionarios de aduanas de que se quedaran con el dinero. La guerra iba a estallar al día siguiente y aquellos policías, que normalmente aceptaban propinas de 100 dólares para evitar que los periodistas tuvieran que ponerse una vacuna antisida en la misma frontera, decidieron encarcelar a mis compañeros.

La situación era grave. La llamada la hizo Bernabé, el cámara, el único al que permitieron utilizar el teléfono. María José, la que llevaba el dinero escondido, fue acusada de evasión de divisas y Federico Molina decidió quedarse con ella en la celda para no dejarla sola, haciéndose pasar por su marido. Fue seguramente la noche más larga de sus vidas. Federico no se separó de ella en ningún momento. Durante un buen rato, los custodios de ambos periodistas estuvieron amedrentándoles con dejarles allí durante unos días, sin comer, mientras caían las bombas de los norteamericanos. Incluso, los guardianes hicieron algún que otro juego de palabras pretendidamente gracioso, como invertir el nombre de María José por el de José María, el del presidente Aznar. Una broma que podía tornarse macabra en aquellos días en los que el jefe del gobierno español, junto al presidente norteamericano y el primer ministro británico, habían sancionado el inicio de la guerra en la reunión de las islas Azores. «María José, como José María», le repetían entre risas para evidenciar que sabían que ambos eran españoles y que España apoyaba la guerra contra Irak.

Los tres fueron trasladados desde la frontera, a 500 kilómetros de Bagdad, a la prisión de Ramadi, que se encuentra a unos 140 de la capital. Ya era de noche, y nosotros, en el hotel, estábamos completamente perdidos. No sabíamos qué hacer, pero teníamos claro que había que sacar de la cárcel a nuestros colegas antes de que empezaran los bombardeos sobre Irak. Nuestro conductor, Safa, se ofreció para ir a la prisión. Él ha sido militar y sabía cómo tratar a los funcionarios de la penitenciaría. Nos pidió algo de dinero para sobornos y además le entregamos una caja con chocolates, botellas de agua y algunas galletas.

Pasamos la noche en vela. Nadie quería irse a la cama. Nadie podía dormir. ¿Y si esta noche comienza el ataque? ¿Y si entre los objetivos militares está esa prisión? ¿Cómo reaccionarán los policías que los custodian si empiezan a caer bombas en los alrededores? El panorama era desalentador. Estábamos sobrecargados emocionalmente y sólo pensábamos en cómo lograr sacar a María José, a Federico y a Bernabé de la prisión. Llamamos al Ministerio de Información para contarles el caso. Localizamos al embajador iraquí en Madrid para que intercediera. Finalmente, sobre las 12 de la noche, apareció nuestro conductor junto con Bernabé, que había sido puesto en libertad sin cargos.

Venía cansado, ojeroso, hambriento. Estaba nervioso y con muchas ganas de llamar a su casa para tranquilizar a su familia. La situación era la siguiente: María José iba a ser acusada de evasión de capital por la graciosa discreción de un funcionario con ganas de vengar a su país en la persona de una ciudadana occidental. Federico, pese a no estar acusado de nada, había decidido correr su misma suerte con tal de no dejarla sola en la prisión toda esa noche. Los dos pasarían al día siguiente ante un juez que decidiría si los ingresaba en prisión, les dejaba en libertad sin cargos, les imponía una fianza o simplemente les multaba.

A primera hora de la mañana del día 19, el mismo en que vencía el plazo dado por la Casa Blanca a Sadam Husein y por tanto el día en el que estaba previsto el inicio de la guerra, nos presentamos en el despacho del juez de delitos monetarios. Resultó ser una jueza. Una señora delgada, de rostro impenetrable, y con una mirada cruda detrás de unas gafas de culo de botella. La dureza de sus facciones no permitía un solo atisbo de relajación por donde tratar de apelar a su magnanimidad y liberar a María José. Habíamos llevado las fotos de Jaime y Pepe, los hijos de José Couso, para enseñárselos a la jueza y tratar de chantajearla moralmente haciéndola creer que eran los hijos de María José y Federico. Jorge Rallés negoció en árabe. La jueza se mostró inflexible. Debíamos pagar una fianza que fijó en la misma cantidad que la que se le había incautado, pero debíamos entregarla en dinares iraquíes.

Algo que podría resultar sencillo en circunstancias normales se complicó enormemente el día en que todos los iraquíes sabían que iban a ser invadidos. Sin embargo, parecía que aquel despacho era el único lugar adonde no habían llegado los ecos de la guerra inminente. Casi todas las tiendas habían cerrado y en las calles las personas corrían en lugar de andar. Todo el mundo se despedía de sus amigos y su familia o hacía las últimas compras en previsión de la que se aventuraba como una larga primavera bajo las bombas. Jon Ander y yo conseguimos reunir los 8.000 dólares de fianza y nos embarcamos en una desquiciante carrera para cambiarlos a dinares. Eran aproximadamente 20 millones en billetes de 250 con la sonriente cara de Sadam en el anverso. En total, cinco sacos de billetes de una de las monedas más depreciadas del mundo.

Durante tres horas, Jon Ander y yo recorrimos casas de cambio, tiendas de licores, cambistas particulares. Cada uno de ellos podía cambiar un máximo de 500 dólares, porque no había demasiado dinero en circulación. La guerra comenzaba esa tarde y todo el mundo había retirado sus ahorros de los bancos y los había escondido, por lo que pudiera pasar. El tiempo se nos echaba encima. Había que darse prisa o no llegábamos. Finalmente, aunque a un cambio desorbitado, conseguimos el dinero para comprar la libertad de nuestros compañeros. Pero cuando llegamos ante la jueza con las sacas de dinares, su señoría dijo que no la habíamos entendido bien. Que quería la fianza en dinares pero en un cheque bancario, porque ella no podía hacerse cargo de todo ese dinero en metálico.

Nos hundió la moral. Eran las dos menos cuarto de la tarde y los bancos, si es que alguno había abierto el día del presumible ataque, estaban a punto de cerrar. Necesitábamos llegar a una ventanilla y convencer al funcionario de turno que nos hiciera un cheque bancario y sobre todo, que en lugar de correr a esconderse en el sótano de su casa junto a su familia, a esperar las bombas, se pusiera a contar 20 millones de dinares, unos 80.000 billetes. Teníamos que lograrlo. Por lo menos, mientras discutíamos con la jueza, pudimos ver a nuestros compañeros en un pasillo de aquellas dependencias. La magistrado nos dio permiso para hablar con ellos.

–¿Cómo estáis? –les pregunté.

–Bien –me dijo Federico–, pero tenéis que sacarnos de aquí como sea. Estamos sin probar bocado desde ayer, solo hemos comido las galletas que nos logró pasar Safa.

Las lágrimas en la cara de María José y el rostro ojeroso de Federico, que ya se temían pasar en prisión el Día D del ataque a Irak, no erosionaron la circunspecta expresión de la jueza. Traté de hablar con ella. De apelar a la caridad cristiana que delataba el colgante en forma de cruz que llevaba en el cuello.

–Por encima de lo que marque la ley –le imploré–, ¿no cree que estamos en unas circunstancias muy especiales, a punto de comenzar una guerra, como para que se muestre un poco compasiva y sensible?

–Es que la ley es muy clara –dijo ella– y yo tengo que aplicarla.

Era cristiana antigua, del rito caldeo, pero no mostró ningún signo de piedad o generosidad. Prefirió mostrarse inflexible en el cumplimiento de una ley corrupta y sobre todo profundamente injusta, porque pretendía aplicarla a unos ciudadanos extranjeros que estaban saliendo del país en circunstancias excepcionales y con su propio dinero. Es decir, no estaban evadiendo divisas iraquíes.

Volvimos a correr como posesos por todos los barrios de Bagdad tratando de encontrar un banco, pero todos estaban cerrados. Nos desesperamos. Estallaba la guerra y dos de nuestros compañeros iban a pasar la noche en una cárcel iraquí. Finalmente, y con una humildad extrema, volvimos al despacho de la jueza y le rogamos, le suplicamos, que buscara alguna solución alternativa. Parecía claro que el soborno no iba a funcionar, así que estábamos en sus manos. De su compasión dependía la libertad de María José y Federico. Afortunadamente, ella comenzó a mirar el reloj y a ponerse nerviosa. Su marido le telefoneó varias veces preguntándole cuándo iba a regresar a casa. Nosotros apelamos a su sentido común, y sin poner en duda su rígido concepto de la justicia, le hicimos ver que el momento era crítico. Que su testarudez mandaba a la cárcel a una mujer joven, temerosa, occidental, en un país musulmán y en el momento en el que iba a ser atacado.

Creo que su condición de cristiana caldea en un país de mayoría chiita le hizo finalmente cambiar de opinión. Nos pidió una señal de 10.000 dólares, esta vez en moneda norteamericana, con la promesa de que al día siguiente volveríamos con el cheque bancario en dinares y ella nos devolvería los dólares. Cuando firmé el recibí, remarqué mi rúbrica con un golpe de la punta del bolígrafo y levanté la vista lentamente. La miré. Tanto ella como yo sabíamos que al día siguiente nadie, ni siquiera ella, tan recta, tan concienciada, tan integrada en el régimen, iba a ir a trabajar. Que el país se paralizaría ante la amenaza de los misiles. Que todo el mundo se quedaría en su casa, con su familia, expectante ante lo que iba a suceder. Aquella jueza sabía que no nos volvería a ver, y sólo en el último momento decidió liberar a María José y a Federico. Nos había costado otros 10.000 dólares que Jon Ander y yo habíamos conseguido con préstamos de nuestros compañeros de Televisa y de Antena 3, pero, por lo menos, ya teníamos a nuestros colegas en la habitación del hotel Palestina.

Estábamos cansados, sucios y nerviosos. Sin apenas tiempo para ducharnos, los siete nos volvimos a sentar para decidir qué hacíamos. Federico, Bernabé y María José habían recorrido casi 900 kilómetros en balde, habían pisado la frontera sin cruzarla, habían pasado una noche en prisión, y volvían a estar en el mismo sitio donde no querían estar, en el centro de Bagdad. Los tres mantenían la determinación de intentar salir del país, pese a que la situación se había agravado en las últimas horas. Se había hecho de noche. El viaje a la frontera habría que realizarlo ya a oscuras, pero era la última oportunidad de escapar. Horas después, como así ocurrió, iba a comenzar el ataque e Irak quedaría sellado por todas sus fronteras. Además, las carreteras se volverían peligrosas por la posibilidad de ser detenidos en controles de soldados, de milicianos o peor aún, acabar siendo bombardeado al ser confundido con un convoy militar.

Volvimos a hablar. ¡Cuántas veces he recordado esa reunión! ¡Cuántas veces le he dado vueltas y vueltas a ese destino canalla! Aquella noche decidíamos quién se quedaba a arriesgar su vida en una guerra incierta y quién prefería no correr ese riesgo. ¡Y no supimos leer ese destino! La tensión acumulada en esas 48 horas terribles pasó factura en otros dos miembros del equipo. Jorge Rallés, el traductor, decidió abandonar. Varias llamadas de su familia le habían llevado a reflexionar y con lágrimas en los ojos se sumó al grupo que se iba.

—Yo me voy —dijo—, mi familia está hecha polvo. No quiero hacerles sufrir más.

–Yo también me voy –contestó Jon Ander de improviso–, la posibilidad de guerra química me pone de los nervios. No aguanto.

Jon Ander Olangua, el productor, decidió de forma espontánea y quizá inesperada. Su profunda pasión por este oficio le había llevado a muchos conflictos anteriormente, pero nunca sabemos dónde está nuestro umbral de resistencia. Aquella noche Jon Ander pinchó. El mejor productor de coberturas bélicas de Telecinco decidió que no tenía buenas vibraciones y prefirió abandonar. Una sabia decisión a la vista de lo que ocurrió. Cuando la lógica de tu olfato te sugiere que no des el paso adelante que te pide el corazón, mejor haz caso a esa lógica. Jon Ander acertó. Así que los cinco cogieron los dos coches que teníamos preparados y salieron rápido hacia la frontera para intentar alcanzarla antes de que el Pentágono decidiera atacar. La presencia en el grupo de Jorge Rallés, con su excepcional árabe y su carácter de encantador de serpientes, garantizaba el paso de la frontera. Esta vez iban sin un euro. Todo el dinero que tenían nos lo habían dejado a nosotros.

No me arrepiento de haberme quedado. Lo volvería a hacer, pero maldito el momento en que José Couso, el último en decidir cuando el resto había optado ya por salir hacia Jordania, dijo que se quedaba. Maldita la mirada cómplice que le lancé, seguramente pidiéndole, implorándole, que no se fuera. Maldita esa frase que se calló delante del resto y que sólo después, cuando estábamos solos y desmoralizados en la habitación, me confesó: «Cómo te iba a dejar solo, capullo».

Nos quedamos solos, sí. Aquello fue un mazazo moral. Por muy duro que yo intentara parecer, estaba absolutamente desgastado por las últimas horas y por la tristeza de ver partir a la gente con la que había estado trabajando. De repente, nuestro equipo, y el ambiente estupendo que habíamos creado, se había quedado cercenado. Amputado. Nos daba la sensación de que nos faltaba algo. Éramos como dos huérfanos en medio de una habitación enorme. Ahora nos tocaba asumir las labores de los que se habían ido. Tendríamos que hacerlo todo solos. Multiplicarnos. La guerra se presuponía larga y dos equipos podrían irse doblando para cubrir todos los flancos del conflicto, o simplemente uno podría descansar mientras el otro trabajaba. Ahora ese esquema de cobertura se había modificado. En todo eso pensamos mientras escondíamos en los armarios las sacas con los 20 millones de dinares que no se habían podido cambiar. Nos dieron ganas de salir a la ventana y esparcir ese dinero por todo Bagdad en una lluvia de billetes. Darles una alegría a todos esos ciudadanos temerosos y sentirnos, por un momento, útiles.

José y yo tardamos por lo menos tres días en reaccionar. En «ponernos las pilas», como decíamos. José, que era una especie de sonrisa con piernas, estaba callado, taciturno. Yo sufría también de ese «síndrome de la decisión equivocada». Mi mujer estaba embarazada de siete meses. ¿Y si todo se complicaba y me era imposible salir a tiempo de Bagdad y me perdía el nacimiento? Para nuestras familias fue muy difícil asumir que todos se iban y nosotros nos quedábamos. Es decir, que la mayoría razonable había decidido no jugársela y sin embargo, nosotros, dos locos, preferíamos apostar por cubrir la guerra desde dentro. Fueron tres días amargos y oscuros, hasta que reaccionamos. Una mañana, en el autobús que el Ministerio de Información nos ponía para visitar lugares bombardeados le dije a José: «Cousiño, qué pasa, llevamos tres días sin reírnos. Ya está bien». Desde aquel momento nos convertimos, seguramente, en la pareja de reporteros con mayor química e intuición de los que estaban en Bagdad.

5

LA CENSURA Y LA DESINFORMACIÓN

Fue una de las mentiras mejor fabricadas de la guerra. Porque todo el mundo picó. En la CNN llaman *breaking news* a las noticias rompedoras, sucesos de relevancia que acaban de ocurrir y que van a marcar la actividad informativa de ese día. En la BBC las denominan *latest news*, últimas noticias. Son pequeños faldones de texto, casi un titular, que anticipan que ha ocurrido algo grave en algún lugar del mundo. En España, mucho menos comerciales a la hora de vender las noticias, se le suele llamar, simplemente, «avances informativos». Pues bien, el 23 de marzo, el cuarto día de bombardeos sobre Bagdad, las principales cadenas de televisión del mundo rompieron su programación con un *breaking news* inquietante: un avión británico había sido derribado sobre Bagdad y sus dos pilotos se habían lanzado en paracaídas sobre el río Tigris. Justo enfrente del edificio conocido como Ministerio de Información.

Ése era el lugar en el que los periodistas estábamos obligados a trabajar por las autoridades iraquíes. Todas las televisiones tenían allí, en la terraza, sus pequeños estudios al aire libre. El plano que podía ofrecer la cámara era el mismo para todo el mundo. Los objetivos de las diferentes cadenas debían enfocar a la cúpula de una pequeña mezquita erigida junto a la ribera del río. Ni la cúpula era bonita ni la mezquita tenía historia, pero se convirtió en el edificio más conocido de todo Irak. Periodistas norteamericanos, europeos, árabes o asiáticos, debían orientar sus cámaras hacia allí. Si a alguno se le ocurría enfocar hacia otro lado y lo veía la embajada iraquí de turno, ese periodista tenía los días contados.

El revuelo que se armó tras la caída de los pilotos fue enorme. Todavía no sabíamos que las autoridades iraquíes nos estaban intoxicando de la manera más burda. Los periodistas nos lanzamos como posesos hacia el puente sobre el río, a sólo 200 metros del ministerio que hacía las veces de centro de prensa. Los teléfonos no dejaban de sonar. Desde Madrid nuestros jefes se pusieron nerviosos. Veían en la CNN, y en las imágenes en directo que trasmitían Al Jazira o Fox News, a milicianos disparando sus kalashnikov hacia el río. Nos situamos en ese puente para observar lo que pasaba y resistimos los codazos y culatazos de algunos de aquellos soldados.

Todos queríamos grabar el momento de la detención de los británicos o estar presentes cuando emergieran sus cadáveres del Tigris. Soldados de la Guardia Republicana batían los palmerales de la orilla mientras los milicianos *fedayines*, con menos miramientos, se dedicaban a disparar ráfagas interminables desde la ribera hacia los cañaverales. Muchos ciudadanos de Bagdad, alertados por las noticias que veían en la televisión, se habían acercado hasta el río para colaborar en la cacería. Mientras quemaban rastrojos para hacer salir a cualquier ser vivo que estuviera allí oculto, infantes de marina rastreaban desde lanchas rápidas las zonas más profundas, donde había más corriente, buscando los cadáveres de los pilotos.

Era horario de máxima audiencia televisiva en la mayor parte de Europa y se estaba retransmitiendo la búsqueda en directo. La CNN y las demás cadenas de información 24 horas se frotaban las manos con el espectáculo. Mientras, en el Reino Unido, el país se paralizaba pensando que dos británicos estaban siendo acosados por iraquíes enfurecidos como si se tratase de una montería.

Los cientos de sujetos que había por allí intentando cazar a los pilotos no parecían tener muchas ganas de cogerles vivos. Más bien buscaban sus cadáveres. El ansia de venganza tras cuatro días de bombardeos podía explicar aquella actitud. Pero había otra interpretación. Sadam había ofrecido una recompensa de 30.000 euros por cada soldado enemigo capturado vivo y de sólo 10.000 si estaba muerto. Era mucho dinero, sí, pero eran demasiados para repartir y había muchos ojeadores que querían apuntarse el tanto de avistarlos. Así que lo mejor para todos, pensaban, era hallarlos muertos y celebrarlo con disparos al aire.

La noticia era sensacional. La primera gran victoria de los iraquíes. Un avión derribado en los cielos de Bagdad, dos pilotos caídos en el centro de la ciudad... Por si acaso, mientras lo contábamos en directo, la mayoría de los periodistas balbuceamos que continuaba la búsqueda pero que nosotros no habíamos visto los paracaídas. Sin embargo, los reporteros de medios árabes retransmitieron con enorme efusividad la información, sin tener la decencia profesional de cuestionar un hecho del que no había testigos.

En cuanto pudimos reflexionar unos minutos, fuera del calor de los directos, vimos la magnitud de la patraña. Era muy extraño que no hubiera aparecido ningún oficial de la inteligencia militar iraquí a coordinar la operación de búsqueda. Con toda la información que podrían sacar sobre objetivos, rutas o planes estratégicos, no era normal que su rastreo se dejara en manos de alocados *fedayines*.

–¿Tú ves algo? –le pregunté a Couso.

–No. A mí esto me parece un poco raro. Parece preparado.

Le dije que siguiera grabando por si acaso, pero algo olía mal, y no era el hedor a cloaca que emanaba permanentemente del Tigris. Nadie había visto caer a los paracaidistas, dos bultos enormes y vistosos que tardan unos minutos en descender. No se habían encontrado sus cuerpos ni se les había detenido. No veíamos los voluminosos paracaídas por ninguna parte. Ni se informaba del lugar donde se habían precipitado los restos del avión. Y sobre todo, con lo enorme que es Bagdad, ¿cómo era posible que dos pilotos orientaran sus paracaídas hacia la mezquita que salía todos los días en televisión y se dejaran caer allí mismo?

Evidentemente porque todo era mentira. Porque todo fue una sensacional operación cosmética del Ministerio de Información. De un ministerio que también podíamos llamar de desinformación, o de agitación o de propaganda. De un ministerio creado expresamente para manejar la información como si fuera una materia de Estado. Ésa es una de las principales características de toda buena dictadura. Crear un departamento dedicado exclusivamente a controlar los medios de comunicación, a elaborar las consignas del régimen y a servir de laboratorio de adoctrinamiento ideológico. Con aquel espectáculo tan bien montado consiguieron, además, movilizar a buena parte de los vecinos que vivían por la zona. Todos habían visto por la televisión que se buscaba a dos enemigos en los alrededores de sus casas y se mostraron entusiasmados de participar en la cacería. La población necesitaba un revulsivo de moral. Alguna buena noticia sobre la guerra. Algo que les hiciera pensar que no todo estaba perdido. Aquel día, los responsables de propaganda del régimen lo hicieron muy bien.

Engañaron a medio mundo y dieron una lección práctica de cómo manipular la realidad.

Aquel Ministerio de Información se me antojaba sombrío y deprimente. Era un mamotreto de cemento sin ningún adorno exterior y lleno de funcionarios malcarados y maleducados. La prensa internacional estaba maniatada por sus responsables, que habían decidido que desde allí, desde ese edificio, se tenía que realizar cualquier retransmisión de radio, prensa o televisión. El objetivo era controlar las crónicas que se enviaban. A ello ayudaban de manera vital las embajadas de Irak en el extranjero. En todas ellas se elaboraba diariamente un dossier sobre las informaciones que hacían los periodistas de dichos países y se enviaban a Bagdad traducidas o, por lo menos, comentadas. De esas recomendaciones que ellos hacían, de la discrecionalidad o de las manías de un funcionario consular determinado, por ejemplo de los informes enviados desde Madrid, dependía que un corresponsal español fuera expulsado de Irak.

El tiempo se malgastaba en aquel ministerio. En sus oficinas nos encontrábamos los periodistas todos los días porque allí, en un mísero y amarillento panel, se colocaban las convocatorias de rueda de prensa o de actos oficiales. Olía a tabaco malo y a sudor, pero había que ir por allí obligatoriamente si queríamos trabajar. Tres funcionarios principales, el señor Kadum, el señor Kasem y el señor Al Taj, a los que llamábamos *mister* en una vacua muestra de sumisión y respeto, se encargaban de hacer la vida imposible a los reporteros. Eran tres personajes repugnantes que asumían con gusto sádico su trabajo de censores. Sin sutilezas, sin medias tintas o ambigüedades. La censura en estado puro. Como nunca la habíamos sufrido. Un cercenamiento absoluto de nuestra libertad de expresión que poco a poco fuimos aprendiendo a sortear.

Esos funcionarios nunca tenían prisa por solucionar un problema. Por conceder un permiso para elaborar un reportaje o por renovar las acreditaciones que nos permitían trabajar. En aquel lugar se olvidaron de la palabra amabilidad. Cuando llegaron las primeras oleadas de periodistas, dos meses antes de empezar la guerra, obligaron a registrar allí todos los teléfonos por satélite. Después los confiscaban y los almacenaban en una lúgubre habitación.

El que quisiera transmitir una crónica debía pedir permiso para desprecintar el teléfono. No se podía ni siquiera llamar a la familia sin que antes un tipo de éstos accediera a devolverte por unos minutos el aparato. Avisados, los periodistas que llegamos más tarde optamos por llevar dos o tres teléfonos satélites y tratar de pasar por el aeropuerto al menos uno escondido. De esta manera declarábamos un teléfono, que era automáticamente precintado y confiscado, y los otros los ocultábamos en la habitación del hotel para poder llamar sin censuras.

Ningún periodista había pasado por condicionamientos de trabajo tan severos. Muchos éramos veteranos de otros conflictos. Sabíamos lo que era pasar hambre, enfermedades, falta de aseo, arbitrariedades de soldados, atropellos de milicianos, situaciones extremas de peligro en combates, es decir, todo el catálogo de penalidades del periodista de guerra. Incluso sabíamos lo que era la censura militar. Los controles que no te dejan acceder a una zona de batalla, el maquillaje de las cifras de muertos, las cintas de vídeo requisadas y destruidas para que no se publique una escena no deseada. Estábamos acostumbrados a todo eso. Pero no a sufrir la censura civil. El recorte absoluto de la libertad de información. Nos vimos obligados a trabajar con los mismos estándares de libertad que habían tenido los periodistas iraquíes en los últimos 20 años. Es decir, ninguno.

Sortear todos los cortafuegos que el gobierno iraquí nos impuso exigió una enorme cintura periodística. La alargada sombra de estos «interventores de la Verdad» se percibía, incluso, antes de llegar al país. Las largas esperas y las arduas negociaciones con el embajador y el secretario de la Embajada de Irak en Madrid aventuraban lo que nos íbamos a encontrar. Estos dos sujetos, sobrepasando en mucho sus obligaciones diplomáticas, eran el primer filtro de periodistas. Ellos decidían quién obtenía visado y quién no. Los periodistas *freelance* que quisieron viajar al país por su cuenta, sin estar respaldados por un medio de comunicación, eran sistemáticamente rechazados. La embajada sólo quería medios solventes. Con dinero para pagar los visados y la estancia de los periodistas, y sobre todo, con influencia en la opinión pública. El embajador y el secretario vetaron nombres de reporteros que ya habían estado en Irak anteriormente y cuyas crónicas no habían gustado en la delegación diplomática. Todos los rechazados en Madrid tuvieron que intentar entrar desde Kuwait, tras las tropas norteamericanas, o cruzar la frontera de Turquía e informar desde el Kurdistán.

Una vez en Irak, los privilegiados que conseguimos visado debíamos presentarnos inmediatamente ante ese Ministerio de Información para acreditarnos como corresponsales extranjeros. La tarjeta de prensa era un simple cartón con nuestro nombre y el medio para el que trabajábamos, pero había que pagar unos 20 euros por él. Pasados los días, a los responsables del ministerio se les ocurrió que una manera fácil de saber qué periodistas quedaban en Bagdad y cuántos se habían ido era obligando a renovar esa acreditación cada semana. De esta manera, también, conseguían engordar las arcas del ministerio. O por lo menos las cuentas de algún preboste del régimen que estaba haciendo su agosto con todos esos periodistas cargados de dólares. Había un funcionario recaudador que cada domingo aparecía con un maletín de cuero y una cadena que ataba ese maletín a su muñeca. Era un tipo delgado, cetrino. Con cara de pocos amigos y que nunca saludó a nadie. «Rockefeller», le llamábamos Couso y yo, porque pensábamos que de seguir mucho la guerra el sujeto se haría rico.

En 1991 alguien les buscó el nombre de *minders*, algo así como «tutores». Se bautizó de esta manera a una categoría de sujetos pegajosos, indefectiblemente apegados al régimen, insoportablemente tramposos, y dedicados en cuerpo y alma a entorpecer la labor de los periodistas. Fueron la gran aportación de las autoridades iraquíes a la causa de la decapitación de la libertad de prensa. Tipos entrenados en ejercer la negación como categoría superior de relación. NO a entrevistar a Sadam; NO a obtener imágenes de instalaciones militares; NO a sacar planos de edificios oficiales; NO, NO, NO a casi todo.

Cada uno de estos guías o «comisarios políticos» era asignado a un equipo de televisión o a un grupo de periodistas de radio o televisión. Si esos guías hablaban algún idioma concreto, español, francés, alemán, se les adjudicaban periodistas de esas nacionalidades. Si sólo hablaban inglés trabajaban con cualquiera. El Ministerio de Información formaba a estos agentes en un curso rápido de espionaje. Su trabajo era simple. Controlar a los periodistas, ver qué tipo de reportajes y crónicas enviaban, orientar sus informaciones hacia el lado iraquí, y aportar la opinión decisiva de si ese periodista debía ser expulsado del país o debía permanecer.

Sus informes diarios a los superiores del ministerio eran vitales para nuestra supervivencia profesional en Bagdad. Sabíamos enseguida cuándo se había informado desfavorablemente de nosotros. Un oficial nos llamaba a las oficinas del ministerio y retenía nuestro pasaporte hasta que uno de los tres inefables gerifaltes del aparato de agitación y propaganda, mister Kadum, mister Kasem o mister Al Taj bajaba a hablar con nosotros. La técnica de amedrentamiento era siempre igual. En un despacho, jugando con nuestros pasaportes, manoseándolos, apreciando lo importante que son para nosotros porque sin ellos no existimos, venían a decir que no estaban contentos con nuestro trabajo. Que bien la embajada en Madrid, bien el guía, se habían chivado de que habíamos calificado de dictador a Sadam Husein, o que habíamos intentado grabar unos misiles Al Samud que localizamos por sorpresa en un transporte secreto.

—Son ustedes huéspedes de nuestro país, invitados muy especiales, ¿y así nos agradecen nuestra cordialidad? ¿Insultando a nuestro líder? —nos decían a menudo en un tono enérgico.

Es difícil para un periodista occidental aceptar presiones intolerables de este tipo, pero así eran las reglas del juego. O las aceptabas o cubrías la guerra desde Kuwait. En aquellas reuniones había que mostrarse sumiso, disciplinado, incluso arrepentido. Había que alimentar el ego de los interrogadores con alusiones a lo bien que estaban haciendo su trabajo o a la hospitalidad del gobierno iraquí. «Nunca dijimos la palabra dictador —confesábamos—, fue el presentador de la televisión en Madrid el que lo dijo y no volveremos a intentar grabar un misil Al Samud si no tenemos permiso oficial.» Así había que negociar. Había que jurarles que no volveríamos a grabar nada de lo que no tuviéramos autorización expresa o nada que «nuestro encantador guía» hubiera denegado. No volveríamos a ser malos...

Ése era el precio a pagar por quedarse en Bagdad, por informar desde dentro del régimen. Muchos periodistas no supieron manejar esta agobiante situación y fueron expulsados o se fueron por sí mismos. A los que permanecimos sólo nos quedó la honestidad con la audiencia para no sentirnos absolutamente utilizados. Es decir, recordar constantemente en crónicas o reportajes que la censura nos obligaba a contar las cosas de cierta manera, pero que la realidad era mucho más compleja. Esa censura nos obligó a todos a exprimir nuestra creatividad periodística para sortear esas zancadillas mediáticas. A buscar fórmulas que atravesaran los filtros atentos de los iraquíes sin desvirtuar la información, pero sin hacerla totalmente partidista. De acuerdo, no decíamos las palabras «dictador» o «dictadura», ni siquiera hablábamos del régimen iraquí, pero no dejábamos de cuestionarnos cada una de las informaciones que emanaban de esa fábrica de propaganda que era el ministerio.

«Esta crónica de análisis ha sido editada con imágenes de estatuas de Sadam Husein y de sus soldados, imágenes neutras, para poder evitar los rigores de la censura», así comenzamos un reportaje que enviamos el 26 de marzo, casi una semana después de comenzada la guerra. Habíamos convencido a nuestro guía de que consiguiera un permiso para grabar en una de esas fundiciones de Bagdad donde se construían las babilónicas efigies con las que el presidente llenó todo el país. La idea no era hacer una oda a las virtudes artísticas de Sadam, sino apoyarnos en todas esas estatuas de guerreros y generales para poder contar lo que estaba ocurriendo en el frente de batalla.

Teníamos vedado el acceso a las trincheras y las únicas escenas que llegaban de acción bélica las proporcionaban los periodistas incrustados con las tropas norteamericanas. Cuando llegamos a la fábrica de figuras de bronce del señor Taha nos quedamos maravillados. Delante de nosotros, hieráticos, altivos, gigantescos, había una treintena de estatuas de tres metros cada una. Representaban a todos los estratos castrenses del ejército de Sadam y a todas sus divisiones. Las estatuas eran parte de un panel que se iba a construir en honor de las hazañas bélicas del dictador. Varios colosos, con el rostro sonriente de Husein, en diferentes poses, parecían mirarnos con desprecio, preguntarnos qué hacíamos allí. Cómo osábamos sacar nuestras cámaras para quebrar la paz sagrada de sus hombres sin alma.

—José, quiero que hagas hablar a esas estatuas —le dije—. Quiero que digan si tienen ganas de luchar, si están acojonados, si son pobres hombres o los tipos más arrogantes de Oriente Próximo. Quiero que saques a esos generales de bronce todo lo que tengan dentro, aunque estén vacíos. Que parezca que están conspirando, que están preparando un golpe de Estado.

—Eso es fácil. Fíjate —me contestó—, grabe lo que grabe estas estatuas parece que tienen vida propia. Mira el coronel de las medallas al pecho con la pistola levantada. No se sabe si está diciendo a las tropas que ataquen o si se va a pegar un tiro en la sien. O ese piloto, o el oficial de transmisiones, o el médico. ¡Los tenemos a todos! Aquí está todo el ejército de Sadam.

Allí lo teníamos, delante de nosotros, el ejército que tenía que parar a los norteamericanos. Los soldados regulares, la Guardia Republicana, el Estado Mayor, el propio presidente caracterizado de comandante en jefe. Todos. El Ministerio de Información nos había cerrado cualquier acceso al frente o cualquier entrevista con sus soldados pero con aquel material teníamos imágenes de sobra para hacer la crónica que el ministerio pretendía evitar.

Las imágenes de José llenaron la pantalla con planos cortos de aquellos hombres sin nombre. Los ojos vacíos de las estatuas hablaban más que cualquier declaración oficial del ministro portavoz Mohamed al Shaafi. «Luchar contra el mal porque el mal será derrotado», les repetía todos los días Sadam a sus generales. Pero aquellas esculturas, aquellos pechos enormes llenos de condecoraciones y distinciones, decían que las medallas eran más bien sinónimo de lealtad y constancia, más que de méritos de guerra. Que existía una relación clientelar entre la lealtad demostrada al presidente y el acopio de medallas que hacían. Que alguno de esos generales acabaría traicionándole, rindiéndose al enemigo, entregando Bagdad a los norteamericanos.

Entre aquellas figuras se percibía una espesa mezcla de sentimientos encontrados. De patriotismo, pero de instinto de supervivencia. De orgullo, pero también de resignación. Se podía, incluso, distinguir la soledad del presidente. Su aislamiento. Quizá todas esas estatuas dedicadas a glosar su imagen podían demostrar una vocación omnisciente y universal, su pasión por estar en todos los rincones del país, pero no eran más que ídolos de bronce con una base de engrudo y cemento. Una base muy endeble. Tal y como se vio en directo en la plaza del Paraíso el día que cayó Bagdad. Los marines no llevaban ni cinco minutos en el centro de la ciudad y medio mundo pudo presenciar el ritual del vencedor: arrancar de cuajo la estatua más conocida de Sadam Husein.

En una de las naves de la fundición descubrimos una figura ecuestre de Sadam Husein. Al caballo le faltaban las dos patas delanteras, así que todo el conjunto estaba inclinado hacia delante, como tropezando y cayendo al suelo. Sadam portaba en su mano derecha un sable imperial que también se había roto. El conjunto era realmente significativo, y José supo entenderlo en la cámara. Era una representación del desmoronamiento del régimen iraquí que, aunque entonces no lo sabíamos, sólo aguantaría dos semanas más.

La audiencia percibió la honradez de los periodistas que informaban en esas condiciones penosas de libertad. Percibió los esfuerzos por retorcer y sacudir cada uno de los partes de guerra de los iraquíes para quedarnos con lo más verosímil. Nuestros intentos de rascar por debajo de esas realidades que el ministerio insistía en enseñarnos. Hospitales con heridos supuestos; escuelas donde los críos hacían patrióticas demostraciones de loor a su dictador, perdón, presidente; manifestaciones masivas donde presuntos suicidas ensayaban su martirio por Sadam; visitas a las fábricas defendidas con la presencia de pacifistas internacionales. Ése es el Irak que el ministerio nos vendía. Ésos eran los mimbres que nos proporcionaba y con los que debíamos elaborar nuestras crónicas de guerra. No había visitas al frente, ni encuentros con soldados en primera línea. No hubo entrevistas con Sadam, Uday o Qusay Husein. Ni siquiera la posibilidad de movernos libremente por el país para comprobar personalmente la marcha de la guerra o poder hablar con quien quisiéramos.

Imposible, en el coche siempre estaría nuestro parásito particular. Nuestro guía. Casi todos eran tipos afectos al régimen y sólo unos pocos habían sido obligados a trabajar allí por su dominio de algún idioma. Lo más patético de aquel sistema de censura era que además estábamos obligados a pagar a los tutores una tarifa que oscilaba entre los 25 y los 50 dólares diarios por sus servicios. Era casi surrealista. Un señor empeñado en cuerpo y alma en hacerte la vida imposible y al que además había que pagar por ello. Estos sujetos se habían montado también su pequeño negocio de exclusivas. Iban de periodista en periodista ofreciendo temas para hacer reportajes. Por supuesto siempre eran inocuos o de absoluto tufo propagandístico, pero ellos los vendían como si tuvieran la más cualificada de las informaciones.

Una mañana nuestro guía nos llevó a ver a una familia que se había construido un búnker antiaéreo en el jardín de su casa. Mohamed Yohad era un capitán de barco que tenía una estupenda mansión en el barrio de Al Mansur. «Hemos seguido los consejos del presidente», me dijo Amira, su mujer. Sadam había recomendado a la población que se preparara para la guerra, incluso fabricando sus propios refugios. En el agujero no cabían más que los cuatro hijos del matrimonio y Amira posaba sonriente ante su búnker. Y sin perder esa sonrisa, pedía 50 dólares por grabar en su jardín. El dinero se lo repartía a medias con el guía. Una forma de hacer dinero con periodistas ávidos de encontrar historias.

El bueno de Sabaa fue el primer guía que tuvimos. Un tipo gordinflón y con cara de buena persona, si es que lo puede ser alguien que trabajara para el Ministerio de Información como recortador de libertades. Hablaba un buen inglés y trataba siempre de convencernos de la bondad del sistema de trabajo impuesto a la prensa internacional. «De esa manera

–decía–, tendréis una información mucho más completa porque yo estoy para ayudaros.» Imposible razonar.

Sólo nos quedaba el recurso al doble uso de las imágenes y los testimonios. Es decir, pedir permiso para grabar estatuas del presidente para luego poder elaborar una crónica política sobre el dictador. O solicitar una entrevista con la comunidad palestina en Bagdad y hacer luego un reportaje sobre los cambios en Oriente Próximo tras la guerra. O grabar mercados, cafeterías y calles atestadas de atascos para explicar las penalidades de una sociedad encarcelada y sometida por el déspota. Sabaa estaba contento con nosotros. Así se lo transmitía a sus superiores. «Estos chicos mañana quieren ir a Kerbala a grabar la mezquita de Husein para hacer un reportaje sobre la libertad religiosa en nuestro país. Son buenos chicos», decía a sus jefes, que estampaban inmediatamente su firma en el salvoconducto. El reportaje final era, por supuesto, un análisis de las posibilidades de que los chiitas se levantaran en armas contra Sadam como ya lo hicieron en el noventa y uno. Pero Sabaa estaba contento. En eso consistía tener cintura.

No tuvimos la misma suerte con el siguiente guía, Husein Hasan, un tipo siniestro que siempre llevaba un portafolio donde apuntaba minuciosamente todos nuestros movimientos. Hasan era el guía perfecto del ministerio. En sus informes daba cuenta del reportaje que habíamos elaborado, de los lugares visitados, de las personas entrevistadas y de las preguntas hechas, con valoraciones sobre si buscábamos algo más allá de lo que habíamos solicitado en el permiso. Hasan era malo. Era el paradigma del chivato. Era rencoroso y desagradecido. A la primera oportunidad que tuvo, la primera vez que bajamos la guardia, consiguió que estuviéramos a punto de ser expulsados del país. Hasan nos odiaba. Odiaba a los periodistas. Era un militante entusiasta del Baaz y nos veía a todos como enemigos con los que, a pesar de su trabajo, no tenía por qué mostrarse amable.

Una tarde fuimos a grabar unos planos en un pequeño mercadillo callejero. Me puse a curiosear entre los puestos y encontré a un hombre que vendía útiles militares. Zamarras de camuflaje, botas, gorras de cadetes del ejército iraquí, y sobre todo insignias de diferentes cuerpos como los paracaidistas, la Guardia Republicana o la marina. Quise comprar algunos de estos distintivos como recuerdo y, en ese momento, la mano de Hasan me agarró del brazo y me gritó que no podía hacer eso. Que aquello estaba prohibido porque era material reservado. Me enfrenté con él. Le dije que aquello era un puesto callejero. Que el comerciante quería vendérmelo. Que yo coleccionaba insignias y que, además, eran todas conocidas y oficiales. Se negó en redondo y de muy malas maneras me dijo que su obligación como responsable nuestro era prohibirme comprar unos simples distintivos militares. Era una tontería pero me puso furioso.

Aquel individuo rastrero no olvidó que le había gritado en público. Un extranjero le había afeado en medio de la calle. Fue un error mío. Hasan no tardó en reportar el incidente a sus superiores aderezándolo con otras supuestas maldades que habíamos cometido. Inmediatamente fuimos convocados al ministerio con la obligación de entregar nuestros pasaportes y la segura amenaza de expulsión. Sólo la labia mediterránea de Jorge Rallés, el traductor, y su conocimiento de la envolvente naturaleza árabe logró salvar nuestro cuello convenciendo a mister Kadum de que yo me encontraba abrumado por mi comportamiento y de que aquello no volvería a pasar.

A medida que iban llegando más y más periodistas a Bagdad, el ministerio se quedó sin tutores. Empezaron entonces a obligar a grupos de periodistas a trabajar juntos para compartir así a los guías. Lo hicieron sobre todo con reporteros de radio o de prensa, pero no con las televisiones, sobre las que ponían un especial mimo por controlarlas. La estrategia comunicativa del gobierno iraquí pasaba por conquistar las mentes de los millones de personas que seguían el conflicto por la televisión. En 1991 habían aprendido una lección singular. Medio mundo se quedó pegado a las pantallas de televisión viendo los bombardeos de Bagdad retransmitidos en directo por la CNN, pese a que lo que se veía no eran más que unos hilitos verdes sobre un fondo oscuro y desenfocado.

La televisión y su enorme poder comunicativo era lo único que importaba. Por eso, los reporteros de televisión sufrimos un especial marcaje de los *minders*. Por eso nuestras cámaras debían viajar siempre en el suelo de los vehículos, donde las pudiera ver el tutor para asegurarse de que no estábamos robando ninguna imagen. Todas estas trabas nos hicieron agudizar el ingenio. Buscar fórmulas alternativas de informar. De esto también se dieron cuenta en el Ministerio de Información, y fueron subiendo su nivel de acoso y control a las televisiones.

Empezada la guerra decidieron crear lo que llamaron el Feeding Committee, una comisión de control de todos nuestros envíos. Las crónicas que elaborábamos debían ser primero, antes de ser enviadas a España, vistas por un par de tipos que decidirían sobre la idoneidad de las imágenes. Todas las crónicas que, por ejemplo, incluyeran imágenes de los bombardeos de la noche anterior, que se supone no se podían grabar, eran irremediablemente censuradas. Todas aquellas que incluyeran algún plano que esos dos tipos malcarados consideraran no apto, por ejemplo, algún cuartel militar que apareciera de refilón, o algún edificio público, eran también censuradas.

Las radios y los periódicos, afortunadamente, se salvaron de esta penitencia, que no acababa ahí: una vez que la cinta había pasado la prueba del censor, era marcada con un sello rojo. Cuando el periodista se acercaba a las agencias internacionales que permitían enlazar con Madrid, un tercer censor, siempre callado, siempre serio, se aseguraba que la cinta que introducíamos en el vídeo para ser enviada era en efecto la marcada por el sello rojo. El celo perseguidor de los tutores quería evitar que se diera el cambiazo en el último momento y se enviara otra información.

Todas estas normas complicaban mucho el trabajo. No sólo había que salir a buscar información que valiera la pena, peleándose por ello con los guías, sino que después había que sufrir esa lacerante e inmisericorde censura. Esto desmoralizaba mucho. Yo lo notaba en José Couso. Nos pasábamos las noches en vela, grabando los bombazos que caían a apenas 500 metros, construíamos crónicas fieles de los ataques de ese día, para que después un tipo apretara el botón del stop en el vídeo y dijera: «Esto está prohibido y lo saben. Nos quedamos con la cinta».

En una ocasión, a los dos días de comenzar los ataques, nos llevaron a todos los periodistas a un hospital donde habían arribado supuestos heridos por los bombardeos. Los agentes del ministerio habían preparado allí un evidente escenario para impresionar a la prensa. Querían que la noticia, ese día, fueran los civiles heridos por las bombas norteamericanas, y para ello nos dejaron entrar en la zona de urgencias. Tan sólo uno de los heridos que encontramos presentaba heridas en cara y brazos que podrían achacarse al efecto de la onda expansiva y de los cristales que se rompen. Eran pequeñas escarificaciones en la piel que le sangraban aparatosamente. El resto de los ingresados tenían heridas superficiales. Había niños que se habían caído mientras jugaban, o una señora a la que le estaban poniendo unos puntos en la cabeza tras abrírsela al tropezar en unas escaleras.

Los tutores se empeñaban en convencernos de que todo aquello era producto de las bombas. En el suelo había aparatosas manchas de sangre que el servicio de limpieza no limpió para que los periodistas se impresionaran. Aquello era un burdo montaje, pero los guías estaban muy atentos a nuestros movimientos. Cuando regresamos se encargaron de recordarnos que aquello que habíamos contemplado era un enorme drama y que nuestras audiencias debían verlo. A los periodistas árabes no tenían que convencerles de mucho más. Casi todos estaban entregados a la militancia antiamericana y no ponían en duda la versión del ministerio. Pero con la prensa occidental tenían que hacer más esfuerzos intoxicadores.

Couso y yo nos sentamos delante de nuestra maleta SX, el vídeo portátil en el que editamos nuestras informaciones, y nos pusimos a pensar. ¿Cómo hacer que el Feeding Committee se quede satisfecho con la información que enviaba Telecinco sin traicionarnos a nosotros mismos con aquel montaje del hospital? De que esos censores se quedaran con una buena impresión de nosotros dependía, por ejemplo, que al día siguiente concedieran un permiso para hacer un tema determinado. Pensamos que lo importante para ese comité eran las imágenes. Era en lo único en lo que se iban a fijar porque, además, no entendían castellano, así que nos arriesgamos.

Mandamos una crónica en la que contamos cómo se había intentado mediatizar a la prensa con heridos imaginarios, pero el montaje de la información, las imágenes, decían todo lo contrario. Sólo se veían heridos y se escuchaban llantos. Era un montaje muy agresivo. Con planos cortos y muy rápidos. Incluso llegamos a decir en el texto de la información que los censores sonreirían al ver esas imágenes, pero que no había que creérselas. Que la sensación de caos era falsa y la habíamos creado nosotros artificialmente. Acertamos. Los censores sonrieron. Y nos pusieron el sello rojo en la cinta con un comentario del tipo «qué buenos chicos estos de Telecinco que se lo han tragado todo».

Había otra fórmula de salvar esa censura y era alcoholizando a uno de los guías. Se llamaba Ahmed y estaba asignado como *minder* a la empresa española MediaSat. Sus cuatro técnicos permanecieron en Bagdad los 20 días de bombardeos dando la cobertura técnica necesaria para enlazar por satélite y hacer directos. Por momentos, en los ataques más duros, cuando las grandes agencias como Reuters o APTN recogían todos sus bártulos y esperaban a que cesaran los bombazos, ellos fueron los únicos que daban servicio.

Ahmed sabía un español razonable de los años en que vivió en Madrid y precisamente por conocer ese idioma, había sido captado y obligado por el ministerio a trabajar como «comisario político». Sus órdenes eran ver y escuchar todas las informaciones que enviáramos e incluso controlar los directos que hacíamos. Tenía órdenes expresas de cortar el directo si el periodista, por ejemplo, daba información sensible para el Estado, llamaba dictador a Sadam o hablaba negativamente del régimen. El bueno de Ahmed nunca lo hizo. Nunca nos cortó en medio de un directo. Entre otras cosas porque desde primera hora de la mañana estaba bebido.

Los responsables de MediaSat, Íñigo Pérez-Tabernero y Diego Miralles se encargaban de cebar la ilimitada capacidad de Ahmed para beber y mantenerse ebrio durante todo el día. Ahmed era encantador. Siempre estaba sonriendo y mataba el tiempo contando chistes malos. Cuando alguno de nosotros necesitábamos hacer un envío a Madrid de algún reportaje, Íñigo y Diego hacían salir a Ahmed de la oficina tras darle un nuevo trago de lo que fuera (bebía de todo) y de esta manera podíamos lanzar. Los chicos de MediaSat se arriesgaron mucho, porque si les hubieran cogido les podían haber expulsado del país. Pero gracias a ellos las televisiones españolas y unas cuantas extranjeras pudieron evitar la estricta censura iraquí e informar libremente.

«*This is war, this is not a picnic*», le gustaba decir a Uday Al Taj, el número dos del ministerio. «Esto es una guerra, señores, no una merienda en el campo.» Al Taj era el principal interlocutor de los periodistas. Hablaba inglés y francés, lo cual le convertía en un portavoz muy cualificado, y en su personalidad se conjugaban una sibilina manera de hacerse el interesante con un desprecio absoluto por el trabajo de los periodistas. Su buena educación se tornaba en la más feroz de las diatribas si alguna pregunta le incomodaba.

Uday entendió rápido que la presencia física de los periodistas podía ser utilizada como pantalla para salvar de las bombas al Ministerio de Información. Desde el primer momento fuimos obligados a trabajar en la terraza de ese lugar, un objetivo militar evidente. Desde allí se planificaban todas las estrategias de comunicación del régimen. De allí emanaban las consignas, los *leitmotiv* y hasta algunos de los discursos del presidente. Su destrucción era sólo cuestión de tiempo. Cualquier militar lo habría señalado como uno de los sitios que reventar si se quería cercenar la capacidad del gobierno de Sadam de hacer llegar mensajes a su pueblo.

En el ministerio, además, había instaladas unas enormes antenas parabólicas que servían para coordinar todo el sistema de comunicación interna interministerial. Acabar con ese ministerio perturbaría las decisiones del gobierno porque ya no habría conexión entre los diferentes gabinetes. Los periodistas sabíamos todo eso. Y sabíamos también que al obligarnos a trabajar allí estábamos siendo utilizados como escudos humanos. Difícilmente el mando norteamericano destruiría ese ministerio mientras los periodistas permanecieran en el edificio. Pero por si acaso, en cuanto caía el sol abandonábamos el lugar dejando allí todos los aperos técnicos con los que salir en directo. Por eso, al principio de la guerra, los reporteros de televisión no aparecían en directo por las noches y sólo lo hacían al mediodía.

Una madrugada de sábado, al noveno día de bombardeos, un misil sin carga explosiva impactó en el techo del edificio destruyendo una de esas antenas parabólicas. Fue un aviso. Todos supimos que debíamos recoger las pocas cosas que todavía teníamos en ese lugar y evacuarlo. También lo supo Uday Al Taj, que desplazó todas las oficinas de los censores al vestíbulo del hotel Palestina. El propio Uday se trasladó a la planta cuarta del hotel con el resto de sus funcionarios e incluso con parte de su familia. Nos seguía utilizando de escudos humanos. Pero ahora ya no nos usaba para defender el Ministerio de Información, sino que él mismo buscó el cobijo de la prensa para sentirse a salvo.

El misil había reventado cristales, retorcido antenas y destrozado un par de plantas del ministerio pero no lo había destruido. En la terraza, en el lugar de trabajo de los periodistas, sólo había cascotes y enormes pedruscos. Las cámaras fijas robotizadas instaladas por varias televisiones y que proporcionaban las imágenes en directo de los cercanos bombardeos habían resistido a duras penas. Todas ellas estaban rodeadas de sacos terreros y cadenas para aguantar los impactos. Esas cámaras habían grabado el momento exacto de la explosión. No registraron la llegada del misil. No hubo un silbido previo o un rumor de motor acercándose desde el aire. Apareció de repente. De la negrura de la noche.

Un enorme trozo azul de misil fue encontrado en la azotea. En su interior se podía leer el número de serie del fabricante norteamericano, aunque para muchos de los ciudadanos que allí se concentraron era evidente que el misil era israelí. Son curiosos los mecanismos de autodefensa que se pueden construir las personas. Aquel trozo de misil fue paseado y jaleado por decenas de ciudadanos que gritaban consignas antinorteamericanas. Parecía que las baterías antiaéreas hubieran derribado el misil y que había que celebrar una gran victoria militar. Y sin embargo, ese metal azul era el símbolo de la enorme superioridad de EE.UU. Si la turba paseaba un fragmento del misil era porque los norteamericanos lo habían querido, porque esa madrugada habían lanzado un aviso de que al día siguiente volatilizarían el edificio. No había nada que celebrar, pero para todos aquellos ciudadanos bagdadíes tocar aquella arma poderosa fue como hablar de tú a tú a los invasores.

«Toca nuestros corazones. Escucha sus latidos. Amamos a nuestro presidente. Creemos en el Séptimo Cielo. Daremos nuestra vida por ti, Sadam.» La canción comenzó a sonar entre los destrozados despachos del ministerio cuando todos los periodistas estábamos a punto de abandonar el lugar. La música salía de unos enormes altavoces situados en el techo de una camioneta. «Toca nuestros corazones. Escucha sus latidos.» Era un ritmo templado, heredado de las risueñas tonadas beduinas del desierto. En apenas unos minutos, cientos de personas habían reunido un improvisado coro y se habían situado en la entrada y en las escaleras del edificio. ¡Se disponían a grabar un videoclip! Un vídeo musical que iba a combinar una canción de repulsa al ataque y un mensaje de apoyo a Sadam.

El escenario no dejaba de ser surrealista. Casi todos los congregados eran miembros del *establishment* cultural baazista. Actores, escritores, pintores, escultores, cantantes. Habían sido movilizados esa misma mañana por la Unión de Artistas Iraquíes, una especie de sindicato vertical del arte donde era mejor estar asociado si se quería seguir trabajando en el país. La protesta estaba improvisada pero muy bien organizada. Un miembro del partido de Sadam, con uniforme verde oliva, hacía de director y dinamizador del coro. Otro militante se encargaba de grabar la actuación. Y un tercero, fusil en mano, hacía de apuntador con unos enormes carteles donde estaba escrita la letra de la canción. Era como un enorme karaoke.

El Ministerio de Información bombardeado también lo era de Cultura. Eso explicaba la repentina movilización de los artistas. La canción, una oda de vasallaje al dictador que había sido compuesta por Daoud Al Qaysi, el presidente de la Unión de Artistas, sería emitida durante los días siguientes en la televisión iraquí de manera machacona. Era una manera de mantener la moral de la población pese a los golpes encajados. La programación de la televisión, por aquellos días, ya se había convertido, exclusivamente, en una sucesión de reportajes patrióticos, informativos de trinchera y vídeos musicales de artistas afines al régimen.

La gente podía ver, entre los personajes conocidos que le coreaban aquello de «creemos en el Séptimo Cielo», por ejemplo, a Hadi Sati, uno de los cantantes populares más aclamados del país. O al escritor Basar Al Sudan. O a la cantante Amira Youad. Todos ellos figuras comprometidas con Sadam Husein, al cual adoraban y halagaban de manera bochornosa en cada una de sus canciones o novelas con tal de ganar alguna pequeña parcela de prestigio.

Pero de entre todos los congregados que cantaban a voz en grito destacaba el presidente de ellos, Al Qaysi, al que todo el mundo denominaba «el comandante de los artistas». Un cargo de difícil traducción para nuestros estándares políticos. A Daoud le vimos varias veces en Bagdad y siempre fue muy amable con José y conmigo. Tenía la piel muy oscura, casi negra. Sudaba profusamente y no dejaba nunca de sonreír. Era un auténtico líder. Siempre iba vestido de uniforme y con una pistola al cinto que empuñaba de vez en cuando. Sobre todo cuando la canción decía aquello de «Daremos nuestra vida por ti, Sadam». De poco le valió aquella pistola. Sólo un mes después de que el país se rindiera, en mayo, fue asesinado a la puerta de su casa por un tipo que le metió dos tiros en la cabeza. Alguien dijo entonces que los verdaderos artistas iraquíes, aquellos que no estaban en la nómina del ministerio, habían sido vengados.

Cuando Bagdad cayó, Gustavo Sierra, un periodista argentino del diario *Clarín*, se introdujo en una de las oficinas del Ministerio de Información y localizó las fichas que allí tenían guardadas de cada uno de nosotros. Nuestro nombre, nuestra foto, la fecha en la que entramos y algunos datos personales más. Lo primero que hizo fue buscar la hoja correspondiente a José Couso, al que los norteamericanos habían matado el día anterior, y corrió a la habitación para dármela. Gustavo me dio la ficha emocionado. La de Couso, la mía, la del resto de mis compañeros de Telecinco. Era como una pequeña victoria para todos nosotros. El sistema se había desmoronado, Sadam estaba desaparecido y los funcionarios del ministerio se habían volatilizado, pero nosotros seguíamos allí. Y además, habíamos salido para siempre de sus siniestros archivos. Ya no existíamos como sospechosos. Con aquellos papeles en la mano pensé que habíamos recuperado nuestras almas de periodistas.

Desde ese momento, sin esa figura oscura e inquietante del censor controlando todos nuestros gestos, nuestras palabras, podíamos informar con libertad. Podíamos desprecintar los móviles requisados. Podíamos hablar con ellos sin poner el pestillo de la puerta para ganar unos segundos por si había redada. Podíamos decir en directo palabras como dictadura o tirano sin que el embajador en Madrid llamara inmediatamente pidiendo nuestra expulsión. Podíamos trabajar con libertad. Miré la ficha de Couso otra vez. Ya no tenía ganas de trabajar. Yo sólo quería volverme a casa con su cuerpo.

6

¿LA GUERRA MEJOR CONTADA?

El 17 de marzo, un día antes de que venciera el plazo dado por George Bush a Sadam Husein y comenzara la guerra, la CNN dejó sus micrófonos a Colin Powell, el Secretario de Estado norteamericano, para hacer una solemne declaración. El canciller, con gesto adusto y serio, dijo: «Es un momento muy peligroso en Bagdad y los periodistas y los inspectores deberían evaluar si deben irse». Powell advertía a todos los que permanecían en Bagdad que debíamos abandonar la ciudad, «no sólo por la amenaza de una potencial acción militar, sino por el peligro de que Sadam Husein tome rehenes».

No fue Powell el único que públicamente pidió a los periodistas que huyeran y dejaran de hacer su trabajo. El propio gobierno español se dedicó a llamar a los responsables de los medios de comunicación que tenían reporteros en la zona para que los sacaran de allí. Desde Moncloa, desde vicepresidencia de Gobierno, desde el Ministerio de Defensa, desde la sede del Partido Popular en la calle Génova, se instaba a directores y responsables de televisiones, radios y periódicos a que levantaran a su gente en Bagdad. Las llamadas las efectuaban directamente ministros y secretarios de Estado. Hubo una auténtica psicosis de evacuación forzosa entre los reporteros que estábamos en Bagdad porque el gobierno español asumía la política comunicativa estadounidense. Se trataba de librar una guerra ilegal, no avalada por las Naciones Unidas, y contra la que se posicionaba la mayor parte de la opinión pública, por eso, cuantos menos testigos hubiera mejor.

Los reporteros que más sufrieron esa intolerable presión fueron los de medios oficiales y afines al gobierno. Sus responsables les llamaron alarmados para que hicieran las maletas, camuflando sus órdenes en que no querían arriesgar la vida de los reporteros, en vez de reconocer abiertamente su patética genuflexión ante los deseos del ejecutivo. Incluso aquellos medios que afortunadamente escapábamos a la larga garra de la deformación mediática del gobierno, tuvimos que soportar llamadas de nuestros jefes. Cuando todo un ministro telefonea a un director, éste se ve obligado a comunicárselo a su periodista: «Haz lo que quieras, toma tú la decisión, pero es mi obligación comunicarte lo que me dicen desde el gobierno».

Y lo que decían desde el gobierno español era un calco de lo que decía Colin Powell. Que aquello iba a ser muy peligroso, que caerían muchas bombas, que nuestra seguridad no estaba garantizada, que los iraquíes podían utilizar armas de destrucción masiva contra su propia gente, que Bagdad sería un avispero. Que incluso, peor que todo eso, nos podían coger como rehenes y utilizarnos de escudos humanos atándonos a cualquier puente de la capital. Pues claro, señores ministros. ¿Acaso se creían que era la primera guerra a la que íbamos? ¿Que no éramos conscientes de lo que ocurre cuando dos ejércitos pelean? ¿Por qué no llamaron con igual diligencia y preocupación cuando nos fuimos a cubrir la guerra de Afganistán?, ¿o la de Kosovo? Muy fácil, porque aquellas guerras contaban con el aval de gran parte de la opinión pública. Porque en Afganistán se pretendía derrocar a los bárbaros talibanes y acabar con el santuario de Osama Bin Laden. Porque en Kosovo se quería parar el genocidio de albaneses. En esta guerra, de pronto, el gobierno se preocupó por nuestra seguridad. Ojalá ese impulso protector se perciba en el futuro en otros conflictos.

La honradez de todos los periodistas españoles presionados para que hicieran las maletas fue muy superior al servilismo de muchos de sus jefes. No se fue ni uno solo. Todos discutieron las órdenes, gritaron, colgaron los teléfonos, incluso se plantearon quedarse aunque no pudieran hacer crónicas. Muchos de ellos llevaban dos meses en Bagdad esperando que se desencadenara la guerra y, justo el día antes, les pedían que abandonaran. Aquello no tenía ninguna lógica profesional, salvo el plegarse a la evidencia de que al gobierno no le interesaba que se informara sobre esa guerra para que no se pudieran reforzar las corrientes de opinión en contra de la misma.

Aquello no fue algo que ocurrió sólo a periodistas españoles o norteamericanos. Todos aquellos reporteros de países cuyos gobiernos se veían envueltos, en menor o mayor medida, en el conflicto fueron presionados para abandonar. Lo hizo el gabinete italiano de Silvio Berlusconi, el del portugués Jose Manuel Durao Barroso, el del polaco Leszel Miller. Por supuesto, también el del británico Tony Blair, que consiguió reducir la representación en Bagdad de la mítica BBC a dos escasos reporteros, un cámara y un par de técnicos.

Ningún periodista español hizo caso de las advertencias de Powell o de Moncloa, pero muchos de otras nacionalidades decidieron abandonar. El propio ministro griego de Asuntos Exteriores llamó personalmente a algunos reporteros y les convenció para que dejaran el país en una caravana organizada por su embajada en Bagdad que evacuó vía Siria.

Periodistas alemanes, rusos, japoneses, chinos, canadienses, todos aquellos que no lo tenían demasiado claro fueron convencidos por esas advertencias intolerables. Los medios norteamericanos fueron los primeros en salir huyendo e instalarse en Amman, la capital jordana, a la espera de que sus tropas hicieran el trabajo y pudieran regresar con seguridad. Los directivos de las grandes cadenas como la ABC, la NBC o la Fox aceptaron las órdenes del secretario de Defensa Donald Rumsfeld, que los convocó en el Pentágono para sugerirles que harían un mejor servicio al país, a Estados Unidos, si se iban de Irak. Así nos lo contaban, escandalizados, algunos periodistas norteamericanos a quienes sus editores no les habían dejado opción: tenían que irse por órdenes superiores.

Todo esto creó aquel 17 de marzo, justo antes de los bombardeos, cierta sensación de desbandada. Los periodistas salían de estampida. Recuerdo haber desayunado aquel día a las nueve de la mañana con un cámara griego, compañero de otras guerras. Charlamos animadamente mientras nos comíamos unos yogures y me comentó el reportaje que pensaba hacer ese día. Tres horas después me lo encontré subido en un GMC, los poderosos todoterrenos de fabricación norteamericana que utilizaban los iraquíes para cruzar el desierto, dispuesto a dejar el país. Estaba desmoralizado, hundido. Le parecía increíble la discusión que había tenido con su jefe. Le obligaban a irse. Abandonaba Irak humillado y sólo repetía que cuando le quisieran mandar a otro conflicto, le haría un corte de mangas a sus jefes.

Esa huida masiva también nos afectó a los que nos quedamos. Algunos, pocos, pensaron que la situación era mucho mejor porque había menos periodistas. Es decir, menos competencia. Otros preferíamos pensar si hacíamos bien quedándonos. En cómo encajarían nuestras familias la decisión de permanecer mientras muchos se iban. A aquella sensación de éxodo de periodistas se unía la percepción de que Bagdad entraba en barrena hacia el estado de excepción.

Nunca como hasta aquel día se había hecho tan perceptible, tan palpable, el comienzo inminente de los ataques. El reloj corría en contra de Sadam. Quedaban menos de 24 horas para los primeros bombardeos y la gente, en la calle, hacía apuestas sobre la hora exacta en que caería la primera bomba. Todas las tiendas, los negocios, los hoteles, todos nosotros habíamos colocado cinta aislante en los cristales de las ventanas para evitar su estallido. Muchos edificios oficiales, y también muchos restaurantes, habían colocado sacos terreros en sus puertas.

Los periodistas memorizamos las salidas de emergencia de los hoteles para escapar a oscuras en caso de incendio y en la calle se palpaba una especie de depresión colectiva, de miedo absolutamente humano y justificado, de temor al caos. Ni siquiera la mano de hierro del despótico régimen de Sadam podía controlar todas estas fugas de pánico. Estos signos evidentes de que la población ya se temía lo peor.

«Las mujeres y las hermanas de los soldados norteamericanos van a llorar lágrimas de sangre cuando sus chicos empiecen a morir en el desierto», bramaba Uday Husein, el hijo de Sadam, en su propia cadena de televisión llamada Juventud. Pero esos mensajes ya no calaban en la gente. Las joyerías, los establecimientos de electrodomésticos, las tiendas de ropa cara, habían sido vaciadas para evitar los pillajes. Las gasolineras, pese a que el litro de combustible seguía a 10 céntimos de euro, aparecían colapsadas. En la calle se respiraba miedo, incertidumbre. Y ni las declaraciones patrióticas de todos sus líderes que aquellos días se multiplicaban en televisión, ni las raciones dobles de alimentos gratuitos que el gobierno entregaba a cada familia iraquí, lograban hacer olvidar la sensación de que la guerra estaba a punto de llegar y que el caos se apoderaría de Bagdad. Ése era el ambiente en el que se recibieron las llamadas de los responsables de algunos medios conminando a los periodistas a abandonar. Esas llamadas, en ese entorno de anarquía y confusión, hicieron mella en los menos preparados psicológicamente.

Ésta ha sido, sin duda, la guerra mejor contada de la historia. Nunca como hasta entonces había habido tantos periodistas desplazados a la zona, tantos medios interesados en cubrirla y de tantos países diferentes. Era la primera vez, en toda la historia bélica de nuestro mundo, que se retransmitía en directo el momento en el que caía la capital de un Estado que estaba siendo conquistado por un ejército invasor. Nunca antes (si acaso la opinión pública norteamericana vivió algo parecido en Vietnam) nuestras sociedades habían estado tan implicadas emocionalmente en el seguimiento de un conflicto. Nunca se había demandado tanta información sobre una guerra. Y nunca antes la profesión periodística había sido tan apreciada por todos como durante los días de la caída de Bagdad. Todo esto hizo la guerra de Irak diferente.

Para nosotros, para los reporteros, también fue diferente. Muchos de los que permanecimos en la capital iraquí éramos veteranos de otros escenarios de conflicto. Pero nunca, ni en Ruanda, ni en Afganistán, ni en Colombia, ni siquiera en Kosovo, habíamos sentido esa cercanía de la opinión pública. En todos esos sitios nos habíamos jugado el pellejo, habíamos pasado hambre, habíamos sufrido enfermedades, arbitrariedades de soldados borrachos o milicianos sin escrúpulos, y siempre teníamos la sensación de que no importábamos a nadie. De que nuestras crónicas y reportajes apenas interesaban a los lectores o espectadores. Que no conseguíamos captar su atención. Y eso desanimaba mucho.

Sin embargo, en Bagdad, los periodistas, de prensa, de radio o de televisión, éramos seguidos y casi auscultados diariamente. Nos convertimos en la voz y en la conciencia de la sociedad española. Esa sociedad que estaba mayoritariamente en contra de la guerra y que quería, que necesitaba, saber qué estaba pasando allí. Incluso, en el caso de los periodistas de televisión, llegamos a ser como uno más de la casa. Da igual la cadena que se eligiera para estar informados y el reportero o la reportera que mejor contara las cosas. Nos metimos en los hogares a la hora de la comida o de la cena. Nos convertimos en parte de la familia. En alguien a quien se echaba de menos si un día no aparecía a su cita diaria. Se estableció una relación de afectividad como nunca habíamos percibido.

Los espectadores de televisión, o los lectores de periódicos, tenían suficientes fuentes de información como para poder hacerse un cuadro global de la situación bélica. La censura militar norteamericana y la iraquí rivalizaron en zancadillear el trabajo de los reporteros, pero la honestidad de casi todos ellos hizo que la audiencia perdonara esas faltas de información evidentes.

Y se perdonaban porque sólo había que fijarse un poco en los reporteros de televisión para ver cómo, poco a poco, se iban deteriorando físicamente y perdiendo peso. Cómo les aparecían ojeras y sus rostros estaban cansados. Se perdonaban porque se percibían las voces cada vez menos vivas de los periodistas de radio. O las crónicas de prensa, más amargas y escépticas a medida que la guerra avanzaba y nos atornillaban más en el Ministerio de Información. El público entendió que nadie está en esa situación para prestarse a gusto a una situación de censura. A nadie le gusta ser coartado en su derecho a la libertad de expresión. Pero necesitábamos seguir allí para lograr sacar esos pequeños jirones de información limpia que a veces lográbamos colar a los comisarios políticos del ministerio. Esos destellos de verdad entre los vapores desconcertantes de la censura.

Ha sido la guerra mejor contada porque se ha contado en directo. Ésa ha sido la clave. Ha sido la guerra de las televisiones. De los informativos. De las imágenes que se obtenían al momento, en directo, sin recortes. Igual que durante el atentado del 11-S, cuando la televisión fue el principal medio informativo, todas las cadenas retransmitieron el 20 de marzo la esperada tormenta de misiles sobre Bagdad. Fue gracias a unas cámaras fijas y robotizadas que varias cadenas habían instalado en el Ministerio de Información. Esas cámaras estaban orientadas de manera obligatoria hacia una mezquita, pero cuando comenzó el bombardeo, todas ellas giraron buscando los misiles, los destellos, los hongos de humo negro y fuego. Ningún funcionario iraquí se atrevió en esos momentos a subirse a la azotea para tapar los objetivos. Todo el mundo vio cómo los recintos presidenciales de Bagdad eran arrasados, e incluso el gobierno iraquí comprendió que en aquellas cámaras, que retransmitían su propia pasión en directo, estaba su única salvación.

Por primera vez, los reporteros de radio y sobre todo de televisión, pudimos informar en directo de algo que los espectadores también estaban viendo en directo. No había trampa. No se podía exagerar o minusvalorar lo que ocurría. El reportero avisaba de que llegaba un misil en cuanto oía el rumor silbante de su estela y los espectadores lo veían reventar contra un palacio de Sadam. Eso era el directo. Contar cómo sentíamos la onda expansiva de ese bombazo, aclarar en qué edificio había impactado y cuáles eran los daños sufridos, describir el olor a queroseno de los misiles y el tremendo ambiente ponzoñoso que producían todas esas explosiones seguidas sobre una urbe como Bagdad. Eso era la guerra en directo. La guerra que también estaban siguiendo los generales del Mando Unificado norteamericano en Camp Doha, en Kuwait, que pese a disponer de satélites, fibras de vidrio o todo tipo de últimas tecnologías militares, seguían sus hazañas bélicas por la Fox News.

Y ése era, en fin, el tipo de guerra que no le gustaba al Pentágono. Seguramente a casi ningún militar. Porque si las televisiones retransmiten los ataques mientras se están produciendo, también pueden retransmitir los errores. Y todos los generales saben que la guerra es fea. Que se mata y se muere y que ningún cadáver es bonito. No es bonito un soldado iraquí achicharrado en una trinchera mientras blande una bandera blanca. No es bonita una matanza de civiles en un mercado de Bagdad lleno de niños y mujeres porque el misil se ha desviado unos centenares de metros. Por supuesto, es mucho menos bonito un marine estadounidense esposado y golpeado que balbucea que es de algún lugar de Kansas, en vez de dar sólo su número de placa como hacen los héroes de las películas bélicas.

La prensa no gusta en el Pentágono. La prensa no gusta a ningún jefe militar. Siempre está en medio, entorpeciendo, metiendo las narices en todos los lados, molestando. Quizá esto explique por qué la aviación norteamericana bombardeó la delegación en Bagdad de la cadena Al Jazira, la CNN árabe, matando a un periodista. Quizá explique también por qué un tanque estadounidense reventó de un cañonazo las oficinas de Abu Dabhi TV, otra cadena árabe que retransmitía en directo el avance de las tropas. O por qué otro tanque disparó contra el hotel donde se alojaba toda la prensa internacional. Quizá para que dejáramos de molestar. Para asustarnos. Para domarnos.

Entonces no nos dimos cuenta, porque estábamos viviendo y retransmitiendo la guerra en directo, pero seguramente eso mismo irritó profundamente a los generales que dirigían la operación del cerco a Bagdad. Era la primera vez en la historia que un país se conquistaba ante los ojos de millones de personas. Que cualquiera podía ver desde el salón de su casa cómo caía una capital, un Estado, un régimen. No calibramos el riesgo. Los generales de Camp Doha en Kuwait leían constantemente los datos que les mandaban sus satélites y sus aviones, pero de reojo, en la Fox, en la CNN, podían seguir, con mucha mejor calidad y con comentarios de los periodistas, cómo sus blindados habían tomado los puentes del Tigris y se disponían a capturar la ciudad. Aquello, para un militar, era intolerable y nosotros no supimos leer esa situación. No fuimos conscientes de que el peligro cambiaba de bando y ahora se situaba enfrente, en el de los norteamericanos.

Durante la contienda en Irak el Pentágono dividió en tres categorías a los periodistas que la cubrieron: los *embedded* o empotrados con sus propias tropas; los *unilaterals*, es decir, los que iban por libre; y los que estábamos en el *enemy side*, en el lado enemigo. A primera vista puede parecer que la oferta de trabajo en Irak era bastante amplia y que con tantas formas de hacer la guerra se cubría todo el abanico de ópticas periodísticas. Falso. Desde el punto de vista del Pentágono esto quiere decir que si no vas con sus tropas puedes pasar a convertirte en objetivo, como pasó con los periodistas que pernoctaban en el hotel Palestina. Ya lo dijo George Bush cuando declaró la guerra al terrorismo: «*You're either with us or against us*», o se está con nosotros o contra nosotros.

El Pentágono ha aplaudido la nueva doctrina estratégica de la Casa Blanca. Su concepción unilateralista de ataques preventivos contra supuestos objetivos terroristas o supuestos «Estados gamberros» va a dar mucho trabajo al ejército de EE.UU. en los próximos años. Así que no es de extrañar que, con tantas guerras como van a tener que librar, no siempre bien aceptadas por la opinión pública, el Pentágono pretenda incomodar la presencia de reporteros indeseados en esos teatros de operaciones.

Puede que lo consiga. De los 14 periodistas muertos en Irak en los 21 días de guerra, la mitad de ellos, siete, lo fueron por supuesto «fuego amigo» de Estados Unidos. Seguramente sea una fatal casualidad, pero es indudable que las estadísticas apuntan a que los soldados norteamericanos no hacen la guerra de la manera humanitaria que se les supone, sino que más bien copian esquemas del viejo oeste: disparar primero y preguntar después. Eso es lo que hicieron con el equipo británico de la ITN al que rociaron de balazos cerca de Basora. Tres periodistas «unilaterales» perdieron la vida. Es lo que hizo el piloto del caza que diezmó una columna de milicianos kurdos *peshmergas* y fuerzas especiales norteamericanas matando también a un periodista «unilateral» de la BBC. O lo que hicieron en Bagdad el 8 de abril matando a un reportero y dos cámaras que estaban en el lado enemigo. Disparar primero y preguntar después. Y si acaso, pedir perdón a las familias.

Pero seguramente ni eso. Siempre habrá algún fuego cruzado al que acogerse. Algún *fedayin* que disparaba desde la misma vertical del hotel. Siempre, en guerra es fácil, habrá un motivo razonable que evite cualquier consecuencia por la muerte de periodistas. Cuando la periodista de Informativos Telecinco Rosa Lerchundi le preguntó en la Casa Blanca a George Bush por el ataque al hotel Palestina el presidente de EE.UU. se limitó a contestar: «*War is a dangerous place*», la guerra es un sitio peligroso. A su lado, el presidente español José María Aznar asintió convencido. Los responsables de Al Jazira todavía están esperando disculpas por la voladura de su delegación en Kabul, así que como para esperarlas por la destrucción de la sede de Bagdad. ¿Cuántos periodistas de esa cadena árabe se ofrecerán voluntarios para cubrir el próximo conflicto si saben que sus oficinas pueden ser laminadas con ellos dentro?

Seguramente, a partir de ahora, muchos directores de medios de comunicación se lo pensarán dos veces antes de enviar corresponsales a un frente en el que tengan delante a los soldados norteamericanos. Todo el mundo deseará estar detrás de ellos, empotrado. Al menos en ese lugar no hay tantas bajas. Las compañías de seguros difícilmente extenderán pólizas de seguros para periodistas visto que, últimamente, en las guerras caen como moscas. Y si aceptan correr el riesgo de asegurar periodistas, ¿a cuánto ascenderán esas pólizas? ¿Estarán los medios de comunicación dispuestos a pagar esas cifras o preferirán no enviar reporteros?

«Usted escriba lo que quiera, pero si no nos gusta lo que dice dispararemos contra usted.» Así describió un periodista norteamericano su situación de «empotrado» durante la guerra de Corea en los años cincuenta. A la vista de los reporteros caídos en la ofensiva contra Irak algo parecido ha podido pasar en esta guerra. Está por ver si el papel de los periodistas adscritos al ejército estadounidense ha influido en esa excesiva apetencia por darle al gatillo contra los reporteros que estaban enfrente. Algunas voces han apuntado la posibilidad de que, al tener a 500 «incrustados» viajando con las tropas, seleccionados e instruidos por el Pentágono, «prensa amiga» al fin y al cabo, el resto de la prensa se convierte en posible objetivo. Simplemente, en un silogismo barato, porque se encuentra en el otro lado, en el de «los malos». En el lado en el que se dispara sin remilgos porque está lleno de iraquíes. Porque si un periodista aparece empotrado con el enemigo debe de ser necesariamente un enemigo.

Desde el punto de vista de la deontología profesional los *embedded*, en su inmensa mayoría norteamericanos y británicos, han demostrado una excesiva docilidad informativa. Con la honrosa excepción de los pocos periodistas europeos que también viajaban incrustados con esas mismas tropas, se han contentado con narrar las hazañas bélicas que les contaban los mandos de las unidades a los que estaban asignados, sin apenas cuestionar esas acciones. En muchos casos ni siquiera han sido ellos testigos de los combates. Viajaban en destacamentos a varios kilómetros por detrás de las unidades de choque. Cuando llegaban a la zona de pelea ya se había limpiado el lugar y se habían retirado muchos de los cadáveres de los soldados o civiles iraquíes.

Se pueden comparar las crónicas enviadas por la corresponsal de *El Correo*, Mercedes Gallego, o el reportero de la agencia Efe, Alfonso Bauluz, empotrados con los marines, con las de los reporteros norteamericanos que los acompañaban. No hay color. Los españoles se las apañaban incluso para conseguir enviar información aunque pareciera que no decían nada. Para construir crónicas de color cuando no podían contar su día a día. Para narrarnos a todos la dureza de la vida en el desierto, o dentro de un tanque, y reflejarnos la cuadriculada, y casi siempre escasamente amplia, visión del mundo de esos soldados. Periodistas como Bauluz o Gallego, y algunos otros colegas europeos, salvaron a los *embedded* y al espíritu que alimentaba el reporterismo desde dentro de las tripas del ejército atacante.

No ha habido voces críticas entre los empotrados anglo-norteamericanos, y es difícil pensar que ninguno de los 500 periodistas que acompañaban a las tropas norteamericanas no haya estado en situaciones de combate donde se hayan producido «irregularidades». En todas las guerras se cometen fallos. En todas las guerras se incumplen las leyes de la guerra. Siempre habrá un soldado demasiado joven, o demasiado nervioso, o con demasiado estrés, que cometa alguna barbaridad. Es consustancial a la guerra.

Tan sólo un incrustado, Willian Branigin, del *The Washington Post*, cuestionó la versión oficial de un incidente ocurrido en la zona de Nayaf que costó la vida a los ocupantes de una furgoneta. La versión oficial aseguraba que un vehículo se saltó un control estadounidense, y que después de darle el alto, de efectuar varios disparos al aire, y posteriormente varios disparos a las ruedas, a los miembros del Comando Bravo de la Tercera División de Infantería no les quedó otra opción que disparar a los ocupantes. Siete personas murieron.

Pues bien, esa versión fue desmentida por Branigin, que lo vio todo. Los soldados nunca dispararon al aire o a las ruedas, ni siquiera dieron el alto, simplemente, aniquilaron a los ocupantes de la furgoneta, que por cierto, eran diez, incluidos cinco niños. Branigin confirmaba que el vehículo se había saltado el control y que en aquellos días había mucho miedo a los atentados suicidas, pero que el control no estaba debidamente señalizado, y que es probable que la familia de beduinos que iban dentro no entendieran las siglas de STOP en inglés o las marcas de reducir la velocidad colocadas en esa carretera por los soldados.

Seguramente ese incidente cambió la relación del reportero con las tropas a las que estaba adjudicado. Seguramente pasarían a verle como «ese cabrón desagradecido» que ha contado lo que nunca debió contar. Y es que muchos empotrados, incluso algunos que no eran necesariamente ni norteamericanos ni británicos, desarrollaron una especie de «síndrome de Estocolmo» con los soldados de las unidades en las que viajaban. Una relación especial que les llevó a minimizar algunos episodios que, en otras circunstancias, serían denunciables. Este hecho es hasta comprensible. Porque todos aquellos periodistas, de alguna manera, ponían su vida en manos de esas tropas. Viajaban con ellos, dormían con ellos, comían con ellos y peleaban con ellos.

Si algo ocurría, si se producía alguna emboscada iraquí, esos soldados iban a defender con sus armas a los periodistas que se escondían dentro de los todoterreno. En esas circunstancias, la relación de dependencia emocional que se crea es muy fuerte. Y esa relación puede llevar a cierta permisividad. A hacer la vista gorda. Algo parecido pasaría si reporteros españoles fueran en una unidad, digamos, de legionarios, desplazada a Irak en zona hostil. Se entabla una buena relación con esos soldados, se habla el mismo idioma, se ríe con sus chistes, se comparte sus latas de lentejas, se escuchan sus historias y se ven las fotos de sus novias, y además, uno sabe que si hay una emboscada su vida depende de ellos. Todo eso hace que pueda existir cierta complicidad a la hora de juzgar con severidad cualquier utilización desproporcionada de las armas.

Le pasó a los periodistas empotrados con las unidades de tanques que dispararon contra el hotel Palestina. Justificaban la acción asegurando que si dispararon era porque tendrían razones para hacerlo. Habría que ver qué habrían pensado si ellos hubieran estado en el hotel.

Por todo esto, muchos periodistas rechazan la figura del *embedded*. Consideran que es una manera de dar bazas a los militares para que puedan controlar la información de la guerra. La selección que se hizo de periodistas incluía una serie de charlas retóricas sobre cómo se debía reportajear desde el frente. Qué normas se debían seguir para no proporcionar información militar sensible o no dar pistas al enemigo. Esos «consejos» eran de obligado cumplimiento o podían acarrear la expulsión del periodista. Aceptar esas condiciones significaba dar una información muy sesgada y completamente tamizada, pero la experiencia valía la pena.

Un reportero del *Christian Sciencie Monitor* fue expulsado de manera fulminante al principio de la guerra cuando reveló, con todo lujo de detalles, su posición. Otro reportero de la Fox también fue enviado a casa cuando se le ocurrió dibujar en la arena el lugar en el que se encontraban. Dibujó las fronteras y los ríos, con lo cual delataba prácticamente las coordenadas de su unidad. Muchos de esos periodistas empotrados, sobre todo los norteamericanos, aceptaron de manera entusiasta ese tipo de cobertura. Nunca cuestionaron lo que les decían que tenían que decir. Repetían los partes de guerra del jefe de su unidad sin ningún atisbo crítico. Sin ningún comentario que hiciera pensar al espectador que el periodista no parecía ser el portavoz oficial de la compañía.

En el contrato que firmaron con el Pentágono se les aseguraba que estarían sometidos a los mismos «riesgos y penalidades» que las tropas y que entrarían en combate con ellas. Muchos de ellos iban vestidos, incluso, como los propios soldados norteamericanos. Con los mismos trajes de camuflaje del desierto, las mismas botas, las mismas cantimploras. Muchos se mimetizaron completamente con los soldados y era imposible distinguirlos. Parecían auténticos marines. Un periodista francés que estuvo en Bagdad durante la guerra se preguntaba: «Si los nazis hubieran llevado periodistas empotrados en los ejércitos del III Reich, ¿éstos habrían vestido el uniforme de las SS portando la esvástica?».

Para muchos de esos periodistas norteamericanos era su primera guerra y la iban a hacer con «sus chicos», con sus propias tropas. El nivel de muchos de los reporteros era muy bajo. No sólo porque no estuvieran profesionalmente capacitados para cubrir un conflicto, sino porque estaban absolutamente convencidos de que ellos iban también a hacer la guerra. A luchar con su ejército. Querían enviar apasionantes hazañas bélicas como las que han visto desde siempre en las películas de la Segunda Guerra Mundial o de Vietnam. Hasta la cadena musical juvenil MTV había conseguido colocar a un reportero. Se ha hecho famoso otro cronista de una cadena de radio estadounidense que retransmitió en directo cómo su columna estaba, por fin, después de varios días de combate, «cruzando el río Ganges». Cuando el locutor le recondujo y le dijo que sería el río Éufrates, el ensimismado empotrado norteamericano respondió: «Bueno, es igual, uno de esos ríos de la Biblia». Ése era el nivel de muchos de los incrustados.

Los que seguramente más se la jugaron son los que el Pentágono llamó «unilaterales», los que iban por su cuenta. Los que no fueron seleccionados para acompañar a las tropas norteamericanas ni consiguieron el visado iraquí para entrar en Bagdad. Los que pese a todo eso no quisieron perderse la guerra y entraron por el Kurdistán, acompañando a las milicias *peshmergas*, o viajaron desde Kuwait, siguiendo el avance estadounidense, muchas veces sobrepasando a esas tropas y quedándose en tierra de nadie.

Cuando el Comando Central dio orden a sus soldados de cruzar la frontera y atacar, muchos periodistas ya aguardaban ansiosos en ese borde, con sus todoterreno cargados de bidones de gasolina. Su única opción era dejar pasar a las columnas de blindados y después colocarse detrás, a su rebufo, a cierta distancia, para entrar en Irak. En muchas ocasiones esos periodistas iban más rápido incluso que las propias unidades de combate. Son muchos los que han contado que soldados británicos o norteamericanos les aseguraban que una determinada ruta era segura y ellos se adentraban en ella para acabar atrapados entre ambos ejércitos. O peor aún, detenidos por los iraquíes, como les pasó a cuatro reporteros italianos que llegaron al centro de Basora antes que las tropas del Reino Unido. Los británicos ya habían anunciado que habían tomado la ciudad, pero era falso. Según me contaron Vittorio de Luba, de *Il Mattino* de Nápoles, y Francesco Battistini, de *Il Corriere della Sera*, cuando comprobaron que no había un solo soldado aliado en Basora fue tal su desconcierto y su miedo que decidieron entregarse al primer uniformado iraquí que vieron, que resultó ser un policía municipal.

Otros no tuvieron tanta suerte, como el equipo de ITN formado por Fred Nerac, Terry Lloyd y Husein Othman, que fueron cogidos en medio de un fuego cruzado y tiroteados por las tropas estadounidenses. Esa condición de periodista, que ahora los americanos quieren bautizar como «unilaterales» es con la que hemos trabajado casi siempre los reporteros que acudimos a conflictos bélicos. Así ha sido en Afganistán, en los Balcanes, o en el Congo. En las guerras, los periodistas siempre van por su cuenta; lo anormal es ir de empotrado.

En la invasión de Irak hubo otro tipo de periodistas: los que estaban empotrados con los brigadistas internacionales. Esos colegas tuvieron que hacer una cobertura diferente a la del resto de periodistas que permanecieron en Bagdad. Durante los meses previos a la guerra numerosos cooperantes y pacifistas viajaron a Irak para ofrecerse como escudos humanos en algunos casos, y en otros simplemente para mostrar su rechazo a la guerra y su apoyo al pueblo iraquí. A los primeros, el gobierno de Sadam los alojaba en refinerías y centrales eléctricas para que éstas no fueran destruidas gracias a su presencia. A los segundos les hospedaban en hoteles pequeños y les organizaban una serie de actividades, como visitas a escuelas y hospitales, o encuentros con responsables políticos y líderes comunales. En ambos casos, unos funcionarios iraquíes adscritos al Ministerio de Asuntos Exteriores coordinaban todos sus actos.

Algunos periodistas lograron entrar en Irak camuflados como brigadistas, porque todos los cooperantes llevaban siempre invitado a algún medio de comunicación. Ésta fue la puerta de entrada al país de muchos periodistas que de otra manera no habrían obtenido el visado. Algunos de ellos, una vez dentro, se desmarcaban de los pacifistas y se dedicaban a trabajar exclusivamente como periodistas en guerra. La mayoría de ellos fueron detectados por los funcionarios del Ministerio de Información y expulsados del país.

Otros decidieron seguir las reglas del juego y quedarse adscritos exclusivamente a los grupos de internacionalistas solidarios con los que habían viajado. Esto supuso que su circuito de trabajo era el mismo que los brigadistas: universidades, talleres, hospicios. Una fuente inagotable de historias humanas pero que, evidentemente, eran sólo la cara amable del régimen. El Irak que quería vender el Ministerio de Exteriores.

Los periodistas que permanecieron de esta manera en Bagdad gozaron de más libertad que el resto, porque no estaban sometidos a la vigilancia extrema e inclemente de los *mujabarat*. No podían hacer la información que les hubiera gustado, desde luego, pero no sufrían las censuras del resto. Una decena de concienciados pacifistas españoles permanecieron en Bagdad durante los 20 días de bombardeos, organizando un auténtico búnker en el gimnasio del hotel Cedar, donde se alojaban con media decena de periodistas españoles. Allí fueron testigos de los bombardeos contra el Ministerio del Aire, que quedaba a apenas 200 metros de ese hotel y que llegaron a mover todos los pilares del edificio. Durante el día apenas nos cruzábamos con estos reporteros, porque trabajábamos en registros informativos diferentes, pero muchas noches nos juntábamos para compartir el salchichón que alguno tenía escondido, jugar al mus o simplemente charlar un rato.

Con tanto periodista empotrado, unilateral, o destinado en los países limítrofes a Irak, el caso es que en Bagdad, tras la estampida del día 17 de marzo, apenas quedaron 200 reporteros y técnicos. Podríamos decir que estábamos «empotrados» con el gobierno iraquí, pero seguramente la fórmula de trabajo era muy diferente. No era el caso.

De esos dos centenares de periodistas, sólo una decena eran norteamericanos. Una decena de honrosas excepciones. Esa situación de excepcionalidad ha hecho que éste sea, desde la guerra civil española, el primer conflicto que no es monopolizado por los medios de comunicación norteamericanos. No estaba la CNN, no estaba la Fox, ni la ABC, ni la NBC, nadie. Esta guerra no la han contado los anglosajones, sino los periodistas europeos, mediterráneos sobre todo, y árabes. Muchos reporteros nos hemos dado el gusto de desmentir informaciones que aparecían como *breaking news* en la CNN. En una ocasión abrieron su informativo con un supuesto bombardeo del centro de Bagdad. Pese al descreimiento de nuestros jefes que seguían citando a la televisión de Atlanta, nuestro argumento fue contundente: nosotros estábamos allí y ellos no. Nosotros podíamos asomarnos a Bagdad para comprobar si caían las bombas y ellos lo contaban desde Jordania. Aquel día, en aquel momento, no se bombardeaba la capital. Nosotros contábamos la guerra y los medios norteamericanos nos seguían. Esta vez nosotros ganamos a la CNN y eran ellos los que nos miraban de reojo.

La guerra de Irak no sólo ha supuesto el final del monopolio informativo norteamericano, sino que, en lo que respecta a la prensa española, ha sido también una especie de pérdida de la inocencia. Se le ha perdido el respeto a los medios estadounidenses. Ellos no estaban en Bagdad. Ellos no fueron bombardeados y nosotros sí.

La prensa española, además, ha dado una lección de arrojo e independencia. De rigor y personalidad. Todo lo contrario que los medios de comunicación norteamericanos, cuyo patriotismo exaltado hizo prácticamente que «nacionalizaran» todas las informaciones. Los informativos de las grandes cadenas eran auténticos *No-Dos* de la guerra, en los que sus tropas aparecían siempre como libertadores o *freedom fighters*. Eran publirreportajes en los que nunca se cuestionó un solo incidente bélico, por muy evidente que fuera.

Los reporteros de cadenas como la NBC, cuando retransmitían su entrada en alguna ciudad recién tomada por los marines, parecía que ellos mismos la estaban liberando. Se les veía entusiasmados encima de esos blindados que los protegían. Sonrientes. Sabiéndose, ellos también, héroes de guerra. Personajes populares que serían recibidos en sus pueblos con globos y serpentinas. A los que se agasajaría con desfiles en carrozas y que darían conferencias por todo el Estado contando su valor en la guerra de Irak y cómo derrotaron a los infieles.

Un *anchor*, un presentador de Fox News, la cadena ultraconservadora de Rupert Murdoch que ha fagocitado al resto de televisiones en cuanto a triunfalismo y americanismo, exclamó al dar la noticia del bombardeo a la sede de la televisión Al Jazira: «*Its about time*», que «ya era hora». La militancia nacionalista y patriótica de estos medios sonrojaría a cualquier espectador medio europeo. Sin ningún pudor, sin ningún rubor. Los presentadores de esa cadena casi estallan en gritos de júbilo cuando los marines taparon la cara de la principal estatua de Sadam con la bandera de EE.UU.

Fox News fue capaz de aplaudir que esos soldados norteamericanos taparan después la misma estatua de Sadam Husein con la antigua bandera de Irak, la de antes de 1991, porque en ella, decían, no estaba escrita la sentencia «*Allah uk akbar*», Dios es grande, que el presidente derrocado había impuesto desde ese año. Y el presentador de la Fox se congratulaba de este hecho mientras en la parte superior izquierda de su imagen, junto al logotipo de su cadena, flameaba una bandera norteamericana, las barras y estrellas, sobre la leyenda «*God bless America*», Dios bendiga América. Cuestión de dioses y de quien crea en ellos.

Los conchaveos entre los soldados norteamericanos y sus

televisiones de cabecera llegaron a mucho más, desde luego. Los periodistas de esas cadenas fueron siempre premiados con los mejores puestos en las unidades más avanzadas. Con un trato de favor a la hora de conseguir información. Esa especial relación la pudimos ver reflejada el 10 de abril en la recepción del hotel Palestina, dos días después de que las tropas dispararan contra ese hotel y mataran a José Couso. Ese hotel era, desde aquel día, el cuartel general de los marines, y los periodistas empotrados que les acompañaban comenzaron a coger habitaciones para descansar después de 20 días en el desierto.

También fueron llegando ese día desde Kuwait y desde Jordania todos los reporteros norteamericanos que habían salido huyendo de Bagdad al comienzo de la guerra. Entre otras grandes figuras, arribó al hotel Christian Ammanpour, la gran estrella de la CNN. Una mujer valiente que intenta llegar siempre la primera a todo y que entra en las historias sin paracaídas. Hasta el fondo. Se había pasado todo el conflicto en Kuwait, y ese día llegaba por fin a Bagdad cargada de maletas. Lo chocante de todo esto era que las maletas se las llevaban varios marines, con sus M-16 a la espalda. La escena era memorable. Toda una alegoría de la falta de objetividad y profesionalidad de la prensa norteamericana. Varios periodistas que llevábamos meses en Bagdad y que contemplamos la entrada en recepción de Ammanpour, nos dimos unos cuantos codazos. «Yo nunca dejaría que los legionarios me llevaran las maletas», exclamó Carlos Hernández, de Antena 3.

7

PERIODISTAS Y ESPÍAS EN BAGDAD

Había en Bagdad un periodista norteamericano que decía trabajar como colaborador para una televisión. Era pequeño, rubito y llevaba el pelo siempre cortado como un marine. Hablaba varios idiomas: inglés, francés, italiano, árabe y algo de castellano. Tenía una habitación en el hotel Palestina en la planta 14, la misma que nuestra suite, al final del pasillo. Siempre pensamos que realmente era un espía.

No hablaba mucho, apenas se relacionaba con otros colegas y llevaba siempre una pequeña agenda electrónica donde tomaba sus notas. Le observamos durante varios días. Había en su actitud algo que resultaba extraño. No preguntaba en las ruedas de prensa, porque ni siquiera asistía. Aunque trabajaba para una televisión, nunca llevaba cámara. Y cuando acudíamos a comprobar los destrozos de algún lugar que había sido bombardeado por la aviación norteamericana se le podía ver entre los escombros, deambulando, como comprobando los daños para hacer un informe técnico y no una crónica periodística.

Este reportero fue la última persona que salió del Ministerio de Información, donde supuestamente había hecho un directo con su televisión, antes de que fuera bombardeado. Fue el último periodista que estuvo dentro. A las pocas horas de que abandonara el edificio, un misil impactó contra la colonia de antenas parabólicas que había en el tejado. Aquella coincidencia fue para nosotros la prueba definitiva. «Éste ha comprobado que ya no quedaba ningún periodista dentro del ministerio y ha dado el OK para su destrucción», comentamos José Couso y yo entre bromas. Por supuesto, nunca tuvimos pruebas de todo esto que estoy diciendo, pero estábamos íntimamente convencidos de que ese tipo, y seguramente otros supuestos periodistas, eran realmente espías.

Por curiosidad, le dije a Couso que grabara disimuladamente unos planos de todos aquellos que nos parecían sospechosos. Por si acaso. Nunca se sabe. Durante uno de los tours en autobús que el ministerio organizaba para la prensa, en los que nos llevaban a ver hospitales llenos de heridos o los destrozos de los bombardeos de la noche anterior, intenté hablar con el norteamericano rubito. Me senté a su lado y traté de hacerme el simpático. No conseguí nada más allá de un par de frases de cortesía. El tipo era duro. El autobús nos llevó hasta la central telefónica de Albia, devastada por un misil que había dado en el centro del edificio. Desde la ventana del autobús, a través de los cristales sucios de arena seca, podíamos ver los destrozos. «A trabajar», fue lo único importante que me dijo cuando nos detuvimos delante de esa subestación.

Al bajar del autobús le dije a mi cámara que no había conseguido sacarle nada, pero que su actitud reacia me había convencido aún más.

–Ya tengo mote para éste –le dije a José–. Le llamaremos «*quiet man*», el americano impasible. Es como el espía yanqui que retrata Graham Greene en Vietnam.

Mientras caminábamos entre cascotes, acercándonos a la central, Couso grabó al americano durante unos segundos. «¡Por seguridad!», me dijo José, repitiendo una muletilla que nos había pegado a todos Fernando Matei, el cámara de Antena 3. Sin embargo, mientras le grababa, el supuesto espía se volvió hacia nuestra cámara y José tuvo rápidamente que disimular enfocando otra cosa. Ese giro brusco hacia nosotros nos pareció definitivo. El sujeto se notaba observado y se había puesto nervioso. Sonreí pensando que había descubierto a un espía. Pero a la vez pensé que a lo mejor yo había visto demasiadas películas y que tantos días en Bagdad, bajo las bombas, me estaban haciendo perder el norte.

Volví de mis elucubraciones y miré hacia delante, hacia el hueco donde una vez había estado la subestación telefónica de la zona centro de Bagdad. El misil había entrado por el tejado y, después de penetrar hasta la segunda planta, había estallado en el interior, reventando todo el edificio desde dentro. Aquello era una maraña de cables, conexiones y tubos. La explosión de esa noche, junto a los destrozos causados en las centrales de Sink y en la de Sanun, habían dejado Bagdad sin teléfono.

El edificio se mantenía en pie a duras penas, pero tenía todas sus tripas al aire. Couso y yo penetramos en su interior. Mientras él grababa el enorme cráter abierto en el subsuelo de la central, yo busqué con la mirada al periodista-espía. No me quitaba de encima la idea de que era un agente de la CIA o del Pentágono. Y esa idea me parecía más atractiva que la de volver a hacer otra crónica sobre otro edificio civil bombardeado. Salté por encima de un grueso trozo de techo desprendido y entonces le vi al otro lado del agujero. Me estaba mirando con cara seria. Le saludé levantando levemente la cabeza, para disimular, y me puse a tomar unas notas.

–El espía nos observa –le dije a Couso–. Sigue grabando y no le mires.

–¿Nos ha descubierto? –me contestó con el cigarrillo en la boca.

–Capullo –le dije–, en todo caso le habremos descubierto nosotros a él. Que el espía es él, no nosotros.

Nos reímos. Y en ese mismo instante, Couso, que estaba grabando dentro del boquete, en el que se habían introducido unos cuantos periodistas, me preguntó: «¿Qué coño están haciendo esos chinos?, ¿qué llevan en la mano?».

Miré abajo, hacia el agujero enorme que había provocado la terrible explosión del Tomahawk, y vi a dos periodistas chinos que apuntaban hacia los fragmentos de misil con un aparato electrónico. No era una cámara de vídeo. No era una cámara de fotos. Era un contador geiger y estaban midiendo los niveles de radiactividad. «¡Couso, estamos rodeados de espías!», exclamé. Nos quedamos mirando embobados cómo los dos chinos, de manera furtiva para que no les vieran los guías del ministerio, saltaban de un lado a otro activando el contador en todos los trozos de metal que veían.

De forma disimulada, José grabó a los dos periodistas. Los dos llevaban colgando de su hombro una pequeña cámara de vídeo, pero ninguno parecía demasiado interesado en tomar imágenes de la subestación bombardeada, pese a que ésa iba a ser la noticia del día. Ni siquiera cogían apuntes o escuchaban las explicaciones de los vecinos de la zona sobre cómo habían sentido la explosión. Ellos estaban concentrados en analizar palmo a palmo los niveles de radiación en la zona.

Cuando pasaron a nuestro lado, el aparato lanzó un breve pero inequívoco «gre-gre-gre». Se nos puso cara de idiotas asustados. Couso me miró como diciéndome: ¡pregúntales algo! Me acerqué a ellos. Discutían acaloradamente en chino, y cuando llegué a su altura, de repente, se quedaron callados.

Con esa expresión que uno pone cuando no quieres que te escuchen lo que estás diciendo. ¡Como si yo entendiera chino! Cada vez estaba más convencido de ver espías por todas partes.

–¿Habéis encontrado restos de uranio enriquecido? –les pregunté en inglés con toda naturalidad. Como si yo también acostumbrara a llevar contadores geiger, junto a mis linternas o mis botes de Nescafé, cuando me voy a cubrir una guerra.

–No, nada de nada, está todo limpio –me dijo escuetamente el que parecía mandar de los dos. En ningún momento perdió esa expresión de amabilidad oriental que suelen tener los chinos cuando les preguntas algo.

–Es que como el geiger ha pitado al pasar a nuestro lado, he pensado que a lo mejor estábamos encima de algún misil radiactivo –comenté con la mejor de mis sonrisas.

–No, tranquilo, el aparato no ha detectado nada –me respondió el mismo. Otra vez de manera escueta.

Aquel día arrancamos nuestra crónica sobre los bombardeos de esos edificios que el Pentágono calificaba «de doble uso civil y militar», con la imagen de los dos supuestos reporteros orientales. En el texto decíamos: «Si estos dos reporteros chinos encuentran restos de uranio enriquecido en los misiles que EE.UU. está lanzando sobre Bagdad tendrán una exclusiva periodística de alcance mundial, pero su actitud hace pensar que el chaleco de reportero es sólo un disfraz, y que, como dice el Pentágono, también existen periodistas de doble uso civil y militar». Desde aquel día quedé completamente convencido de que en la pléyade de reporteros, enviados especiales y periodistas que pululaban por Bagdad durante la guerra contra Irak, había muchos espías de diferentes gobiernos, estuvieran o no involucrados en el conflicto. No sólo a los norteamericanos les interesaba tener agentes infiltrados en el interior del país que atacaban. Supuse que todos los servicios secretos del mundo estarían encantados de tener a alguien en Bagdad.

Si esos chinos trabajaban efectivamente para su gobierno y hubieran descubierto restos de radiactividad en los misiles, esa información habría sido muy jugosa en manos de una potencia con derecho a veto en el Consejo de Seguridad de la ONU. Supuse que Francia o Alemania, tan reticentes a entrar en guerra, tendrían allí agentes. Sobre el terreno. Informando del transcurso del conflicto. Proporcionando esos datos sensibles y vitales que sirven para fijar las posiciones diplomáticas de cada país. Que Rusia habría introducido algún espía entre la veintena de periodistas de esa nacionalidad que se alojaban en el hotel Palestina. Que hasta España podría haber mandado a alguien a Bagdad, aunque me conocía a todos los colegas desde hacía tiempo y eso era casi imposible, pero ¿quién me garantizaba que alguno de los brigadistas que acudieron como escudos humanos no fuera un agente del CNI?

En aquellos días, los periodistas acreditados eran los únicos extranjeros, junto a los diplomáticos de las embajadas, que podían permanecer en el país. Así que la cobertura era perfecta. Y no sólo era perfecta, sino además estupenda. Un espía disfrazado de periodista podía preguntar sin levantar sospechas, pues ése era su trabajo. Todos los reporteros eran trasladados por el ministerio, en autobuses, a las zonas bombardeadas la noche anterior. De esta manera, un espía podía comprobar los daños causados, los errores cometidos, buscar nuevos objetivos. Podía hacer lo que los expertos llaman «análisis e inteligencia», es decir, espionaje, sobre el terreno y sin levantar sospechas. Podía, además, mandar la información con su propio teléfono por satélite, como si estuviera enviando sus crónicas.

El gobierno iraquí era consciente de que se le habían colado numerosos espías entre los periodistas acreditados. Había cierto ambiente de caza entre los hombres del Ministerio de Información. Y a medida que avanzaba la guerra, iba subiendo su nivel de desconfianza. El 23 de marzo, al quinto día de la guerra, el ministerio convocó a los periodistas a una rueda de prensa de Tarek Aziz en el hotel Sheraton. Cuando la sala estuvo llena, las puertas se cerraron y apareció la figura oronda y tremenda de Sultan Hashim Ahmad, el Ministro de Defensa de Sadam Husein. Iba a dar el primer parte de guerra oficial del gobierno, pero para evitar que cualquier espía pudiera avisar rápidamente a los norteamericanos de que el máximo responsable del ejército iraquí se encontraba localizado, nos hicieron creer que la comparecencia era del vicepresidente Aziz.

El general Sultan nos aseguró que la moral de sus tropas era alta y que, aunque los norteamericanos estaban avanzando, no podían conquistar ninguna ciudad. Cuando acabó la rueda de prensa el general se fue con todos sus escoltas. Los periodistas nos lanzamos hacia las salidas para mandar la crónica de ese primer parte de guerra, pero las puertas estaban cerradas. Nos tuvieron allí unos diez minutos. Tiempo suficiente para que el Ministro de Defensa hubiera dejado la zona y se encontrara bien lejos. Evitaron así que ningún periodista diera la pista sobre dónde estaba el ministro. Un funcionario del Ministerio de Información nos reconoció después que el temor no era a que los norteamericanos bombardearan la sala donde se daba la rueda de prensa, sino que sabiendo dónde estaba pudieran seguir con los satélites la caravana de coches del general y aniquilarlo en alguna carretera de Bagdad.

Los propios iraquíes empezaron a desconfiar de la avalancha de brigadistas y pacifistas solidarios que llegaron a Bagdad desde todas las partes del mundo. Los servicios de inteligencia de Sadam detectaron que entre todas esas personas bienintencionadas se podrían estar infiltrando agentes encubiertos. La cobertura también era muy buena, porque todos esos internacionalistas contaban con el beneplácito del gobierno iraquí y eran mimados por él.

Las visitas guiadas a fábricas, hospitales, universidades y los encuentros oficiales con personalidades del régimen en sus propios despachos proporcionaban una información muy útil. Un buen espía habría así conseguido datos sobre las infraestructuras del país, sobre la situación social y política, sobre la distribución interior de ministerios o edificios oficiales o sobre las redes internas de poder.

Muchos de estos voluntarios se ofrecieron al gobierno de Sadam como escudos humanos. Algunos de ellos fueron asignados a grandes centrales eléctricas y refinerías de los alrededores de Bagdad, donde podían también obtener información valiosa de uso militar: si había o no actividad en esas fábricas, si se producía gasolina y en qué cantidad, si el carburante se destinaba al ejército o a uso civil, en qué dirección salía, si un sabotaje o un ataque con misiles a cualquiera de esas fábricas podría sumir a la ciudad en el caos al dejarla sin luz o sin combustible...

En fin, que poco antes de que comenzara la guerra el gobierno iraquí decidió acabar con la llegada de cooperantes e incluso expulsó a algunos de ellos. A todo esto contribuyeron los rumores que corrieron esos días por Bagdad de que los brigadistas estaban infiltrados por la CIA y el MI-6 británico. El hecho de que muchos de los brigadistas con los que hablábamos se negaran a ser entrevistados o fotografiados, que no nos proporcionaran ningún dato sobre su vida o las localidades donde residían, y que no dieran más que su nombre de pila, alimentaba esas sospechas. «Es que mi familia no sabe que estoy aquí», decía alguno justificándose. Seguramente era cierto, pero la sospecha no nos la quitaban de encima.

Entre nosotros, los periodistas-periodistas, comentábamos que cualquier servicio de espionaje hubiera deseado colocar un topo en los grupos de internacionalistas que viajaron a Irak. Para utilizarlo como agente durmiente en su propio país. Un infiltrado policial que hubiera hecho sus méritos como cooperante internacional en el Bagdad de los ataques aéreos conseguiría una inmejorable imagen de luchador. Se ganaría la confianza de los verdaderos brigadistas. A la vuelta a su país nadie podría discutirle su compromiso con los movimientos antiglobalización, pacifistas o de izquierda radical, que tanto gusta infiltrar a las policías de todo el mundo. En cualquier caso, la mayor parte de los pacifistas que acudieron aquellos días a Irak, especialmente aquella decena de locos maravillosos españoles que se quedaron en Bagdad durante toda la guerra, lo hicieron por puros principios y con absoluta buena fe.

La utilización de la tapadera de reportero por agentes encubiertos no es una novedad en la guerra iraquí. Ni siquiera es una novedad la existencia de periodistas que colaboren además para los servicios de inteligencia de su propio país. Es bastante evidente que se utiliza muy a menudo y que los que sólo tratamos de hacer periodismo tenemos que convivir con estos sujetos. A algunos se les nota enseguida. A otros nunca.

Los servicios secretos son una máquina insaciable de captar información. Venga de donde venga. Por ejemplo, un periodista de un país sudamericano puede informar a su propia agencia de espionaje sobre las luchas internas en Liberia, en

África. Seguro que a sus servicios no les sirven de nada esos datos, pero ya se encargarán de traficar con esa información y trasladarla a, por ejemplo, EE.UU., que en 2003 acabó implicándose en aquella guerra y mandando a sus marines.

Cualquier cosa vale. Cualquier dato es bueno. Un periodista informando desde Kosovo, durante los ataques de la OTAN, o desde Afganistán, durante la operación Libertad duradera, es mucho más valioso que los análisis de inteligencia hechos por varios expertos consultando mapas o fotografías de satélites. Imagínense si ese periodista es por ejemplo español. No digo que existan, pero imagínenselo, porque en ambos lugares, Kosovo y Afganistán, fueron luego enviadas tropas españolas. Su aportación sería espléndida para saber en qué lugares se van a desplegar las tropas y qué recibimiento van a tener.

Afganistán fue uno de esos sitios en los que se hizo más evidente que nunca la presencia de agentes encubiertos entre los reporteros. Seguramente fue porque los que se hicieron pasar por periodistas eran casi todos miembros de las fuerzas especiales norteamericanas y estaban en una estupenda buena forma física. Es decir, había muchos Rambos entre los reporteros. Demasiados. Tipos con casi dos metros de altura, espaldas enormes, andares y actitud de John Wayne, y equipados con la última tecnología en teléfonos por satélite.

Los dominios de la Alianza del Norte antitalibán, a 40 kilómetros de Kabul, se poblaron de miembros de los Seal, de los Delta Force, de los Rangers y de los Boinas Verdes. Aquellos tipos no se interesaban por las ruedas de prensa del portavoz de la Alianza, Abdulá Abdulá, ni siquiera por hacer reportajes de corte social sobre el burka que llevaban las mujeres, o la vida de pastoreo de muchos tayikos. No. Preferían las aproximaciones al frente, los paseos por carreteras o túneles que podrían ser utilizados en un futuro transporte de tropas, o las visitas al aeropuerto de Bagran, desde donde se podían ver las posiciones de los talibanes. Si el grupo de reporteros que nos aventurábamos a primera línea nos contentábamos con sacar unos planos de las trincheras, ellos, utilizando unos prismáticos de alta tecnología, cogían notas que más bien parecían coordenadas de posición para futuros bombardeos desde los B-52.

Coincidimos varias veces con un tipo de ésos. Era enorme y bien parecido. Llevaba el pelo rubio cortado a cepillo y ni siquiera se lo había dejado crecer un poco para disimular. Las pocas mujeres periodistas que se encontraban en la zona se fijaron enseguida en él porque su físico era realmente espectacular. Nosotros siempre sospechamos de él. De su actitud huidiza. De que fuera demasiado a su aire. De que nadie le conociera. De que otros reporteros norteamericanos, cuando les preguntábamos, se encogieran de hombros y pusieran cara de «ya sabes...».

Pero la prueba irrefutable de su pertenencia a la unidad de élite de los Delta Force nos llegó un año después, cuando un amigo me envió una revista francesa semestral que sólo se vende por suscripción y cuyo título era *Special forces in Afganistan*. Allí pude ver una foto de este sujeto, sonriente, sentado junto a una ventana donde había colocado lo que parecía ser una pequeña antena parabólica de transmisión por satélite. Estaba de espaldas, con las piernas cruzadas al estilo afgano y miraba a la cámara. En su pantalón, dentro del cinturón, llevaba una pistola y al lado, junto a una mesa, reposaba de pie un subfusil.

Enseñé esa revista a la productora Ana Crespo, que me había acompañado a Afganistán. Lo reconoció enseguida. Era la confirmación de algo que sospechábamos que existía.

En esa revista había también un reportaje sobre la cara más amable de estos grupos tácticos. Los norteamericanos les llaman los TPT (Tactical Psychological Team), pero son más conocidos como los *psyops*, es decir, los «psicólogos de operaciones especiales». También habían actuado en Afganistán. Era una unidad muy poco conocida que también utilizaba coberturas de periodista o de cooperante de ONG. Se dedicaban a explicar a la población local por qué vienen tropas norteamericanas a su país y por qué tienen que colaborar con ellas.

Estos soldados, muchos de ellos psicólogos, se enteran de cómo piensa la gente, cuáles son sus necesidades. Y con todos esos datos son los encargados de elaborar las octavillas que luego se lanzan desde el aire con eslóganes contra Bin Laden, el mulá Omar o Sadam Husein. Durante los días de la invasión de Irak, aviones de la coalición lanzaron pequeñas papeletas en blanco y negro en las que, sobre las fotos borrosas de soldados estadounidenses, se podía leer: «Venimos a acabar con el régimen del dictador y a ayudar al pueblo iraquí». Las hojas caían en lugares que habían sido previamente bombardeados o que iban a serlo en breve, y pretendían lanzar un mensaje amable a la población local para lograr ese ansiado recibimiento popular con flores y palmas.

En lenguaje militar, estos soldados utilizan «técnicas no violentas en ambientes hostiles». Las fuerzas españolas desplegadas en Irak, en la zona de Diwaniya, también tenían un grupo de *psyops*, llamados Cimic, un entusiasta grupo de jóvenes soldados que eran los que más se relacionaban con la población para conocer todos esos datos que podían servir para entender mejor la psicología de los iraquíes.

No sé con certeza si hubo *psyops* y otro tipo de fuerzas especiales infiltrados entre los periodistas en Bagdad. Quizá esa revista de publicación restringida acabe demostrándonos que algunos de nuestros supuestos compañeros, efectivamente, no eran periodistas. Pero a pesar de que alguno no lo fuera, el ambiente era estupendo entre aquel heterogéneo grupo de corresponsales. Poco antes de que estallara la guerra, poco antes de aquella desbandada de periodistas del día 17 de marzo, habría aproximadamente unas 300 personas en Bagdad, entre reporteros, fotógrafos y técnicos de televisión. Muchos de ellos con periquitos.

Alguien había hecho correr la voz de que si se producía uno de los temidos ataques con armas químicas o biológicas, los pájaros serían los primeros en reconocer los agentes nocivos y morir. Alguien había convencido a mucha gente de que en el momento en que se viera al periquito de la jaula patas arriba y agonizando, los demás teníamos siete u ocho segundos para encontrar nuestras máscaras de gas y colocárnoslas. Los técnicos de EBU, la agencia europea de televisiones, eran especialmente ostentosos con esta medida. Tenían en sus oficinas, situadas en el techo del Ministerio de Información, varias jaulas con numerosos canarios. José y yo les silbábamos cada vez que pasábamos por allí, pero nunca conseguimos un solo gorgorito de ellos. Era como si estuvieran deprimidos. Como si supieran que eran alarmas con plumas.

–Los romanos ponían ocas alrededor de sus campamentos –recuerdo haberle comentado a José– porque eran muy asustadizas y eran los mejores vigilantes ante posibles ataques.

–A ver si va a ser verdad lo de los pájaros, porque los norteamericanos tenían pollos enjaulados en sus campamentos de Kuwait.

Verdad o no, científico o no, el caso es que muchos periodistas acabaron comprándose un periquito detector de gases, incluido algún español, que puso a su mascota el cariñoso nombre de Rosendo. Un pájaro que no dejó de piar durante toda la guerra, o quizá se quejaba.

Seguramente ésta ha sido una de las contiendas que más medios de comunicación ha atraído. Todo el mundo quería estar presente, tener a su propio enviado especial. Contar con una voz propia. España fue uno de los países que más periodistas tuvo en la zona. Durante los días que duraron los bombardeos, en Bagdad permanecieron hasta una veintena de reporteros. Una de las colonias más numerosas.

Y eso, al contrario de lo que piensan algunos puristas de este oficio, es bueno, ya que no fomenta la competitividad, sino la camaradería entre colegas. Cada vez son menos frecuentes esos choques de egos desmesurados entre corresponsales, porque cada vez los tenemos menos hinchados. Nos creemos menos héroes y más reporteros. En la época de la información instantánea lo importante es sobre todo dar la noticia rápido, no conseguir grandes exclusivas. Evidentemente, se buscan exclusivas. Y si se consiguen, enhorabuena. A todos nos gusta tener el mejor plano, la entrevista más jugosa o el dato más demoledor.

Pero en Bagdad era casi imposible lograr una información diferenciada cuando había otros 300 periodistas disputándose la misma información. Cuando, como ocurría en el Irak de Sadam, los temas que se podían trabajar eran sólo los que permitía el Ministerio de Información. Es decir, muy pocos. Por eso, todos los periodistas nos veíamos obligados a hacer los mismos reportajes. Respetando, eso sí, unos días de separación si sabíamos que la competencia ya lo había hecho o dándole otro enfoque para diferenciarlo.

Con tantos reporteros en los conflictos es muy difícil que alguien sea el primer periodista en llegar a los sitios, o que consiga la única entrevista con el responsable militar, miliciano o terrorista de turno. Puede que sea el único periodista español presente, pero desde luego es muy difícil que sea el único periodista presente. Siempre habrá alguien, de algún otro país, con el que se tendrá que compartir esa información. Es sólo una cuestión de ética periodística reconocerlo o no. Muchos intentan vender humo de hogueras ajenas, pero al final todo el mundo acaba sabiendo quién encendió el fuego.

La invasión de Irak estaba llamada a convertirse en el mayor evento informativo de las últimas décadas. Por encima de olimpiadas, elecciones, terremotos u otras guerras ciegas o poco retratadas, como la de Kosovo, la de Afganistán o la primera guerra del Golfo. El interés de todas las empresas informativas por mantener sobre el terreno a un enviado o por lograr información diferenciada, llevó a situaciones en las que la ética periodística, digamos, fue un poco pisoteada.

Había en Bagdad un técnico de televisión que no tenía ni idea de periodismo. No tenía por qué tenerla, porque su trabajo era lograr que las imágenes salieran al aire y se consiguieran lanzar los reportajes. Lo hacía muy bien como técnico, hasta que un día lo ficharon como periodista. Entonces lo hizo muy mal. No había ningún reportero de su país trabajando en Irak. Una cadena de televisión supo que él estaba en Bagdad y un día le llamó por teléfono. El hombre se puso y les contó lo que veía. La cadena le pidió entonces entrar en directo para esa televisión en el informativo más importante, y él también dijo que sí.

El técnico tenía un buen físico. Daba muy bien en cámara y siempre procuraba aparecer con un pañuelo miliciano al cuello, al estilo de los *fedayines*. Sus conexiones dispararon la audiencia de esa televisión, que encontró en él un filón comunicativo. El joven se convirtió en referente informativo simplemente por el hecho de ser el único «enviado especial» de su país. Todo el mundo le seguía. El técnico, consciente de lo que estaba ocurriendo, se envalentonó. Comenzó a aparecer en directo cada vez más a menudo. Lo que su audiencia nunca supo era que inventaba, manipulaba o exageraba casi todas las informaciones que daba. Donde había cinco muertos civiles, él hablaba de 30. Si habíamos contado tres explosiones, él narraba una tormenta de bombas. Si Husein daba un comunicado, él hacía su propia traducción.

–Pero cómo has podido decir: «Ustedes no saben lo que es sentir el calor de un misil que pasa por encima de tu cabeza» –le dije un día enfadado– si no ha pasado ningún misil por aquí. Si tú no has visto un misil en tu vida. ¡Si no puedes haber notado ningún calor!

–Bueno, hay que darle un poco de teatro a la cosa, ¿no?

Sus conexiones cada vez nos ofuscaban más a los reporteros que esperábamos nuestro turno para entrar en directo y que le escuchábamos decir esas barbaridades. Uno se juega la vida por ser honesto y llega otro, que en la vida ha hecho periodismo, y piensa que es como contar las cosas a los amigos en el bar, exagerándolas y adaptándolas a como te gustaría que fueran. El tipo triunfó en su país. Se convirtió en una celebridad. Lo hizo a base de decir que había visto helicópteros Apache sobre nuestras cabezas, cuando lo que habíamos presenciado era un globo sonda norteamericano con un radar. Lo hizo contando que los combates en Bagdad eran terribles y que él había estado a punto de ser alcanzado por las balas, aunque no había salido de los jardines del hotel Palestina.

—Jon, esta noche voy a salir con un kalashnikov en la mano haciendo el directo, ¿qué te parece? —me espetó una tarde.

Me quedé estupefacto. Le miré a la cara. Comprobé que había conseguido un fusil de asalto iraquí y me aguanté las ganas de mandarle a la mierda. El resto de periodistas que estaba delante me miraron con cara de circunstancias. Él no era culpable de lo que estaba haciendo. Lo eran los responsables informativos de la televisión que lo había contratado. Ellos eran los verdaderos terroristas éticos. Así que le dije discretamente que se alejara de donde estábamos porque quería hablar con él a solas.

—No hablarás en serio. ¡Sacar un kalashnikov!

—Claro que sí, puede ser espectacular.

—Espectacular va a ser. Vas a ser el primer periodista de esta guerra que aparece armado. Mira, tú no has entendido nada de lo que es hacer periodismo. Nosotros estamos aquí para informar, no para tomar partido. Estamos aquí para contar lo que vemos, no para construir la realidad. Eres un técnico cojonudo, pero como periodista eres una puta mierda que se inventa todo lo que dice. Si me estás pidiendo consejo te digo: no salgas armado. Si lo haces, si te saltas el límite, romperás todas las reglas. Tu arma debe ser tu palabra. Nosotros venimos aquí a trabajar no a divertirnos. Hazte una foto con el kalashnikov para enseñársela a tus amigos pero no pases a la historia periodística de tu país como el tarado que salía armado en sus directos para parecer Rambo.

Finalmente no sacó el arma. No es que la charla le abriera los ojos y desde entonces hiciera unas retransmisiones serias, pero al menos no comprometió a los demás. En el hotel no había armas. Por eso se nos respetaba. No había entrado ni un solo soldado iraquí, así que no iba a ser un periodista postizo el que las introdujera.

Durante los últimos días de la caída de Bagdad hubo una curiosa reacción de trabajo en equipo por parte de la mayoría de los reporteros españoles. Se llegaron incluso a organizar caravanas conjuntas en las que periodistas de televisiones o medios que pudieran ser competencia salían juntos a buscar la misma información. La mañana del siete de abril fue un ejemplo de colaboración. Ese día, desde nuestras ventanas, habíamos descubierto la presencia por primera vez en la ciudad de tropas norteamericanas. La situación era caótica. En el hotel todavía permanecían los responsables del Ministerio de Información, como si la ciudad no estuviese a punto de caer, pero el descontrol empezaba a notarse. Varios reporteros quisimos salir al encuentro con los norteamericanos o comprobar, al menos, si había resistencia iraquí y si se les combatía.

Organizamos un convoy con un par de coches. Unos pusieron el guía, otros el coche. Y si a alguien le sobraba un casco, se lo cedió al que no tuviera. Nos juntamos reporteros de Antena 3, TV3, Telecinco, *El País*, *El Periódico de Catalunya*, SER, entre otros. No había ningún afán de conseguir ninguna exclusiva, sino al contrario, de garantizarnos que todos tendríamos las mismas imágenes y habríamos visto lo mismo. Luego que cada cual lo contara como supiera. Recuerdo que un reportero que llevaba varios días agazapado en su habitación, mientras el resto continuábamos saliendo para conseguir información, exclamó al vernos: «¡Vaya exclusiva que vais a conseguir todos juntos!». La reprobación de todos fue inmediata. El pobre no había entendido nada. Siguió quedándose solo.

Sólo hubo una razón para hacer esto, además de la amistad que habíamos cultivado entre todos: no arriesgar. No hacernos los valientes para conseguir un par de planos o un par de declaraciones más que los de la competencia. Porque la situación se tensó tanto y nos daba tan mala espina que hubo un pacto tácito de no hacer locuras. De no salir a arriesgar nuestras vidas por sacar una imagen diferente. ¿Qué teníamos que demostrar a esas alturas del conflicto? ¿A quién teníamos que convencer?

En aquella caravana venían un par de reporteras españolas. Ángeles Espinosa y Olga Rodríguez, de *El País* y la SER. Una veterana y otra novata en cubrir guerras. La primera, una de las más reputadas arabistas que hay en el periodismo español, y la segunda, joven y con una poderosa facilidad descriptiva. Ambas se unieron a ese convoy sin dudarlo, y su presencia fue, sin duda, de lo más gratificante. La guerra de Irak ha sido seguramente uno de los conflictos en los que ha habido más mujeres ejerciendo el periodismo. Por fin una buena noticia para esta profesión en la que parecía que sólo podían trabajar hombres. Durante años se ha cultivado un estereotipo de reportero de guerra. El del tipo duro, bebedor, solitario y misógino. Las pocas mujeres que se atrevían a ejercer en conflictos eran casi mitificadas, precisamente por su escasez. Eran consideradas rara avis en un planeta de hombres.

Afortunadamente, esta situación empieza a cambiar. Incluso en sitios tan difíciles de trabajar para las mujeres como Afganistán o algunos países árabes, el papel de las reporteras ha sido más que sobresaliente. Muchas de ellas han dado verdaderas lecciones de valentía a algunos supervivientes de la vieja guardia periodística. A alguno de esos tipos que todavía viven en el cliché de tratar a las mujeres en las guerras como damiselas a las que hay que cortejar y conquistar, en vez de como compañeras de trabajo.

De hecho, casi se podría decir que entre el personal enviado a Irak por los medios españoles, había prácticamente el mismo número de mujeres que hombres. Su trabajo, en un país musulmán y por tanto machista, no fue nada fácil. En algunos casos los hombres las trataban de manera casi exótica y les hacía tanta gracia hablar de tú a tú con una mujer que eso, incluso, jugaba a favor de ellas. Pero en otros casos, se encontraban con una evidente hostilidad. Sobre todo si se trataba de entrevistar a musulmanes integristas, que no concebían la idea de tratar de igual a igual con una mujer, europea, sin velo y que además hacía las preguntas. Las enviadas especiales que trabajaron en Bagdad tuvieron que soportar humillaciones por parte de los funcionarios del Ministerio de Información que las zaherían precisamente por su condición de mujeres. «Deberíais estar en casa con vuestras madres», llegó a espetarles a las enviadas especiales de *El Mundo* y la cadena SER uno de los responsables de controlar a los periodistas, a la vez que las amenazaba con expulsarlas del país.

Aproximadamente una semana antes de que comenzaran los ataques, los responsables del Ministerio de Información decidieron concentrar a todos los reporteros que había en Bagdad en tres únicos hoteles. Querían tenernos completamente controlados. Agentes de Información se presentaron en pequeños hostales y fondas repartidas por toda la ciudad para sacar a los periodistas que residían allí y obligarles a trasladarse. En esos pequeños hostales se albergaban muchos periodistas que no tenían dinero suficiente para pagar grandes hoteles o que preferían alojarse en lugares donde no hubiese demasiada prensa y por tanto, demasiado espía.

El hotel Palestina, el hotel Al Mansur y el hotel Al Rasheed fueron abiertos exclusivamente para la prensa. El primero de ellos se acabaría haciendo tristemente famoso al ser cañoneado por los norteamericanos. El Al Mansur había pertenecido en tiempos a una cadena hotelera española y estaba situado junto al edificio de la televisión pública iraquí, un blanco militar de libro. El Al Rasheed era con diferencia el mejor hotel de la ciudad. Cuidado con estándares occidentales, estaba muy limpio y contaba con una fabulosa piscina a la que siempre bajaba algún reportero ocioso. También tenía un problema de situación, junto a varios ministerios y una enorme comisaría de policía. A la entrada, en el suelo, aunque tapado con una alfombra, todavía se podía ver un enorme mosaico con la cara de George Bush padre, dispuesto estratégicamente para que todos los clientes del hotel pisotearan al entrar el rostro del hombre que derrotó a Sadam en la «Madre de todas las Batallas».

Con el paso de los días, el Al Mansur y el Al Rasheed se quedaron vacíos. Aunque bastante más lujosos que el Palestina, su cercanía a ministerios, puentes o edificios públicos susceptibles de ser bombardeados, aconsejaron el traslado. Casi todo el mundo, sin embargo, mantuvimos una habitación en el hotel Al Rasheed con la secreta y vana esperanza de que la guerra acabase rápido, fuera aséptica y pudiéramos volver allí antes de que lo poblaran los oficiales del ejército norteamericano. De hecho, durante la primera semana de bombardeos, muchos regresábamos a ese hotel para poder ducharnos con agua caliente, secarnos con toallas limpias y poder hacer la colada, cosas difíciles de hacer en el hotel Palestina.

No nos equivocamos cuando predijimos que los blindados llegarían a Bagdad por la gran avenida que viene desde el suroeste y que desemboca en ese hotel. Tampoco nos equivocamos al pensar que en esa zona habría fuerte resistencia pero que los tanques, siendo un lugar abierto de grandes arterias viales, acabarían enseguida con esa resistencia. Lo que no pronosticamos fueron los saqueos brutales que dejaron ese hotel completamente arrasado tras la caída de la ciudad.

Recuerdo que durante días, antes de la guerra, elucubrábamos sobre cómo sería la toma de Bagdad. Todos coincidíamos en que si nos quedábamos en el Al Rasheed, y este edificio sobrevivía a los bombardeos de los alrededores, podríamos ver desde sus ventanas la llegada de los blindados estadounidenses. Pensábamos que en ese caso nos quedaríamos a sus espaldas, en el lado yanqui, y lo que queríamos todos era estar en frente. Donde los que se defienden. En el lugar de los que lo iban a perder todo. Al otro lado del río. En el hotel Palestina.

Casi todos los periodistas teníamos también un plan B de refugio. Una casa particular a la que acudir cuando las cosas se pusieran realmente feas. Eran los hogares de familiares de amigos iraquíes que vivían en España, o las propias casas de nuestros conductores. Sin embargo, no podíamos acudir a esos lugares alternativos por el tremendo control al que nos sometían los agentes del Ministerio del Interior. Sólo podíamos alojarnos en los tres hoteles especificados. Cualquiera que se saltara las normas podía ser automáticamente expulsado, pero peor destino tendrían seguramente los pobres dueños de esa casa que habían alojado extranjeros al margen de las órdenes gubernamentales.

Además, durante la guerra no era buena idea alojarse en otros barrios de Bagdad. Al riesgo de los bombardeos había que sumar la natural indignación de la población, que podía acabar desahogándose con el primer occidental que se les cruzase. La opción de irse a una casa de manera clandestina era, simplemente, una estupidez. La inmensa red de delatores construida por el régimen iraquí nos hubiera detectado el primer día. Solamente cuando la guerra llegaba a su fin y el hotel

Palestina fue cañoneado por los propios norteamericanos, la huida a las casas particulares, el plan B, tuvo sentido.

Durante los días de la guerra, además, algunos periodistas fueron delegados por el resto para visitar las delegaciones diplomáticas del Vaticano y de Cuba, que junto a la de China y alguna árabe, fueron las únicas que permanecieron abiertas durante los bombardeos. Se trataba de cerrar un acuerdo de asilo en caso de que la guerra se enquistase, los hoteles se volvieran peligrosos, y los paramilitares iraquíes pusieran a los periodistas en su punto de mira.

El nuncio del Papa en Bagdad nos ofreció una pequeña iglesia que quedaba cerca de la nunciatura como lugar de acogida de los reporteros. Una iglesia que ni siquiera estaba dentro de la delegación vaticana y por tanto no tenía protección diplomática, así que no nos valía. Más suerte tuvimos con la embajada de Cuba, que desde el primer momento se mostró dispuesta a acoger a todos los periodistas latinos en sus oficinas. «No faltará el ron», nos aseguró el encargado de negocios de la delegación. Fidel Castro fue el último líder mundial en intentar una mediación para evitar la primera guerra del Golfo, en 1991. Muchas noches nos divertíamos barajando la idea de que, si al final nos viéramos obligados a asilarnos en la Embajada de Cuba, los titulares de prensa iban a ser realmente espectaculares. Todos nos imaginábamos un convoy de periodistas españoles evacuados de Bagdad en plena guerra gracias a la mediación de Fidel Castro y nos figurábamos lo mal que le sentaría al gobierno español.

Fue el mismo día en que vencía el plazo de George Bush para atacar cuando ese hotel, el Palestina, se convirtió en la morada oficial de toda la prensa internacional. Todos nos trasladamos allí. Los responsables de controlar a los periodistas sabían así hasta el número de habitación que ocupaba cada medio de comunicación. Los periodistas teníamos la sensación de que todo el mundo nos espiaba: los recepcionistas, los camareros, las chicas de la limpieza, los que vendían cigarrillos.

En alguna ocasión dejamos señuelos en el escritorio como fotografías, panfletos en árabe, direcciones con nombres y teléfonos falsos. Todos aparecían siempre movidos, ojeados, curioseados. No se podía dejar a la vista ningún dato comprometedor para un opositor iraquí porque significaba su muerte. No se debía dejar documentación sobre Sadam Husein que ridiculizara su figura en dibujos o fotografías so pena de ser apercibido o peor, ser considerado un agente desestabilizador de EE.UU. No se podía hablar por teléfono con la puerta abierta. No se podía grabar imágenes desde las habitaciones, aunque las bombas nos cayeran enfrente.

Hubo numerosas redadas de los hombres del *mujabarat* requisando cámaras, cintas y teléfonos por satélite. Cuando esto ocurría, los reporteros que primero habían sufrido la entrada en su habitación llamaban inmediatamente de piso en piso, avisando del registro, y el hotel se convertía en un hervidero de llamadas cruzadas, gritos, carreras o puertas que se abrían ligeramente para comprobar si los agentes venían por el pasillo. Muchas crónicas telefónicas se cortaron en directo porque había un aviso de redada y teníamos que esconder el teléfono.

Esta situación de tensión constante desesperaba especialmente a nuestras familias, porque era difícil llamar a una hora fija y tener unas pautas diarias de contacto. Las llamadas dependían de si ese día había registros o de cómo estaban de humor los funcionarios. Desde allí, desde Irak, puede que nosotros tuviéramos la sensación de que controlábamos la situación. Puede que incluso esa vorágine de redadas y carreras para esconder los aparatos nos hiciera hasta gracia. Pero para nuestras familias, a las que alguna vez tuvimos que cortar en seco y sin más explicaciones que un «te dejo, que vienen», los minutos hasta que volvíamos a llamar se les hacían eternos.

Los huecos del aire acondicionado, los falsos techos, cisternas de baño vaciadas. Cualquier sitio valía para esconder el teléfono por satélite. Cuando había redadas a todos se nos disparaba la adrenalina y eso hacía que afiláramos nuestro ingenio. Para muchos de nosotros, cuando los cacheos se volvieron indiscriminados y casi diarios, la única fórmula razonable de no desquiciarnos fue instaurando un sistema de contraseñas para llamar a las puertas y saber así que al otro lado no había un *mujabarat*.

Lo malo del Bagdad de aquellos días era que casi todo el mundo trabajaba para los servicios secretos. Lo bueno de ese Bagdad es que hubo tal avalancha de periodistas que se quedaron sin espías suficientes para controlar a todos. De esta manera, algunos pudimos conseguir traductores de confianza que, aunque tenían un respeto casi reverencial por esos *mujabarat*, no les rendían cuentas.

Conseguir un traductor o un conductor es lo primero que hace un periodista cuando llega a una guerra. Y si ambas condiciones las tiene una misma persona, mucho mejor. En esa elección está muchas veces la clave de una buena cobertura periodística. En esa persona que conoce el país, conoce la ciudad, sus costumbres, sus dirigentes. Que controla todos los atajos necesarios para sortear controles militares o puentes destruidos. Que escucha la radio local por las mañanas o viene con los periódicos leídos, de donde se saca un enorme caudal de información. Una persona que tiene el valor necesario como para arriesgar su vida y su vehículo en las zonas más calientes del frente, en esos sitios adonde él no se acercaría si no trabajara para unos periodistas.

De todas formas, en estos sitios nunca te puedes fiar de nadie. Por muy amigo que uno se haga de su chófer o de su traductor, le acabamos de conocer y es probable que cuando nos vayamos de su país no le volvamos a ver. ¿Cómo saber si ese conductor, cuando nos deja por la noche en el hotel, no se va a una comisaría a dar cuentas de nuestro trabajo? ¿Cómo estar seguro? Y además, ¿cómo reprochárselo? No tenemos ninguna autoridad moral para recriminar que un hombre, cuyo país está destruido, en guerra, asolado, intente buscarse la vida para alimentar a su familia.

Tipos como el buenazo de Safa, nuestro chófer en Bagdad, que a punto estuvo de morir tras el cañonazo americano a nuestra habitación del hotel Palestina. O sujetos desesperados por conseguir un poco de dinero, como Charles, un tutsi superviviente de las matanzas en Kigali. O locos por un poco de acción, como Slatko, nuestro taxista en Macedonia. O amigos de muchas batallas, como el palestino Ismael, cuyo coche recibió un balazo cuando nos llevaba por Ramalá. O pastores metidos a conductores como Fakrudin, un abuelo que conocía al dedillo la posición de todas las minas colocadas en las carreteras afganas.

A todos ellos ahora les considero amigos míos. Pero no tengo ninguna certeza de que, en alguna ocasión, no me hayan vendido. Por eso muchas veces, entre nosotros, hablamos castellano, incluso utilizando apodos o alias. Los nombres de las ciudades, de los políticos, de los guerrilleros, de los terroristas, se dicen igual en casi todos los idiomas, por eso se suelen utilizar motes: «Los pequeños» y «los altos», para hablar de hutus o tutsis; «los barbudos» para referirnos a los talibanes;

«el bigotes» para no nombrar a Sadam Husein. Son precauciones básicas pero, muchas veces, necesarias. Recuerdo a varios misioneros vascos y navarros en el sureste del Congo, durante los días del levantamiento de Laurent Kabila contra Mobutu Sese Seko, que utilizaban el euskera para hablar por radio porque no se fiaban de sus empleados, la mayoría hutus.

Pero sin esos conductores y traductores, no podríamos trabajar. Ellos son los ojos y los oídos de los periodistas. Sin ellos estamos perdidos. No somos nada ni valemos para nada. Somos como mutilados de guerra que se pierden todos los matices de lo que ocurre delante de sus narices porque no los conseguimos entender. Muchas veces la diferencia entre el trabajo de dos periodistas que se encuentran informando en el mismo conflicto depende de lo bueno que sea su traductor. Ésa es la clave. Encontrar a alguien que te dé las llaves de la conciencia de los iraquíes. O de los ruandeses o de los afganos.

Safa Nayid Abdul Rajman, Safa para todos nosotros, tenía todas esas cualidades. Era listo, intuitivo, rápido de pensamiento. Su inglés era más que aceptable, y siempre sabía qué era lo que andábamos buscando. Safa, como muchos otros conductores de periodistas, dejó de ir a dormir a su casa en cuanto los bombardeos se hicieron demasiado intensos y se impuso el toque de queda. Dormía en nuestra suite. En el sofá que teníamos en el salón. Siempre, en situaciones de guerra, encuentras personas que como Safa corren unos riesgos innecesarios para su vida. Y todo a cambio de cierto dinero que para nosotros es casi una propina.

Safa aprendió varias palabras en castellano y se relacionó con casi todos los periodistas españoles en Bagdad. Se convirtió en una institución que venía incluso a las fiestas que se organizaban en las suites de Antena 3 y de Televisa. Al «tablao flamenco» y la «cantina mexicana», como eran conocidas. Las dos eran el centro neurálgico de encuentro de la treintena de periodistas latinos, entre españoles, sudamericanos y mexicanos que había en Bagdad. Durante las primeras semanas de espera, antes de que estallara la guerra, esas dos habitaciones concentraron la mayor parte de la vida social en el hotel Al Rasheed.

Se hicieron famosos algunos atracones de tequila en la cantina mexicana de los «cuates», Alejandro, Jorge y Eduardo. Como también se hicieron famosas las fiestas que se organizaban en el tablao flamenco. Si alguien cumplía años, aquél era el lugar. Unos diligentes camareros, convenientemente sobornados con unas excelentes propinas, se encargaban de mantener una bañera llena de hielo para que las bebidas siempre estuvieran frías.

Hubo algunas fiestas memorables, como la que se hizo para celebrar el cumpleaños de Jesús Quiñonero, el cámara de Antena 3. Varias decenas de personas bebimos y nos reímos hasta la madrugada. ¡Quién nos iba a decir aquel día que uno de nosotros no volvería a casa! ¡Quién se lo podía imaginar! Recuerdo a Jon Ander, el productor de Telecinco, brindando con ese latiguillo suyo, con el que tantas veces nos hemos reído: «¡Por nuestras mujeres, para que nunca se queden viudas!». Y todos levantábamos nuestras copas. Y José levantaba su lata de cerveza. Y brindábamos...

En aquellas fiestas Couso siempre parecía uno de los anfitriones. Hablaba con todo el mundo. Hacía reír a todos. El día del cumpleaños de «Quiño», a mitad de la noche, se puso a mis espaldas, a mirar las cartas que me iban tocando en una homérica partida de mus que gané a mis compañeros Jon Ander y Bernabé. Mi pareja, Fran Sevilla, soltó una frase que luego repetimos José y yo innumerables veces cuando las cosas no nos salían bien: «Al mus se viene llorado». Con los días la frase cobró vida. «A la guerra se viene llorado», «Al Palestina se viene llorado», «A la ducha (de agua fría) se viene llorado»...

Cuando todo el mundo nos trasladamos obligatoriamente al hotel Palestina, esas dos habitaciones volvieron a erigirse en centros de poder dentro del nuevo hotel. En ellas siempre había alguien. Ya no era tan divertido como en los días de espera del Al Rasheed, pero al menos siempre encontrabas una cara conocida y una conversación. Durante las vigilias de las noches de bombardeos se convirtió en una costumbre, en casi una obligación, acudir a una de esas habitaciones después de haber enviado nuestras crónicas. Era una liturgia que nos retroalimentaba de todos los sinsabores del día. De las miserias que habíamos contemplado. En aquellos momentos de relajación nocturna cada uno comentaba sus vivencias sin los formalismos de las crónicas. Con la piel. Adornando nuestras explicaciones con elocuentes tacos. Con esos que no puedes soltar en las crónicas. Comentando nuestras opiniones e impresiones personales. Esas que también, por respeto a la audiencia, procuras callar. En cualquiera de esas dos habitaciones siempre había una cerveza o una botella de tequila. Siempre había unos minutos de conversación. O unos momentos de relajación.

En Bagdad, pese a avecinarse una guerra, se podía hacer un tipo de vida bastante parecido al que estábamos acostumbrados. Existían todo tipo de restaurantes para poder salir a cenar y las tiendas de moda o aparatos electrónicos estaban muy bien surtidas. Unos reporteros, incluso, compraron a muy buen precio una Play Station que consiguieron conectar a la televisión del hotel y pudieron pasar así las tediosas tardes de febrero en las que se dilucidaba si se iba a la guerra o no.

En Bagdad encontramos de todo y a precios excelentes. Y prácticamente hasta la última semana de guerra, hasta que se hizo evidente el asalto a la capital, muchas de las tiendas permanecieron abiertas. El género escaseaba, es cierto, pero porque estaba escondido para evitar los saqueos. Si algo se necesitaba, al día siguiente te lo habían conseguido. De esta manera, comenzada ya la guerra, pudimos cortarnos el pelo en barberías mientras fuera sonaban las alarmas antiaéreas, o encontramos lavanderías que abrían tres horas por la mañana. Suficientes para hacer una colada rápida.

Aquí estaba el secreto de que José y yo fuéramos de punta en blanco todos los días. De que nuestra imagen en televisión fuera aseada, limpia, con las camisas siempre planchadas. En no apurar con la ropa sucia. «¿Cómo coño tienes siempre las camisas planchadas?», recuerdo que me solía preguntar Joseba Iriondo, el corresponsal de Euskal Telebista. Muy fácil. Si descubríamos una de estas lavanderías, hacíamos colada de toda nuestra ropa. Aunque no estuviera sucia. De esa manera, siempre teníamos todas las camisas lavadas y planchadas. Sabíamos que algún día se cortaría el agua, que cerrarían las lavanderías y que llegaría el caos. Si eso ocurría, a nosotros siempre nos pillaría con ropa limpia para dos semanas.

No, no se vivía mal en el Bagdad de la preguerra. No se podía trabajar con libertad, es cierto, pero las comodidades a las que teníamos acceso eran muy amplias. En alguna ocasión se organizaron partidos de fútbol entre periodistas de varias nacionalidades o incluso, los más audaces, salimos a hacer *footing* por las calles de la capital bajo el inclemente sol de Oriente Próximo. No era muy saludable, la verdad, porque acababas inhalando el dióxido de carbono de los tubos de escape de todos los coches de Bagdad, pero tenía su encanto. Correr por la ribera del Tigris, entre alambradas, casamatas de la Guardia Republicana y posiciones artilleras era una experiencia surrealista. Utilizábamos un sendero estrecho, arenoso, de los que rompen rodillas. Una vereda estrecha que pasaba junto al monumento a Sherezade y discurría paralelo al río. «La Clásica del Tigris», le llamaba Iriondo, que también salió más de una vez a hacer deporte junto a su cámara Joserra Plaza.

Estaba prohibido beber alcohol en público, pero era posible encontrarlo en las numerosas licorerías que había por Bagdad. Sus existencias fueron desapareciendo a medida que la guerra se iba acercando a Bagdad. A medida que las rutas de contrabandistas iban siendo bombardeadas o utilizadas por los propios soldados invasores. El precio de las botellas fue aumentando de manera exponencial, hasta cobrar 50 euros por una botella de whisky del más barato.

Una tarde, durante la segunda semana de guerra, José y yo nos recorrimos varias de estas licorerías intentando encontrar cervezas. Después de ir a seis de ellas conseguimos, en total, ocho latas de cerveza. Algunas de ellas llevaban en el escaparate desde tiempo inmemorial pero nos daba igual. No sólo era un preciado tesoro para bebérnoslas nosotros, sino una moneda de trueque para cambiarlas por una copia de una cinta, un favor de los técnicos de satélites o un par de juegos de pilas.

Cuando acudimos a la última licorería, en la que sabíamos que todavía quedaba una botella de whisky Johnny Walker etiqueta negra, nos encontramos en la misma puerta con Carlos Hernández, Jesús Quiñonero y Fernando Matei, los tres de Antena 3. ¡Con lo grande que era Bagdad y ellos habían tenido el mismo soplo sobre la botella de whisky! Iniciamos una carrera de cordiales codazos y empujones para conseguir ese oro líquido que al final compartimos como buenos amigos en una de esas fiestas nocturnas en su habitación.

Al salir de la licorería, José no encontraba su cámara. La calle estaba desierta, los estallidos de las bombas se oían muy cerca. El resto de tiendas estaban cerradas. No había allí ni un alma salvo un puñado de reporteros comprando alcohol en el colmado de un cristiano caldeo. José se acercó al maletero del coche de Antena 3 y allí la encontró. Se la habían escondido. Los cinco nos reímos de los segundos de angustia que sufrió José. Siempre era así. Siempre hubo un excelente ambiente. Siempre creímos, José y yo, que nos llevábamos bien con todo el mundo. Incluso creo que muchos de ellos nos mimaban. La razón era seguramente que nos habíamos quedado solos cuando el resto de nuestro equipo decidió irse a Jordania. El caso es que yo notaba cierta simpatía por parte de casi todos los compañeros. Quizá me equivoque. Quizá esté ahora mezclando sensaciones de auténtica solidaridad que percibí cuando mataron a José, pero el caso es que me parece que ya antes de su asesinato estábamos bien considerados entre casi todos.

José fue en gran medida autor de todo eso. Tenía una personalidad con una gran capacidad conciliadora. Con él era imposible discutir. Era apreciado por todos y si yo podía tener bien ganada cierta fama de individualismo, él hacía que nuestro equipo fuera visto como el de «esos dos tipos que se llevan tan bien y están siempre riendo». José era capaz de todo esto. Y creo que todos fuimos capaces de sentirnos mejores personas porque conseguimos un clima en el que no había navajazos entre los periodistas por conseguir exclusivas, sino sólo golpes de suerte.

8

SADAM, EL APÓSTATA

«Berruaj, beddam, nafdika ya, Sadam!» ¡Con nuestra alma y nuestra sangre, nos sacrificaremos por ti, Sadam! Ese grito se introdujo por las pantallas de televisión de todo el mundo durante los días previos a la invasión y también mientras duraron los ataques. Era una especie de mantra, una letanía repetida hasta al hastío por hombres, mujeres y niños. Por militares, milicianos *fedayines* o militantes del partido Baaz. No había manifestación, entrevista, o reportaje en el que alguien no nos gritara que iba a dar su sangre por Sadam. Era el ruido de fondo inevitable de cada imagen que llegaba del Irak de Husein.

Esta sentencia, además, ni siquiera era fruto del laboratorio de consignas del ex dictador, sino que es un grito típico de las masas árabes enfervorizadas que se puede escuchar en la Palestina ocupada o en algunas concentraciones integristas en Egipto. Pero por algún motivo se convirtió en el más socorrido «grito de guerra» de cualquier iraquí que apareciera en televisión. La mayoría de los periodistas nunca nos creímos que ese alarido fuera a ir más allá de su significado simbólico. Que miles de iraquíes se fueran a martirizar en el campo de batalla o en las calles de Bagdad por salvar a su líder. No había tradición de sacrificio en ese país. Todo, nuevamente, era mentira.

Había algo de impostura en casi todos los que gritaban y anunciaban su inmolación. De obligatoriedad. En innumerables ocasiones pudimos grabar a miembros del partido único Baaz animar, o mejor dicho, obligar a la gente a berrear este tipo de eslóganes. En las pequeñas concentraciones de trabajadores o estudiantes que salían a buscar a los periodistas cuando visitábamos una fábrica o un instituto, siempre había un tipo con el uniforme verde oliva del partido que les marcaba las consignas que habían de vociferar. Como si fuera un apuntador.

Sucedía lo mismo en las grandes manifestaciones organizadas por el gobierno para demostrar que controlaba la calle y que tenía capacidad de arrastre. Todo era ficticio. La asistencia a esas manifestaciones era casi obligatoria en muchos sectores. Especialmente entre funcionarios estatales, estudiantes de instituto o trabajadores de las numerosas fábricas del Estado. En esos lugares se pasaba lista para saber quién no había acudido a la manifestación y por qué, no fueran a encontrar de repente a un subversivo.

En aquellas tremendas concentraciones el gobierno siempre calculaba que había más de un millón de personas reunidas. Era la cifra base que daban casi siempre, ya fuera la manifestación en Bagdad, en Mosul o en Basora. Los asistentes estaban organizados en estratos diferentes, como si se tratara de un desfile de varias compañías, y no de una manifestación. Esos estratos correspondían a su nivel de militancia en el partido, o de supuesto compromiso con la causa de Sadam. Durante semanas, y hasta que comenzó la guerra, aquellas manifestaciones eran la única posibilidad para los periodistas de sacar alguna imagen que simbolizara lo que se avecinaba.

Los gestores del Ministerio de Información lo sabían; por ello siempre reservaban alguna sorpresa para los informadores gráficos. Para que al día siguiente todos los periódicos del mundo pudieran dar en portada una fotografía de esa manifestación. Un día eran mujeres armadas con subfusiles y desfilando marcialmente. Otro eran unos presuntos *muyahidines* árabes, es decir, mercenarios islámicos, que habían llegado para luchar contra el infiel.

Una de las portadas más logradas fue la de unos supuestos *shahidin*, mártires, es decir, suicidas dispuestos a inmolarse por Sadam. Desfilaban con la cara tapada, vestidos con sudarios de color blanco y verde, a la manera de los terroristas suicidas palestinos de Hamas o de la Yihad Islámica. De sus hombros colgaban unos chalecos en los que habían colocado unos tubos de plástico negro, imitando cartuchos de dinamita. El disfraz era bastante chusco. «Pero ¿esto qué es, carnaval?», recuerdo que exclamó Couso cuando le dije que les hiciera unos planos.

Aquellos tipos no impresionaban nada. No tenían la mirada del loco suicida que puedes encontrar en Palestina. Esos ojos que miran fijos, convencidos. Que parecen estar diciéndote «mantente lejos de mí». Aquellos tipos eran títeres del régimen de Sadam y era evidente que no tenían ninguna intención de dar la vida por su presidente. Todo formaba parte del juego. Pero en aquellos días de sequía informativa en Bagdad, mientras en las Naciones Unidas se dilucidaba si la resolución 1441 permitía o no el uso de la fuerza, los periodistas entrábamos en el juego de utilizar esas imágenes que nos brindaba el régimen. Y se hacía además con muy escasa capacidad crítica. Muy pocos periodistas decían que todo estaba preparado. Que las autoridades iraquíes nos construían escenarios ficticios donde todo era mentira y todo era un gran teatro.

Recuerdo que cuando veíamos a aquellos miembros cincuentones del Baaz, desfilando marcialmente con unos vetustos kalashnikov colgando a un lado de sus orondas tripas, teníamos que contener la risa. En nuestras crónicas, aunque de manera contenida, siempre comentamos lo poco creíble que era esa estampa. Que todos aquellos abuelos no daban la sensación de que, en el momento decisivo, con un tanque Abrams delante, fueran a echarle muchos arrestos.

«*Berruaj, beddam...!*» Con nuestra alma y nuestra sangre. ¿Y Sadam, estaba dispuesto a dar la suya por su país? Le hicimos esa pregunta a nuestro guía Sabaa y, tras unos segundos pensándoselo, cosa que nos pareció extraña, nos pidió que le siguiéramos. Que nos iba a llevar a un lugar donde quedaría demostrado que Sadam estaba dispuesto a mucho más que a ofrecer su sangre. Es más, según Sabaa, ya la había ofrecido.

Franqueamos la puerta del Museo Sadam sobre las dos de la tarde, después de que hubieran cerrado. Tras una llamada de nuestro «tutor» particular, un funcionario abrió el edificio sólo para nosotros. El director del museo vino a saludarnos y se mostró encantado de que por fin alguien visitara el lugar. Lo primero que se encontraba al entrar, además de los consabidos bustos de Sadam Husein en todos los gestos posibles, era un enorme patio acristalado. En la parte de arriba de la bóveda de cristal se podía distinguir un reloj, y de él, colgando, las cuerdas y los contrapesos que lo hacían funcionar. Los contrapesos tenían forma de cuatro pesados kalashnikov de oro macizo que iban girando, poco a poco, a medida que la hora avanzaba. Toda una metáfora de la sociedad que había construido Husein. Estancada en el tiempo. Lastrada por el belicismo de su dirigente que no había dejado de guerrear desde que alcanzó el poder.

Enseguida el guía nos llevó a una sala en la que estaba la explicación a nuestra pregunta. Sabaa nos enseñó un ejemplar enorme de un Corán escrito con una caligrafía excesivamente repujada.

–¿No veis nada especial? –nos preguntó.

–Nada –le respondimos extrañados.

–Por favor –gimió Sabaa con tono lastimero–, este sagrado Corán está escrito con la sangre de nuestro glorioso presidente, que en su inmensa generosidad, decidió donarla para que todo su pueblo sea testigo de su sacrificio.

Couso y yo nos miramos perplejos. Jorge Rallés, el traductor que todavía nos acompañaba, casi se cae al suelo de la impresión. El ejemplar del Libro Revelado, del Corán, era de dimensiones extraordinarias. Le dijimos a Sabaa, que se habrían necesitado muchos litros de sangre presidencial para escribir todas esas suras, esos capítulos. «En efecto», respondió él sonriendo. Nunca supe si sonrió pensando que nos habíamos tragado ese truco para niños o porque de verdad él se lo creía y estaba encantado de ver nuestra reacción de asombro.

El museo dedicado a la vida y hazañas del presidente no guardaba muchas más sorpresas, aparte de todo un catálogo de fotos suyas en el que se podía rastrear su pasado y comprobar cómo se había construido una biografía a medida. Sadam aparecía platicando con todo tipo de dirigentes políticos, en los tiempos en los que no se había convertido en un paria internacional. Allí estaba, en blanco y negro, como dirigente del supuestamente socialista y laico partido Baaz, en los años setenta; en su exilio en Egipto en los sesenta; de militante panarabista de la causa palestina en los cincuenta; como un barbilampiño y engominado estudiante en el Bagdad de los cuarenta; o de adolescente en su Tikrit natal.

Mientras José grababa todos esos retratos, yo trataba de encontrar alguna foto que pudiera llamar la atención en España. Algo que acercara a Sadam a nuestro entorno. Que lo humanizara. No en el sentido bondadoso de la palabra, pero sí que lo hiciera más cercano. No tardé mucho en encontrarlo porque fue el propio guía, avisado por el director del museo, el que vino a decirme que debíamos grabar ineludiblemente una instantánea del año 1978.

En ella se podía ver a un jovencito Sadam Husein charlando animosamente con el rey de España, al que en el pie de foto le llamaban Carlos I, a secas. Sabaa estaba encantado. «Mi presidente y vuestro rey», decía.

Había hecho excepcionalmente bien su trabajo. En nuestra crónica dijimos que don Juan Carlos había conocido a Sadam Husein hace muchos años. Cuando todavía era vicepresidente del país y no había dado el golpe de Estado que lo llevó al poder. Y que nos habían obligado a grabar esa foto al saber que pertenecíamos a una televisión española. Por supuesto que el hecho de que nos obligaran a grabarla no nos obligaba a emitirla. De hecho, no todos los medios españoles publicaron esa fotografía, que podía calificarse de sensible. Pero era un documento a todas luces informativo, y el reconocer que nos conminaron a reproducirla sólo añadía más información, si cabe, al modo en el que estábamos obligados a trabajar en Irak.

La megalomanía de Sadam era insaciable y aquel museo a su mayor gloria lo demostraba. Cuando salimos de allí firmamos de manera protocolaria en el libro de visitas. Couso y Jorge, con la mejor y más irónica de sus sonrisas, dedicaron un par de líneas en las que hablaban de lo que habían disfrutado en ese lugar. Cuando me senté a firmar me pregunté si tenía sentido hacerlo. Si aquel libro sobreviviría a los acontecimientos que estaban a punto de estallar. Si aquel museo sería bombardeado y laminado para machacar el orgullo del dictador. Si todas sus cosas, las fotos de Sadam, los regalos expuestos, sus objetos personales, serían robados por los soldados norteamericanos como souvenir. Si serían los propios iraquíes los que arrasarían el lugar para vengarse de manera simbólica de años de opresión. En todo eso pensaba cuando firmé en el libro. Incluso en la posibilidad de que la guerra finalmente no estallara o que Sadam saliera victorioso de ella. Es decir, que tenía que tener cuidado con lo que escribía en ese libro porque no sabía quién podría leer mi dedicatoria dentro de unos días.

En la portada del libro, en letras doradas, estaba escrito en inglés «*Guest book*», libro de visitas. La siguiente hoja comenzaba con la misma sentencia con la que se inician muchas cartas en el mundo musulmán: «*Bishmillah, Arrahman Arrahim*», en el nombre de Dios, Clemente y Misericordioso. Una frase que repetían también hasta la saciedad todos los portavoces oficiales del gobierno iraquí en cada una de sus comparecencias o los propios locutores de la televisión pública. «*Bishmillah...!*» La solemne frase encabezaba cualquier declaración pública o todos y cada uno de los discursos del propio Sadam Husein. ¿Un hombre religioso?

Habrá que pensar que sí, que lo era. No en vano le gustaba retratarse rezando, en actitud piadosa, y se autodenominaba el «Líder de los creyentes». En su primer discurso a la nación tras el comienzo de los ataques, el 23 de marzo, Husein apeló a la «paciencia» como virtud coránica para derrotar a los norteamericanos: «el fruto de vuestra paciencia será la victoria», decía. Y apostillaba: «*Inshallah*», si Dios quiere. A Husein se le llenaba la boca de citas religiosas y metáforas coránicas. Algo que puede resultar bastante habitual en esa parte del mundo, pero que chirriaba en la persona del dictador iraquí. Su partido, el Baaz, había llegado al poder en Irak y en Siria en los años setenta con una filosofía panarabista y laica. De hecho, Sadam consiguió sacar a la religión de la esfera pública y reconducirla hacia lo privado.

Pero hubo un momento en su devenir como dictador en el que consideró que la religión podía servir a sus intereses. Fue en 1991, poco antes de que una coalición internacional liderada por Estados Unidos decidiera atacar Irak para obligarle a retirarse de Kuwait. Ese año, Sadam realizó un cambio constitucional de extrema importancia. Decidió colocar en la bandera iraquí la leyenda «*Allah uk akbar*», Dios es grande. Una sorpresa en un régimen que todavía se decía a sí mismo secular. La maniobra de Sadam pretendía atraer hacia su órbita a las masas musulmanas de países árabes, en las que ya se empezaba a detectar cierto hastío antioccidental. Una sabia jugada que no le valió, sin embargo, para ganar la *Um Al Maarik*, la Madre de todas las Batallas.

Desde entonces, el giro islamista de Sadam Husein fue más que evidente. «Comandante Sadam Husein, vencedor con el apoyo de Dios.» Así comenzaban todos los folletos que el Ministerio de Información repartía a los periodistas sobre la ideología baazista. En esos panfletos se explicaba el concepto de país que tenía en la cabeza el presidente. Un cóctel de razonamientos ideológicos que iban desde el igualitarismo comunista a las recetas económicas más liberales, pasando por tonalidades socialistas y sobre todo ciertas veleidades fascistas. Un batiburrillo indescifrable, surgido de un golpe de Estado y barnizado de populismo. Sadam quería ser el «Padre de todos los iraquíes».

Desde ese paternalismo dictatorial elaboró un programa educativo destinado a crear en las escuelas «una generación creyente en Dios y creyente en su patria». El adoctrinamiento en el «sadamismo» comenzaba allí mismo, en los colegios, con una educación orientada a ensalzar la figura del presidente. Basada en su culto y en la memorización de sus hazañas. Dedicada a la interiorización de los valores ideológicos del partido Baaz. Todos los libros de texto, en su segunda página, tenían una foto del dictador sobre un rótulo que decía «*Hafazau allah wa raa'h*», Dios le guarde y le proteja.

Muchos de los profesores eran militantes del partido. Personas absolutamente ideologizadas. Todas las mañanas, las clases se iniciaban con la izada de la bandera de Irak y unas palabras en honor del presidente. Muchos de estos profesores, bien por convicción o bien por adquirir una coraza que les blindara de represalias del sistema, incluso llegaban a espiar a sus alumnos más pequeños. Les interrogaban hasta conseguir que los críos dijeran algo que comprometiera a sus progenitores. Por eso, en muchas cenas, los padres no hablaban libremente delante de los hijos. Tenían miedo de que una crítica a Sadam, de que un comentario malicioso sobre el dictador, fuera repetido al día siguiente por los niños en el colegio. Uno de esos profesores sin escrúpulos podía marcar a los padres y toda la familia acabar represaliada.

Sadam llegó a crear en los años ochenta una especie de milicia juvenil con críos menores de 15 años. Le llamó la Futuwah, la Vanguardia de la Juventud. Con los años, la organización cambió su nombre, pero no su espíritu. Incluso en los últimos desfiles que el régimen consiguió organizar para levantar la moral de sus partidarios, numerosos niños mostraban orgullosos sus deseos de acudir a luchar por su líder. El único requisito que se les pedía a los jóvenes milicianos era la adhesión inquebrantable a la figura de Sadam.

En los últimos días de la guerra, cuando los norteamericanos estaban a las puertas de Bagdad, el dictador comenzó a usar mayores dosis de terminología religiosa en sus pronunciamientos a la nación. Los discursos de Sadam, casi todos leídos por el Ministro de Información, Mohamed Al Shaafi, apelaban sobre todo a la *Yihad*, la guerra santa. «Los que mueran luchando serán mártires e irán al Paraíso», decía Sadam a primeros de abril, una semana antes de la caída de Bagdad. En su desesperación por el devenir contrario de la guerra, Sadam se echaba en manos de Alá, apostando por la intervención divina. Como si la religión y el islam hubieran sido siempre su norte y su guía.

Pero no convenció a todos. No convenció a los miles de iraquíes educados en escuelas laicas, en la creencia baazista de que la religión no debía dominar al poder político. Y sobre todo, no convenció al otro gran satán de Estados Unidos, Osama Bin Laden, que nunca creyó en la repentina conversión islámica de Husein. El jefe de Al Qaeda hizó un llamamiento a los *muyahidines*, a los mercenarios integristas de todo el mundo, para que fueran a luchar a Irak, «donde los cruzados se preparaban para invadir tierra del islam». Lo dijo en febrero de 2003, 36 días antes de que empezara la guerra.

La posibilidad de colaboración entre el régimen iraquí y el terrorismo islamista inspirado por el saudí fue uno de los argumentos utilizados por Bush para provocar la guerra. «La ambición y el odio son suficientes para unir a Al Qaeda e Irak», dijo Colin Powell solemnemente en febrero ante la ONU, tratando de demostrar las supuestas conexiones entre el régimen y la red terrorista.

Powell no aportó demasiadas pruebas sobre esa presunta relación, salvo la supuesta presencia en Irak del palestino Abu

José Couso y el sonidista de TVE Carlos Díaz la primera noche de bombardeos sobre Bagdad. Al fondo las luces del Palacio Presidencial de Sadam. En ese balcón moriría José tres semanas después.

La videoconferencia permitía retransmitir desde el interior de la habitación. Estaba prohibida por el gobierno iraquí. Cuando llamaban a la puerta había que cortar la conexión y esconderla.

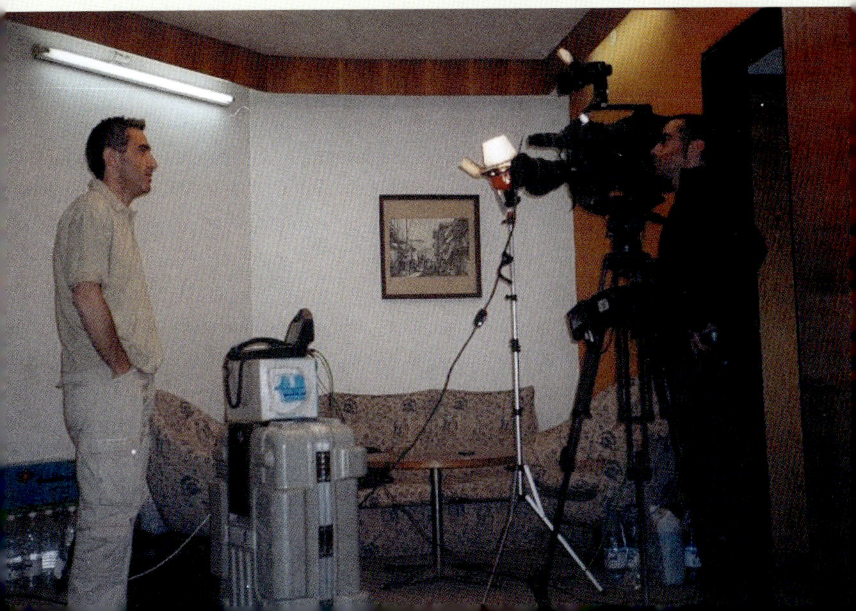

El logotipo de Informativos Telecinco y el banderín de la Real Sociedad de fútbol identificaron nuestro coche por todo Bagdad.

«La negritud, ese color obsceno que adquieren los paisajes barnizados por la guerra, cambió la fotografía de Bagdad. La ciudad se llenó de tremendas columnas de humo negro, denso y grumoso.»

«Tenía 40 años y un mostacho gigantesco y amarillento de fumador. Su verborrea era una mezcla de antiimperialismo, islamismo y sadamismo, pero lo único que Ahmed quería era matar americanos.»

«Nos acercamos con cierta precaución a los obuses. Eran enormes. Como gigantescos supositorios. Los habían colocado allí para engañarnos y lo hubieran conseguido si no llegamos a verlos de cerca.»

La Alianza del Norte, las fuerzas antitalibanes con las que se alió Estados Unidos en Afganistán, utilizaban a niños de 14 años para hacer guardia en primera línea del frente.

Todo Afganistán es un inmenso cementerio de chatarra militar. Los viejos tanques rusos, reliquias inertes de las hazañas bélicas de sus abuelos, son utilizados por los niños como parques de juego.

Los muyahidines de la Alianza del Norte todavía conservan el armamento que les entregó EE.UU. para combatir a los soviéticos. Estos milicianos tayikos hacían guardia en el aeródromo de Bagran.

El RPG es, junto al Kalashnikov, el arma más utilizada en Afganistán. Es un lanzagranadas de origen ruso, de un enorme poder destructivo, y muy barato, apenas tres euros por proyectil.

Desolación y tristeza. El Afganistán de los talibanes ni siquiera permitía a los niños jugar con sus cometas. En un país sin televisión ni radio, la presencia de un occidental era todo un acontecimiento.

Abdula tenía la mirada abatida del niño que quiere jugar o vaguear con sus amigos y se ve obligado a hacer guardia sobre un tejado a 500 metros de los talibanes.

La incursión de los tanques israelíes en la ciudad palestina de Belén en marzo de 2002 fue tan violenta que ni un solo coche o casa situados en el casco histórico se libró de recibir un balazo. Los soldados hebreos disparaban a todo lo que se movía, incluidos periodistas.

Cada miliciano palestino abatido por el ejército israelí es honrado con honores de mártir. Su fotografía empapelará las paredes de la ciudad y su recuerdo entrará en el altar de héroes caídos por Palestina. La iconografía de la muerte y del martirio es parte del paisaje en los territorios ocupados.

Sólo un pañuelo verde, negro o amarillo permite distinguir a las diferentes milicias palestinas. Las Brigadas de Al Quds, de la Yihad Islámica; los Mártires de Al Aqsa, de Al Fatah, o los milicianos de Ezzedine Al Kassan, de Hamas, se juntan en los funerales por un activista muerto. Ese ojo, esa mirada a través del visor del subfusil, ¿es un grito de cansancio, de dolor o de odio?

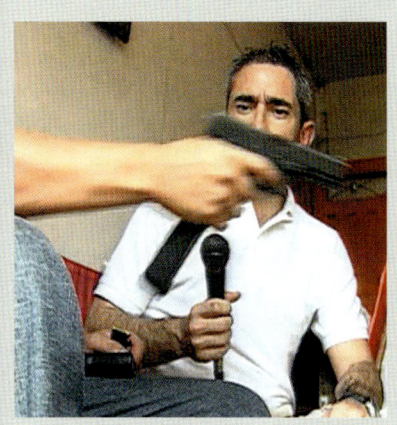

Colombia enamora y desespera por igual. Tanta belleza y tanta violencia parece que a veces se complementan para hacer de este país una terrible contradicción. Los guerrilleros y las guerrilleras de las FARC dicen que son gente de paz mientras mantienen secuestrados a miles de ciudadanos. En Medellín, los sicarios utilizan pistolas de doble cargador para asegurarse de que acaban con sus víctimas.

Antonio Baquero, de *El Periódico de Catalunya*, junto al equipo de Informativos Telecinco en un momento de descanso tras verificar los combates en los alrededores del aeropuerto de Bagdad.

«En esos momentos, dentro del tanque, un sargento de color llamado Shawn Gibson acababa de pedir permiso para disparar contra el hotel. La unidad de blindados pertenecía a la compañía Alfa, conocida como los assassins, los asesinos.»

«Los periodistas tendemos a llevarnos recuerdos de los infiernos que visitamos, un casquillo, una bala, pero nadie cogió nada de la habitación 1403. Por una vez, aquellos fragmentos de metralla, aquel trípode tullido, tenían un nombre y un apellido, y eran los de un amigo.»

Escucha, escucha, Bush, gritaban mientras se llevaban la mano al cuello y hacían un gesto elocuente de rebanarlo. Esos fedayines tenían una presencia poderosa que fue aprovechada por Couso.

«¡José, quiero que hagas hablar a esas estatuas! –le dije–. Quiero que digan si tienen ganas de luchar, si están acojonados, si son pobres hombres o los tipos más arrogantes del Oriente Medio.»

Era difícil que José perdiera el humor. Se ganaba a cualquier iraquí con su amplia sonrisa y esa pinta de buena persona.

Abajo, ríe ante el monumento más conocido de Sadam, una enorme cimitarra en cuya base se amontonan decenas de cascos agujereados de soldados iraníes.

Durante las desesperantes horas de espera ante el Ministerio de Información aprovechábamos para limpiarnos las botas, beber té o comer frutos secos.

«La furia de Alá está con nosotros y va a detener a los yanquis», gritaban los iraquíes ante aquella tormenta de arena. Era como si una maldición bíblica se hubiera abatido sobre Bagdad. El cielo se coloreó de rojo, después de verde y luego se fue al ámbar.

من أجل الحفاظ على سلامتكم إتبعوا إرشادات الإئتلاف

- أوقفوا آلياتكم على شكل مربعات، لا يزيد حجمها حجم الكتيبة.
- أديروا ووجهوا فوهات السبطانات نحو مؤخرة سطح الآلية.
- ثبتوا سبطانات كل قطع المدفعية ومدافع الدفاع الجوي بوضع اللا رمي.
- إرفعوا أعلاما بيضاء فوق آلياتكم.
- تخلوا عن أجهزة الدفاع الجوي المحمولة، إتركوها بعيدة عن النظر وغير مرئية قدر الإمكان.
- على الأفراد العسكريين التجمع بشكل مجموعات على مسافة كيلومتر واحد على الأقل بعيدا عن آلياتهم.
- يمكن للضباط الإحتفاظ بسلاحهم الجنبي، ولكن على الآخرين أجمعين أن يجردوا أنفسهم من السلاح.
- لا تقتربوا من قوات الإئتلاف.
- إنتظروا تعليمات إضافية.

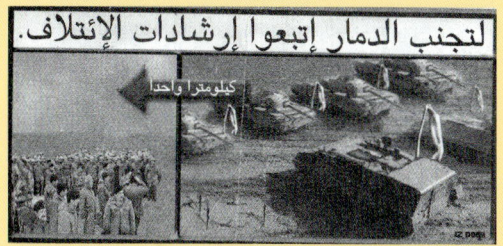

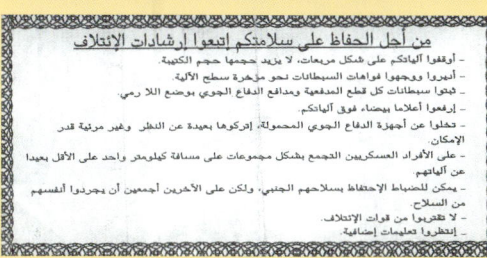

Las octavillas lanzadas por los aviones norteamericanos indicaban a los soldados iraquíes cómo rendirse: Banderas blancas en los tanques, el cañón apuntando al suelo y todos los hombres desarmados y agrupados a un kilómetro.

Diego Miralles, de Mediasat, junto a Ahmed, el censor, comentando una de nuestras informaciones. Sus órdenes eran ver y escuchar todo lo que enviáramos o dijéramos. Ahmed, pese a su Kalashnikov, era bastante permisivo, entre otras cosas, porque desde primera hora de la mañana estaba bebido.

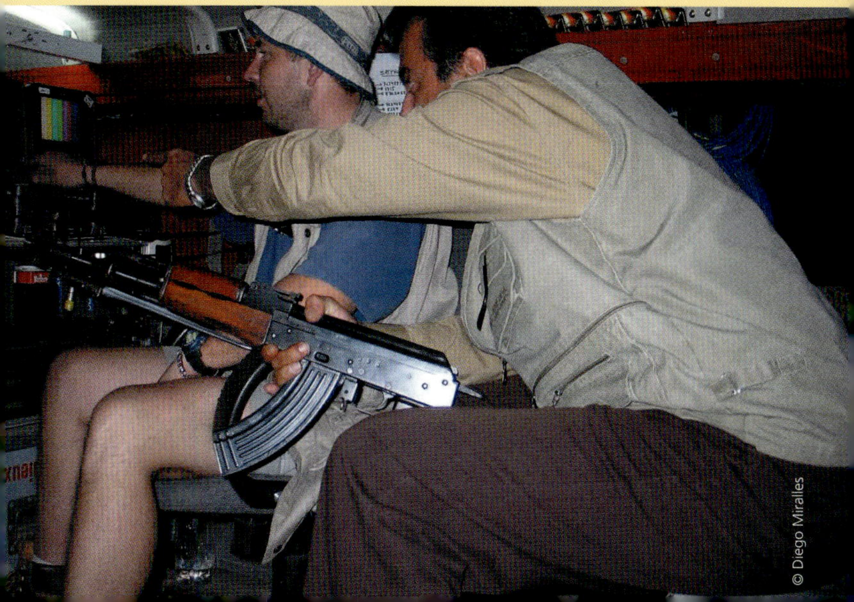
© Diego Miralles

«Sadam miraba hacia su derecha, hacia donde estábamos nosotros, y sonreía. Nos sonreía a nosotros. Parecía hasta simpático. Couso y yo nos miramos y también nos reímos. Por un momento, dentro de aquellas galerías, estuvimos a punto de pensar que él no tenía ninguna culpa de lo que le estaba pasando a su país.»

Musab Zarqawi, un hombre de Bin Laden, al que calificó como especialista en armas químicas y biológicas. Zarqawi nunca apareció, ni tampoco se volvió a hablar de las conexiones entre la internacional terrorista integrista e Irak. Era una alianza contra natura que muy pocos analistas creían que se podría producir. A Sadam, que estaba bastante solo, no le interesaba aliarse con un fanático integrista como Osama, y a éste, le hubiera costado llegar a una entente cordial con un dirigente que había hecho del laicismo su bandera, al menos al principio de su dictadura.

La supuesta declaración enviada por el supuesto Bin Laden a la televisión Al Yazira, en febrero de 2003, un mes antes de la guerra, decía textualmente: «El deber de todo musulmán es tomar las armas y matar a los infieles (...). En las circunstancias actuales, no hay ningún inconveniente en que los intereses de los musulmanes coincidan con los de los socialistas del partido Baaz en la lucha contra los cruzados, incluso si creemos y decimos que los socialistas son unos apóstatas». Es decir, Bin Laden no llamaba a una *Yihad*, a una guerra santa, para defender a Sadam, sino porque era una oportunidad de oro para matar norteamericanos. Bin Laden no creía en Sadam. Y sobre todo, como integrista islámico de la rama dura wahabí, no podía perdonarle su ideario laico y antimusulmán. Un ideario que Husein había defendido, al menos durante la primera parte de su mandato. No. Bin Laden no se creyó la militancia islamista de Husein.

Desde el principio los analistas de la CIA tuvieron en cuenta el factor religioso en Irak, y siempre creyeron que éste jugaría a su favor. Las cuentas que hicieron eran las siguientes: Irak es un país musulmán gobernado por un régimen que se autoproclama laico. Pese a ello, la clase dirigente pertenece a la minoría religiosa sunita, que representa el 40% de la población. El resto, el 60%, es de confesión chiita, y se ha sentido históricamente apartado del poder y sometido por la otra gran rama del islam. Luego, pensaron esos analistas, si se les ponía en bandeja la cabeza del dictador, los chiitas se alzarían en contra del régimen y recibirían a los soldados norteamericanos como libertadores.

El levantamiento chiita de 1991 en el sur del país había sido reconducido por Sadam a base de ejecuciones masivas, desapariciones y deportaciones de poblaciones enteras. Es decir, que la parte chiita de la población iraquí, la más pobre, no estaba muy contenta con Sadam; y por tanto, su ejército, formado básicamente por soldados de reemplazo de las clases más desfavorecidas y de confesión chiita, tampoco era un ejército temible. Los analistas norteamericanos, y en esto no se equivocaron, consideraban que la resistencia de la mayor parte de las unidades militares sería mínima, exceptuando la Guardia Republicana, formada exclusivamente por sunitas de la misma provincia y tribu que Sadam.

El actual suelo iraquí fue el lugar donde se libró, hace casi 1.400 años, la primera guerra civil del islam tras la muerte de Mahoma. Una guerra por su sucesión entre los legitimistas y los dinásticos. Entre los que querían elegir al líder del islam entre los dirigentes más preparados y los que creían que tenía que ser un descendiente de Mahoma. Ciudades como Nayaf o, sobre todo, Kerbala, dieron nombre a grandes batallas entre las dos facciones que se disputaban la legitimidad de la sucesión del profeta. Los unos, los sunitas, partidarios del califa Otman, representaban a la rama de los Omeya, la aristocracia de La Meca. Los otros, los chiitas, seguidores de Alí, el primo y yerno de Mahoma, creían que la línea sucesoria debería ser por descendencia directa de familia. La gran batalla se disputó en los alrededores de Kerbala, y los seguidores de Alí, los chiitas, que significa «la facción», fueron derrotados. Desde entonces intentaron crear sus propios estados, como la Persia medieval o el actual Irán. Los chiitas son casi 200 millones de musulmanes en todo el mundo, pero están concentrados sobre todo entre Irán, Irak y el Líbano.

El ayatolá Alí Al Sistani es la más alta autoridad religiosa chiita mundial. Su magisterio es obedecido incluso por los ayatolás iraníes, que sí han hecho realidad la creación de un estado islámico confesional. Al Sistani vive y enseña en Nayaf, ciudad santa donde precisamente está enterrado Alí, el primo de Mahoma. Durante la guerra hizo un llamamiento a sus seguidores instándoles a no oponerse al avance de las tropas norteamericanas. Fuentes aliadas dieron a la recomendación rango de *fatwa*, de decreto religioso, mientras que por aquel entonces, el Ministro de Información de Sadam, Mohamed Al Shaafi, lo calificó de «invento de espías británicos». El caso es que Sistani, aunque no ordenó ayudar a los invasores, sí impidió que se les hiciera frente, para facilitar así la caída de Sadam.

Durante los años ochenta, Al Sistani tuvo que echar mano de sus mejores armas como ayatolá chiita, es decir, la paciencia, la mesura, y la *taquía*, el disimulo, para dialogar con el dictador. Sadam era sunita, pero además, al menos al principio, se declaraba laico. Eran los tiempos del triunfo de la revolución islámica en el vecino Irán, y Sadam prefería contener los impulsos levantiscos de sus propios chiitas con una firme mano represora. Con el paso de los años, acabada la guerra contra Irán, en la que los chiitas de ambos lados de la frontera prefirieron mantener las fidelidades a sus patrias antes que a su religión, Sadam sufrió esa conmoción religiosa que lo acercó al Corán. Desde entonces empezó a ganarse a los clérigos sunitas y sobre todo a los imanes chiitas.

Cuando a primeros de marzo de 2003 nos acercamos a la ciudad santa de Kerbala, las mezquitas de Al Abbas y de Husein estaban en obras. Están una frente a la otra, separadas por un paseo de 500 metros. El conjunto es uno de los principales lugares de peregrinación de los chiitas de todo el mundo porque allí están enterrados los hijos de Alí, el cuarto califa del islam, pero primero de la rama chiita.

Era el primer día de moharran, el primer mes del calendario musulmán. Una fecha señalada que los resabios laicos del régimen de Sadam consentía, pero impedía celebrar. El presidente Sadam Husein se había mostrado generoso y había donado 50 kilos de oro y otros 150 de plata para recubrir las columnas y la cúpula del edificio. Los fieles estaban encantados con ese gesto destinado a ganarse sus corazones. Con detalles como éste Sadam iba poco a poco parcheando cualquier riesgo de implosión social que cuestionara la estructura estatal que había diseñado. Una estructura en la que los chiitas, la mayor comunidad de creyentes en Irak, estaban dominados por la minoría sunita.

Los andamios se elevaban hacia los gigantescos techos y varios operarios, subidos en ellos, se afanaban en revestir de dorado esas paredes. El sol del mediodía caía a plomo en el patio de la mezquita produciendo un fulgor extraordinario que hacía que todo el mundo entrecerrase los ojos. En lo alto de la cúpula ondeaba la bandera negra que usaba el profeta Mahoma, y abajo, en el patio, familias enteras rezaban juntas o tomaban un té peleándose por las pocas sombras que había.

A la entrada de la mezquita, y para que a nadie se le olvidara, un enorme mosaico mostraba a Sadam de rodillas, rezando, en dirección a La Meca. El presidente estaba prosternado y en actitud humilde bajo el rótulo de una aleya, un versículo del Corán, que decía: «Dios haga de este país un lugar seguro y dé a su gente el fruto de su trabajo». Otra vez la referencia a la intervención divina para dignificar a Irak. Nada que ver con el Sadam de principios de los ochenta. El Sadam laico y panarabista. El líder secular que quería desvincular la religión de la vida pública.

La estulticia de Sadam para ganarse a la población chiita no tenía límites. A pesar de que eran más del 60 % de su pueblo. De que históricamente les había apartado del poder. De que los había diezmado en el sur, durante las revueltas de 1991. A pesar de todo eso, y como si no hubiera pasado nada, Sadam, en el colmo de su delirio imperial, llegó a proclamarse descendiente directo de Mahoma.

En un país en el que ninguna decisión presidencial se cuestionaba, sunitas y chiitas tuvieron que tragar con la idea de que Sadam había encontrado entre sus ancestros un linaje que lo emparentaba directamente con el Profeta. El Líder de los creyentes, rizando el rizo, se ungió como descendiente de Alí, el primo de Mahoma, que fue el primer guía de la rama chiita. De este modo podía ser aceptado como líder espiritual por los sunitas, que consideraban a Alí el lugarteniente de Mahoma mientras éste vivió, y por los chiitas, que lo aclamaban como su primer dirigente. Había que tener mucha cara dura para pasar de ser el adalid de la secularización en el mundo árabe a encontrar, 1.400 años después, en su propia estirpe beduina de Tikrit, un ascendente que elevara su propia alcurnia al rango de familia con el mismísimo Mahoma.

Después de conocer ese dato, y mientras comíamos un pollo asado en un restaurante de Kerbala bajo un calor sofocante, le pregunté a mi propio guía Sabaa si creía que efectivamente el presidente era familia del Profeta. Sabaa era sunita. Tenía un hablar pausado, casi didáctico. Como de guía de museo. En aquella visita a la ciudad santa disfrutó como nunca, porque ejerció menos de comisario político y más de simple profesor de religión. Él, por supuesto, no sospechó que nuestra verdadera intención era realizar un reportaje sobre las posibilidades de que la población chiita se levantara en armas contra Sadam. Siempre pensó que estábamos interesados en hacer una crónica cultural sobre las diferentes versiones del islam en Irak y la permisividad del régimen con todas ellas.

Sabaa, que había sido profesor de historia en un instituto y ejerció ocasionalmente de periodista en un pequeño periódico de su ciudad natal, se pensó la respuesta unos segundos. Llevábamos un rato hablando de los orígenes del islam, de aquel pequeño grupo de hombres buenos que creyeron y siguieron a Mahoma. De los primeros califas, Abu Bakr, Omar, Otman. Sabaa estaba entusiasmado de poder mostrar sus conocimientos, especialmente a un cristiano, y de que éste atendiera su disertación. Aquella pregunta rompió la magia de su discurso. Miró a un lado, miró a otro, mordió un trozo de su muslo de pollo, se limpió el bigote con la servilleta, bajó la voz y me dijo, casi inaudible: «Imposible, no creo que el presidente sea familia del Profeta, pero no seré yo quien lo cuestione. Si él lo dice, amén». Remarcó la frase con un «amén» católico, para dar por concluida esa parte de la conversación y para demostrar sus conocimientos ecuménicos.

Cuando el imam de la mezquita de Al Abbas se enteró que había un grupo de periodistas esperando para hablar con él, lo primero que hizo fue negarnos la entrada al interior del templo. Tendríamos que verle en su despacho, pero, por nuestra condición de cristianos, y porque aquel día de marzo se celebraba el año nuevo musulmán, el 1524 de su era, nos prohibió el acceso al interior. Había ambiente de fiesta. A la entrada se arremolinaban mujeres vestidas de pies a cabeza de riguroso negro con el *abaya*, mientras que la mayoría de los hombres vestían una túnica blanca llamada *dasdasha*. El pórtico de la mezquita y el patio interior estaban decorados con complicadas filigranas sobre lapislázuli, y pictogramas y aleyas del Corán en mármoles blancos.

El imam se llamaba Mahadi Al Gurabi, y era el jefe espiritual y religioso de ambas mezquitas. Por supuesto, rendía obediencia a su superior, el ayatolá Sistani, pero en aquellas dos mezquitas, Al Gurabi era el jefe. «Son ustedes nuestros huéspedes y están en zona sagrada», fue lo primero que dijo. Era alto y orondo. Con una profusa barba negra y una nariz enorme, desproporcionada. En el refectorio donde nos recibió se le podía ver en unas fotos enormes que colgaban de la pared departiendo animadamente con Sadam Husein, y posando, con una tremenda sonrisa, junto a Uday Husein, el hijo mayor del presidente. El imam parecía bien relacionado. Como siempre en este país, lo difícil era adivinar si se trataba de una impostura provocada por las circunstancias o es que de verdad el imam era un hombre del sistema.

Nunca lo supimos. En aquella época, por si acaso, todo el mundo hacía profesión de «sadamismo», aunque realmente opinara lo contrario. El imam, además, era una figura pública, así que debía medir sus palabras. Era el hombre que tenía que administrar todos esos kilos de oro y plata regalados a la mezquita por Husein. Un regalo que no se podía rechazar. Su discurso era oficialista. En su visión del mundo, la culpa de todo la tenían ¡cómo no!, los sionistas. Aquel día era el primero de su calendario y según nos dijo Al Gurabi, durante cuatro meses estaba prohibida la lucha entre musulmanes. «Claro que si los que atacan, como es el caso, son judíos y por tanto infieles, nuestra obligación es luchar y yo estaré en primera fila», nos aseguró.

Parecía ir en serio cuando repetía una y otra vez: «Occidente trabaja junto a los judíos para atacarnos». Su argumentación era una amalgama de lugares comunes y su fidelidad al régimen parecía, aparentemente, incuestionable. Aseguraba que de estallar la guerra el ayatolá Al Sistani lanzaría una *fatwa* llamando a la *Yihad*, a la guerra santa. Con carácter defensivo, apostillaba, no ofensivo. Como se vio finalmente, el anciano ayatolá hizo todo lo contrario.

Tras acabar el segundo té, que amablemente nos ofreció, Al Gurabi intentó convencernos de que no había diferencias, más allá de las doctrinales, entre sunitas y chiitas. Que todos eran iraquíes. Que el respeto y el amor a la patria estaba muy por encima de sus cuitas religiosas. Era su respuesta a una pregunta que le incomodó. ¿Y si hay guerra y llegan los americanos, y hay elecciones democráticas? Con el 60 % del electorado, razonábamos, los chiitas se harían con el poder. Un Irak chiita vecino de un Irán controlado desde hace años por los ayatolás. Un escenario que en Washington ponía los pelos de punta. El imam se revolvió inquieto en el trono en el que nos había recibido. La conversación debía ir acabando. Entrábamos ya en derroteros que no eran los previstos: «Nuestra mejor arma es la fe, y ojalá la tumba de los norteamericanos sean las fronteras iraquíes», sentenció antes de despedirnos.

«*La ilah illa Allah, wa Mohammad, rasula Allah.*» No hay más Dios que Dios y Mahoma es su profeta. Esta frase es seguramente una de las más repetidas cada día en todo el mundo. Más de mil musulmanes la pronuncian cada día para cumplir con la *shahada*, la profesión de fe. Uno de los cinco preceptos del buen musulmán. Es la frase que se dice en el momento de morir. La que ratifica que en el fondo de su corazón, esa persona ha aceptado la idea de que Alá es el único Dios y Mahoma el sello de los profetas. El último de ellos.

Al anochecer, esa frase suena como una letanía, como una especie de rosario, desde todos los minaretes del islam. Desde Marruecos a Indonesia. En Bagdad, en algunos barrios, el sonido del muecín llamando a la *azalá*, a la oración, se mezcla con el de las campanas de las iglesias cristianas que a su vez convocan a sus feligreses. Es una mezcla sorprendente y apasionante. Difícil de digerir en estos tiempos de integrismos e intransigencias. Es seguramente una de las pocas cosas que hay que agradecerle a Sadam Husein. Que haya logrado mantener a la minoría cristiana de Irak en unos márgenes más que aceptables de supervivencia como comunidad y como religión.

De todas formas, cada vez quedan menos cristianos en Irak. Desde que en 1991 se empezara a detectar esa islamización rampante del país simbolizada por la adopción de la frase «Alá es grande» en la propia bandera iraquí, son muchos los cristianos que dejaron el país. Apenas queda medio millón, un 3 % de la población, de los 800.000 que había hace 10 años. En los días previos a la guerra muchos de ellos dejaron de confiar en Sadam Husein, pese a que siempre les trató como una élite cultural y económica. El Líder de los creyentes lo era evidentemente sólo para los musulmanes, no para las comunidades cristianas caldeas. Tampoco les era de mucha ayuda en los últimos tiempos que uno de los hombres cercanos a Husein, Tarek Aziz, fuera cristiano.

Los ancestros de los caldeos se remontan a casi mil años antes de Cristo. Después de la civilización asiria, la sumeria o la mesopotámica, ellos llevaron a Babilonia a su máximo esplendor. Caldeo era el rey Nabucodonosor, ese al que ahora todo el mundo conoce por haber dado el nombre a la nave de Morfeo en la película *Matrix*. Caldeos eran los jardines colgantes de Babilonia, una de las siete maravillas desaparecidas del mundo antiguo. Un pasado esplendoroso para esta comunidad que usa su propia y atávica lengua, y que mantiene en esas tierras del islam su fidelidad inquebrantable al Papa de Roma.

A mediados de marzo visitamos la catedral de Mar Yousef, San José en árabe. Un templo sobrio y feo con capacidad para acoger a 2.000 fieles. El coro estaba cantando una canción en árabe cuya letra decía: «Que Dios nos ayude para que no haya guerra». «Es lo único que podemos hacer, cantar y rezar», nos dijo Samer, el director del coro, que era mixto. Chicas y chicos, algo inusual en esta región del mundo. El padre Luis Al Shaabi daba misa a la vieja usanza preconciliar, en latín y de espaldas a los feligreses. Cuando se retiraba al confesionario, para escuchar los pecados de su gente, lo hacía en caldeo. Y cuando tenía que hablar con la prensa, pese a que entendía inglés, prefería realizar la entrevista en árabe.

«La guerra es ciega y tenemos miedo, pero amamos a nuestro presidente y no queremos que se vaya», nos dijo mientras Couso enfocaba su rostro. Sus palabras sonaban escrupulosamente comedidas. Otra vez la nebulosa intransitable de saber qué es cierto y qué es fingido. Qué es creíble y qué es impostado. Sus palabras decían una cosa, pero sus ojos y su voz parecían decir otra. Otra vez, como le pasaba al imam Al Gurabi, la dependencia clientelar primaba sobre cualquier otra consideración. Igual que en Kerbala acababa de donar oro y plata a espuertas, Sadam Husein había financiado la construcción de la catedral de Mar Yousef y había asistido a la inauguración. ¿Cómo criticarle?

Había más de treinta iglesias en todo Bagdad. Muchas se apiñaban cerca del barrio comercial de Al Karradi, y el resto estaban dispersas por la ciudad, estirando estoicamente los cuellos de sus torres y sus campanarios entre un mar de minaretes islámicos. Los caldeos, que durante 3.000 años han mantenido sus costumbres y su lengua pese a las turbulencias padecidas por esa tierra, no son los únicos cristianos que viven en Irak. Hay otras minorías como los asirios, los nestorianos, los griegos ortodoxos o los armenios. Entre todos ellos se repartían esas treinta iglesias.

Todos estos cristianos, con la boca pequeña, reconocían sentirse inquietos pensando en un futuro sin Sadam. Pero a lo que más temían era al caos. A la anarquía que se desataría tras una guerra y en la que ellos, como minoría religiosa, tendrían mucho que perder. ¿Quién los iba a cuidar o respetar si caía Sadam? ¿Qué sería de ellos si se instauraba un régimen chiita de corte teocrático?

Le dije a Couso que bajara la cámara para poder hacerle todas estas preguntas al sacerdote Al Shaabi. Para que no estuviera tan nervioso y se sintiera más cómodo. Al fin y al cabo, nosotros también éramos cristianos y podíamos entenderle. Pero el cura no bajó la guardia. Miraba por encima de nuestro hombro a todos aquellos feligreses curiosos que se habían quedado después de misa a ver la entrevista. Los miraba y sentía, como ya llevábamos tiempo notando, el miedo de la delación. La inseguridad de decir algo inconveniente y que alguien le escuchara. Que alguien le traicionara y recibiera una visita de los servicios secretos. Nos preguntó en qué cadena saldría su entrevista y si se podía ver por satélite desde Irak. Tenía miedo de que cualquiera, con una antena parabólica, le pudiera ver y denunciar. Le dijimos que no temiera nada, que eso no era posible. Finalmente se decidió a hablar: «Con la fe, la oración y el ayuno podremos superar cualquier cosa». No había sido capaz de superar ese miedo cerval a ser escuchado y denunciado.

La capacidad amedrentadora y manipuladora de Sadam era casi infinita. Hizo creer que su hijo Uday se había convertido al chiismo para que la parte de la población iraquí que profesaba esa rama del islam mirara a la «familia imperial» de otra manera. Permitió que las élites cristianas caldeas tuvieran buena parte de las industrias y los negocios bancarios y así pudo domesticar a los seguidores de esa religión. Pero sobre todo, asumió un papel de principal soporte de la causa palestina para conseguir la solidaridad de todo el mundo árabe. Cada vez que Sadam daba un discurso oficial a sus propios militares comenzaba diciendo: «Hombres de valores sublimes, hijos de nuestra nación, sois el ejército de las fieles tareas patrióticas y nacionales, sois el ejército de Palestina».

A menudo, en la televisión iraquí emitían un vídeo musical que narraba la tragedia de un joven palestino cuyos hermanos son asesinados por las tropas israelíes. El vídeo era pura propaganda. La canción no estaba nada mal, pero tanto la letra como las imágenes que lo acompañaban eran la visión más rabiosamente antisionista del conflicto árabe-palestino. No faltaba nada. Tanques hebreos que pisoteaban a niños en los campos de refugiados, madres dolientes que lloraban las muertes de sus hijos, jóvenes que decidían coger las armas y luchar de esquina en esquina, de casa en casa, por su país. Incluso, al final, el vídeo hacía un guiño de complicidad a aquellos que decidían convertirse en mártires suicidas. Ese vídeo, programado de manera obsesiva en los días previos al comienzo de la guerra, se lo sabían de memoria en la barriada palestina de Al Balediat.

Eran 16 edificios donde se hacinaban unos 8.000 palestinos huidos de sus tierras y que Sadam había acogido. El lugar era pobre, sucio, abandonado. De los edificios bajos asomaban multitud de cabezas curiosas en cuanto se corrió la voz de que había forasteros. Estaba situado en las afueras de Bagdad, hacia el este, y el barrio se parecía mucho a cualquier calle de Gaza. Como allí, el viento acumulaba la basura contra las tapias, y los niños, decenas de niños, intentaban meterse todos a la vez por el objetivo de nuestra cámara. Los habitantes de este suburbio eran exiliados palestinos de 1948. El año de la *nakba*, del «Gran Desastre», que es como se denomina en Oriente Próximo a la creación del estado de Israel.

Nuestro tutor Sabaa estaba encantado de llevarnos allí. En la agenda de trabajo de todos los guías estaba tratar de convencer a los periodistas de la necesidad de realizar un reportaje sobre los palestinos que Sadam había acogido en Irak. De esta manera, según la estrategia del Ministerio de Información, se intentaba unir el conflicto palestino con la inminente guerra contra Irak. Su idea era lograr crear un estado de opinión de que detrás del acoso a Sadam no estaban sus supuestas armas de destrucción masiva, sino el petróleo y la contención de la ayuda a los palestinos a la que tan generosamente contribuía Husein.

Sabaa preparó la visita minuciosamente. En cuanto llegamos nos dio una vuelta por el campo de fútbol del barrio, llamado Club Haifa, donde se podían ver una deshilachada bandera palestina ondeando quejosa al viento, y varias pintadas en las paredes en las que se repetían por todos los lados las caras sonrientes del «gran timonel» Yaser Arafat y del «gran patrón» Sadam Husein.

Dentro de una de las casas nos esperaba Um Aljabeth, una simpática abuela de 62 años que aparentaba tener muchos más. Su cara era un poema de melancolías y añoranzas. Cada arruga de su frente parecía reflejar los años que llevaba esperando volver a la aldea pesquera de Tantora, cerca de Haifa, en el actual Israel. «Volvería aunque tuviera que comer hierba –nos dijo–. Estamos muy a gusto con Sadam Husein pero no lo dudaría ni un segundo.» La abuela Aljabeth finalizaba casi todas sus frases con un *Inshallah*», «si Dios quiere», con un tono de descreimiento formidable. «Lo que nos ha pasado a los palestinos está a punto de pasarles a los iraquíes», nos repetía con cierta insistencia.

Pese a que aseguraba llevar a Palestina en el corazón, en su casa no se veían demasiados motivos que llevaran a pensar que estábamos en el hogar de una exiliada. No había fotografías, ni mapas, ni el rostro de Arafat, ni banderas. La abuela hacía un enorme esfuerzo sentimental por mantener viva la llama del retorno, pero era evidente que sus señas de identidad se estaban disolviendo. Sus nietos no tenían ya nombres palestinos sino iraquíes. Esas nuevas generaciones nacidas y criadas en el exilio habían atemperado su fulgor nacionalista. Los palestinos no vivían mal en Irak. Sadam les mimaba mucho. Les había proporcionado casa, trabajos dignos y subvenciones para sus negocios.

El presidente no olvidaba el apoyo de los palestinos durante su invasión de Kuwait y la guerra del Golfo. Su lucha es considerada el primer frente de batalla en el combate contra el imperialismo estadounidense. El principal engrudo para mantener tensionada la causa del nacionalismo árabe. «Un beso en la frente a todos los viejos, mozos, mozas y niños que se están enfrentando al sionismo y a su aliado Estados Unidos, y combatiendo con sus almas y sus bienes para hacer triunfar la razón sobre la falsedad», escribió Sadam con ese alambicado lenguaje en uno de sus mensajes a la nación.

La causa palestina se convirtió en una bandera de conveniencia para Husein. Un trapo prostituido y manipulado que agitaba cada vez que quería despertar la solidaridad árabe. En 1991 les devolvió su apoyo lanzando varios misiles contra Israel. Durante la Intifada lo hizo subvencionando con hasta 25.000 euros a las familias de los terroristas suicidas que se inmolaban contra los israelíes. La cantidad establecida en los talones enviados a Palestina, y autorizados por el vicepresidente de Sadam, Taha Yassin Ramadan, diferenciaba entre los terroristas que habían conseguido matar ciudadanos hebreos, los que se habían hecho reventar sin matar a nadie y los que habían sido interceptados antes siquiera de haberse activado.

Para que Irak autorizara un pago, la familia del suicida tenía que demostrar que el terrorista, efectivamente, se había inmolado. Es decir, que no cobraban los que habían muerto en enfrentamientos o manifestaciones. Tal vez por eso, Sadam, en sus discursos, siempre gritaba dos veces seguidas aquello de «el paraíso para los mártires». Porque había que ser efectivamente un suicida, desde el punto de vista del martirio, para tener derecho a ese dinero.

Tal vez por eso Sadam, cuyo rostro sonriente aparecía en todos los billetes de 250 dinares, decidió colocar en el reverso de esa moneda una serigrafía de la mezquita de Al Quds, La Roca en Jerusalén, el principal icono palestino. Para que todos los iraquíes cada día, al realizar cualquier compra, rozaran con sus dedos el tercer lugar sagrado del islam y la mezquita más controvertida de Palestina. «Viva Palestina libre y árabe, del río al mar y del mar al río.» Ésa era su frase preferida cada vez que tenía que volver a tocar las fibras más sensibles del mundo árabe. Cada vez que quería buscar apoyos para sus erráticas políticas internacionales. Cada vez que volvía a desafiar a la comunidad internacional. Una cantinela que cada vez engañaba a menos fuera y dentro de Irak, pero que calaba en ciertos sectores radicales palestinos. Todavía el rostro de Sadam se puede ver en algunas cafeterías y restaurantes de shawarmas en los barrios antiguos de Yenin, Belén o Hebrón.

9

LAS MENTIRAS DE LA GUERRA

Todo el mundo sabía que iban a bombardear el edificio de la televisión iraquí. Lo sabíamos los periodistas extranjeros, lo sabían los periodistas iraquíes, lo sabían el gobierno de Sadam y, sobre todo, lo tenían claro los generales del Comando Central en Doha. Era un objetivo de manual, porque para ellos esa televisión era una fábrica de mentiras. Igual que lo había sido la televisión de Milosevic en Belgrado, la cadena árabe Al Jazira en Kabul o la televisión palestina en Ramalá. Era sólo cuestión de tiempo que un misil Tomahawk reventara el edificio.

En las academias militares se enseña la importancia que tienen los medios de comunicación en un escenario de conflicto. Ellos, los militares, han convertido en un axioma esa famosa frase de que la primera víctima de las guerras es la verdad. Porque lo primero que pretende todo aquel ejército, milicia, guerrilla o grupo terrorista que actúa en una zona de guerra es controlar la información. Cada uno con su propio objetivo: declarar la bondad de su causa, intoxicar sobre las perversas razones del enemigo o desinformar de la marcha de la guerra. Éstos son sólo algunos de los atentados que se cometen contra la libertad de información en todos esos escenarios. Algunos, porque hay muchos más.

Por ejemplo, la primera regla de un buen golpe de estado es tomar todas las emisoras de radio y cadenas de televisión, emitir un comunicado, y pinchar música militar para que todo el mundo sepa que se está en un estado de excepción. El efecto de amedrentamiento y conmoción en la población civil es devastador.

Los gobiernos que son atacados por una fuerza extranjera también obligan a sus televisiones a programar desfiles militares, discursos patrioteros o informativos de trinchera. La finalidad es exaltar el espíritu de lucha en la población y mantenerlo en unos niveles óptimos de tensión. En dictaduras atacadas como la de Sadam Husein o la de Slobodan Milosevic, regímenes que nunca conocieron ni permitieron la pluralidad informativa, esto era fácil de conseguir.

El ataque de la OTAN contra la antigua Yugoslavia inauguró la táctica militar de dar prioridad a la destrucción de los medios de comunicación controlados por el Estado. Es decir, todos los medios en la Serbia de Milosevic. Durante la campaña de Kosovo, los pilotos norteamericanos se ensañaron con la televisión del sátrapa de Belgrado y consiguieron cortocircuitar ese vehículo de aborregamiento colectivo. Eso sí, al precio de la vida de 16 periodistas y técnicos que permanecían en el edificio.

La tesis de los estrategas de la OTAN era que si la población serbia encendía la televisión y sólo veía rayas, no sólo se conseguiría que su gobierno no les manipulase, sino que se crearía un estado de ansiedad sobre qué estaba pasando en el resto del país. Aquello funcionó, pese a las reticencias que habían mostrado al principio los juristas militares que aconsejaban al general Wesley Clark cada vez que la OTAN fijaba un objetivo. Ellos debían dar el visto bueno al bombardeo de cualquier lugar basado en consideraciones jurídicas funda-

mentadas en el Derecho Internacional. Esos expertos militares en leyes dudaron de si la televisión serbia era un objetivo
plausible. Clark y sus generales lo tenían claro. Había que
destruirla. Aquello funcionó desde la óptica de la estrategia
de guerra; por eso se aplicó también en Afganistán y en Irak.

Los generales conocen el potencial demoledor que tienen
los medios de comunicación. Saben que una guerra se gana o
se pierde dependiendo de cómo se retransmita. Que la opinión pública puede ser vulnerable a los mensajes que se le lanzan. Que la moral de sus soldados también sube o baja con las
noticias que les llegan cada vez que llaman a sus casas. Que la
población civil del país atacado debe ser convenientemente
aleccionada sobre las buenas intenciones de la fuerza invasora. Por eso, una televisión como la iraquí era un objetivo
prioritario de los misiles. En Bagdad incluso nos cruzábamos
apuestas de cuándo se produciría el bombardeo.

La televisión de Husein estaba diseñada a la medida de su
régimen imperial. Era una especie de sedante de conciencias.
El ensimismamiento y la autocomplacencia del presidente se
reflejaban en una programación de manicomio. Las mismas
escenas se repetían las 24 horas del día: Sadam rezando, Sadam saludando a las masas, Sadam nadando en el río Tigris,
visitando una fábrica de rodamientos, recibiendo a los líderes
tribales. Sadam, siempre Sadam.

Los norteamericanos eran conscientes de que la televisión
era el principal medio de transmisión de consignas del régimen y que su aniquilamiento facilitaría la labor de desprogra-
mación de la población. En el ente de la radiotelevisión pública iraquí existían cuatro cadenas diferentes que en ningún
caso suponían pluralidad informativa. La primera cadena era
la más importante porque transmitía las principales noticias
del régimen. La segunda se llamaba Juventud, y su dirección

estaba encomendada a Uday Husein, el hijo mayor del presidente.

La tercera cadena emitía sólo deportes y se dedicaba a piratear a otras emisoras deportivas, incluido el canal Real Madrid TV. Muchas veces vimos partidos del equipo blanco, ya que pinchaban su señal sin ningún pudor y ni siquiera tenían la decencia de tapar la mosca, el logotipo, de ese canal de televisión. La cuarta cadena era un clon de la primera, pero emitía vía satélite. Un simple vistazo a cualquiera de ellas en los días previos a la guerra avalaba la idea de que los norteamericanos acabarían bombardeándolas.

Unas dos semanas antes del comienzo de los ataques, todas las cadenas se militarizaron. Los locutores con los que nos habíamos familiarizado aquellos días comenzaron a aparecer vestidos con el uniforme verde oliva del partido Baaz. Todas sus intervenciones eran arengas guerreras. Consignas dirigidas a estimular esa retórica mendaz de la resistencia y del martirio. «Vamos a emerger victoriosos de esta guerra porque Irak y sus hijos estamos preparados para hacer frente al enemigo», leía al día siguiente de los primeros bombardeos y con voz resquebrajada por la emoción un locutor de bigote, gafas y flequillo. José y yo nos quedamos mirándole.

—¡Ese tipo salía ayer vestido de traje y corbata! —exclamó José.

—Creo que sí —le dije—. Vamos a comprobarlo.

El día anterior habíamos grabado ese mismo informativo dando por supuesto que algún día desaparecería tras un ataque aéreo. Queríamos tener alguna imagen de archivo para completar esa crónica. En efecto, el tipo salía el día anterior vestido a la manera occidental y leyendo un comunicado con voz cansina y escasas dotes de líder para soliviantar a nadie. Después de verle vestido de miliciano comprendimos que todo había cambiado. La guerra empezaba, el país se militarizaba, la programación se llenaba de desfiles militares y de discursos nacionalistas de líderes comunales e intelectuales afines al régimen. La televisión se convertía, más si cabe, en un arma de primera magnitud. Era el ariete mediático de Sadam. Su principal instrumento para mantener prietas las filas.

Todos los periodistas, en nuestras habitaciones, manteníamos constantemente encendido el televisor conectados al canal iraquí. Era imposible saber cuándo iba a haber un comunicado oficial, un parte de guerra, unas imágenes llegadas desde el lado iraquí de algún frente de batalla. Esa televisión, por muy mediatizada que estuviera, por muy demonizada que fuera por los norteamericanos, era el referente informativo más importante que teníamos. Desde el Ministerio de Información se podía asegurar que se había capturado a seis soldados norteamericanos, pero mientras no lo viéramos en la televisión de Sadam no dábamos la información por buena.

Esa televisión era también, por supuesto, la encargada de retransmitir los discursos y alegatos con los que Husein fue salpicando las tres semanas de conflicto. Todos y cada uno de ellos eran de tan mala calidad técnica y tan calculadamente ambiguos que nadie supo jamás si Sadam seguía con vida, si el que hablaba era uno de sus famosos y múltiples dobles o si el discurso había sido grabado antes de que empezaran los bombardeos.

Tan sólo cuatro días antes de que Bagdad fuera tomada por los norteamericanos se produjo una aparición de Sadam que todos consideramos, por fin, como buena. Dio un par de referencias temporales sobre el derribo de un helicóptero Apache y sobre la presencia estadounidense en la primera línea de defensa de la capital. Lo hizo en un decorado sobrio y con un lenguaje militar. Llevaba unas enormes gafas de montura gruesa, de las que se estilaban en los años setenta.

NINGUNA GUERRA SE PARECE A OTRA

Su mensaje tenía el tono de los partes de guerra y apenas aportaba nada que no supiéramos, pero todos detectamos que había una novedad: Sadam Husein estaba vivo. O al menos estaba vivo hasta hacía un par de días, cuando había sido derribado ese helicóptero. Aquello, seguramente, alteró bastante a los generales norteamericanos que llevaban semanas tratando denodadamente de asesinarlo de un bombazo. Sadam estaba vivo y lo demostraba en su propia televisión. «Los norteamericanos van a cortar esta emisión como sea», recuerdo que comenté en voz alta cuando vi ese discurso.

Recordé con José los antecedentes de los norteamericanos en materia de acabar de cuajo con la libertad de prensa. Con toda aquella información que perturbara la supuesta impolutez de sus operaciones militares. En Afganistán habían bombardeado la sede de la televisión árabe Al Jazira alegando que en su interior había «significativa actividad talibán y de Al Qaeda». ¡Evidentemente, a cualquier periodista aquellos días le hubiera encantado entrevistar al mulá Omar o al jefe terrorista Osama Bin Laden! Cuando se lo contaba a Couso todavía no sabíamos que la sede de Al Jazira en Bagdad iba a ser bombardeada también junto a la de la televisión de Abu Dabhi. O que incluso el hotel donde residía la prensa internacional sería atacado por los norteamericanos.

Le recordé que la OTAN, liderada por EE.UU., había bombardeado la televisión serbia de Slobodan Milosevic durante la campaña aérea de Kosovo. En este caso la disculpa fue que, como la iraquí, era la principal fuente de intoxicación informativa del dictador balcánico. Le puse otro ejemplo que viví de cerca, en primera línea. La destrucción por parte de los israelíes de la televisión palestina en Ramalá con la misma acusación: que fomentaba el odio a los judíos y aplaudía, supuestamente, los atentados suicidas contra los hebreos. Fue al principio de la segunda Intifada. El cámara Diego Herrero y yo nos encontrábamos junto al edificio de esa televisión cuando dos helicópteros Apache del ejército hebreo lanzaron varios misiles que destruyeron todas las antenas. La onda expansiva nos lanzó al suelo y tardamos varios días en quitarnos de encima un molesto pitido en los oídos.

–Parece que laminar las sedes de las televisiones que trabajen para el enemigo está ya en las órdenes de ataque –dije a José.

–Deberíamos grabar unos planos de la televisión iraquí por si la atacan.

–Sí, porque me parece que le quedan dos telediarios –bromeé.

–Oye –me recordó José–, ¿tú no saliste en la televisión serbia durante la guerra de Kosovo?

En efecto, le conté, la policía política de Slobodan Milosevic nos utilizó a tres periodistas occidentales en la típica y burda operación de agitación y propaganda a la vieja usanza estalinista. El cámara Bernabé Domínguez y yo fuimos detenidos por la policía militar serbia en la frontera entre Kosovo y Macedonia junto al fotógrafo holandés Arie Kievit.

«*Welcome to Serbia, you´re prisioner of war!*», «Bienvenidos a Serbia, son ustedes prisioneros de guerra», me espetó con una sonrisa, como si contemplase un trofeo, el primer oficial al que nos llevaron. Los soldados yugoslavos nos pusieron en manos de la policía militar serbia. Pese a ir completamente agachados en una furgoneta, con las manos en la nuca y la cabeza entre las rodillas, pudimos ver filas enormes de albaneses obligados a abandonar sus casas y salir hacia Macedonia. Ningún periodista había podido ser testigo de esa inmensa transferencia de población. Toda una limpieza étnica. Cada poco tiempo, el soldado que nos custodiaba de cerca, un joven con largas barbas al estilo de los viejos guerrilleros *chetniks* de la Segunda Guerra Mundial, nos daba con la culata para agachar nuestras cabezas.

Nos mantuvieron durante unas horas atados en lo que parecía el gimnasio de una escuela, a solas con varios jóvenes soldados. Como en las películas, unos hacían de buenos y otros de malos. Unos nos invitaban a galletas de chocolate y otros cargaban y descargaban sus armas y hacían amagos de dispararnos. Estábamos a su completa merced. Absolutamente asustados. Sinceramente, estaba convencido de que nos iban a pegar un tiro y a enterrarnos en cualquier parte.

Durante toda una noche de duros interrogatorios en un sótano de la ciudad de Urosevac intentaron demostrar que éramos espías de la OTAN. Afortunadamente, en un descuido de los guardianes había logrado borrar de mi cuaderno de notas, tachándolos con el bolígrafo, todos aquellos teléfonos y nombres de portavoces y comandantes de la guerrilla albanesa del UCK con los que había contactado. Si nos los llegan a encontrar hubiera sido muy difícil explicar esa relación, y además hubiéramos facilitado mucho el trabajo a los servicios de información serbios sobre quiénes eran los jefes guerrilleros de aquella zona. Esta técnica de revisar las notas de los periodistas también la suelen utilizar en Israel, en los *chekpoints* o en el mismo aeropuerto de Tel Aviv, para obtener información de los miembros de las milicias o de los grupos terroristas palestinos con los que nos hemos entrevistado.

El coronel Franko, un sujeto de mirada gélida, dirigió el interrogatorio. Le recuerdo arisco, distante, y tuve la sensación de que nunca pestañeaba. Desde las ocho de la tarde hasta las seis de la mañana sufrí un increíble avasallamiento de preguntas estúpidas que pretendían implicarme en labores de espionaje. Querían saber desde el nombre de mi padre hasta el colegio al que fui de pequeño. Los años que llevaba empleado en mi televisión o mi equipo favorito de fútbol. Desde cuándo trabajaba para la OTAN hasta cuáles eran mis órdenes de espionaje. Si sólo debía captar información con la cobertura de periodista o también debía cometer sabotajes en territorio serbio.

¡Sabotajes! Durante muchos minutos valoré la idea de que podíamos acabar en un juicio sumarísimo o incluso ante un pelotón de fusilamiento. Fue agotador y doloroso. Por detrás, un soldado enorme, gigantesco, se encargaba de castigarme los riñones cada vez que mi respuesta no era satisfactoria.

Los periodistas no estamos preparados para esta clase de contingencias. No somos ningún grupo de élite que se ha entrenado en técnicas de resistencia de interrogatorios o de despiste del enemigo. Nosotros, no. Yo, no. Las preguntas me parecían idiotas, pero cada vez que incurría en una contradicción, por banal que fuese, recibía un puñetazo. Aunque sólo me hubiera equivocado en el número de años que llevaba trabajando para Telecinco. Cualquier cosa les valía. Cualquier equivocación era una prueba de mi actitud ambigua y por tanto sospechosa.

Finalmente, sobre las cuatro de la mañana, llegué a un acuerdo con el coronel Franko. Aceptaba salir haciendo una declaración pública en la televisión serbia en contra de la guerra. Antes de decidirme le pedí ver a mi compañero Bernabé para comprobar que estaba bien, ya que nos interrogaban en salas diferentes. Pensé que si salíamos en la televisión oficial serbia tranquilizaríamos a nuestras familias y amigos, todo el mundo sabría en manos de qué cuerpo estábamos, se pondrían en marcha las gestiones diplomáticas para nuestra liberación y salvaríamos la vida. «Además –pensé entonces– nadie se va a creer esta farsa porque la televisión serbia es sólo un aparato de propaganda y todo el mundo va a entender que estamos siendo obligados a hacerlo.»

A la mañana siguiente de nuestra detención, muy temprano, fuimos transportados hasta Pristina, la capital de Kosovo. Allí nos pusieron en manos de la policía política del Ministerio del Interior. Unos tipos malencarados, vestidos con cazadoras de cuero desgastadas, nos obligaron metralleta en mano a hacer una declaración pretendidamente pacifista. Debíamos decir que la guerra estaba causando muchas víctimas civiles, que era una agresión ilegal, y que la OTAN era una organización asesina. El régimen de Milosevic había decidido que el testimonio de un periodista occidental detenido podía convencer a alguien. Ése era el paradigma informativo en el que se movían. No les entraba en la cabeza que ese tipo de maniobras no engañan a nadie salvo a aquellos que ya están convencidos y que sólo quieren que alguien, de vez en cuando, les recuerde su radicalidad.

Nuestro aspecto era lamentable. Ojerosos, cansados, asustados. Los esbirros del Ministerio del Interior habían extendido todos nuestros aperos de trabajo delante de nosotros como si fuese el botín de la operación. Cámaras, carretes de fotos, mi cuaderno y mi bolígrafo... como cuando la policía muestra el material incautado a un comando terrorista o una organización mafiosa.

Me hicieron repetir la grabación un par de veces porque traté de introducir, entre mis propias frases, la idea de que estábamos siendo obligados a hacer esa declaración. Es muy difícil ser sutil en inglés cuando te están apuntando con un par de subfusiles. Es difícil encontrar la fórmula en esas circunstancias. No lo logré. Me hicieron repetir la frase varias veces hasta que el coronel Franko y los miembros de los servicios de inteligencia se dieron por satisfechos. Habíamos salvado la vida, pero esa declaración fue repetida por la televisión serbia durante varios días.

Cuando poco después la OTAN decidió bombardear la sede de la televisión en Belgrado, matando a 16 trabajadores, tuve una sensación extraña, ambivalente. Por un lado, como periodista, me pareció una atrocidad. Pretendían acabar con un medio de comunicación y eso era un terrible atentado a la libertad de prensa y al derecho de los serbios a ser informados. Por otro, y como damnificado de la poderosa máquina de manipulación en la que se había convertido ese ente televisivo, me sentí un poco vengado. A mí me habían utilizado como propaganda de guerra, y eso no era informar. Ni siquiera era desinformar. Era pura agitación bélica.

Todavía me acuerdo de la cara del camarógrafo de la televisión serbia que grabó la entrevista. Era un empleado de la delegación de esa cadena en Pristina, la capital kosovar. Tenía unos 50 años y la frente llena de arrugas horizontales. Intenté en vano encontrar en él un pequeño signo de reprobación de lo que los militares hacían con nosotros. Algún indicio que me llevara a pensar que él también estaba siendo obligado por aquellos comisarios políticos. Me imaginé que de colega a colega tendríamos un sexto sentido solidario. Yo era periodista, Bernabé era cámara, aquel tipo era cámara, pero sin embargo hizo su trabajo con pulcritud. Ni siquiera nos preguntó por nuestro estado o se ofreció a llamar a nuestras familias. Aquel tipo era una pieza más del engranaje propagandístico al servicio de Milosevic y sentí cierta repugnancia hacia él y hacia la nula deontología profesional que profesaba.

Tuve una sensación parecida al observar las actitudes de algunos empleados de la televisión iraquí. Era evidente que en ella sólo trabajaban sujetos de probada fidelidad a Sadam. Sus maneras eran absolutamente serviles con cada uno de los prebostes del régimen que daba una rueda de prensa. No se podía ser más pelota que ellos. Siempre los primeros en llegar, los primeros en preguntar, los últimos en irse. Les agasajaban con adjetivos engolados y sonrisas babilónicas dirigidas al ego de todos esos dirigentes.

Durante una visita guiada a la central eléctrica de Al Dura, José grabó una escena curiosa que emitimos ese día. Después de que el ministro de turno diera una pequeña charla sobre la resistencia ante el invasor y el martirio, varios operarios de la fábrica, unos diez, se acercaron a los periodistas para gritar consignas a favor de Sadam.

Un miembro del gabinete del ministro, pistola en mano, les marcaba el ritmo y les decía lo que debían cantar. Lo hacían muy alto porque eran muy pocos. Seguramente había más periodistas que manifestantes. Eran tan pocos que, mientras estábamos grabando, un ayudante de la televisión iraquí decidió unirse a ellos. Sin soltar el micrófono con el logotipo de la cadena estatal que llevaba en la mano, el tipo comenzó a berrear: «Con nuestra sangre, con nuestra alma...».

El cámara de la televisión iraquí le grabó con una sonrisa en la cara y con ganas, él mismo, de colocarse allí, junto a su compañero. ¡Qué mayor prueba de lealtad podían ver sus jefes! Además, iban a salir en televisión y todo el mundo, en su barrio, en su ciudad, les podría ver. Otra vez, ante nosotros, la gestión de las apariencias. En el régimen político de Sadam Husein lo importante no era lo que uno pensaba, sino lo que los demás creían que uno pensaba.

Cuando editamos la crónica de ese día, José y yo consideramos que ésa era una imagen poderosa y elocuente del ambiente que se vivía en Bagdad y del entorno mediático en el que trabajábamos. Aquel colega del micrófono se convirtió en protagonista de una crónica sobre las manipulaciones informativas que sufríamos desde todos los frentes. Desde el americano y desde el iraquí.

Convencidos de que la televisión iraquí dejaría de existir en breve, intentamos elaborar un reportaje centrado en sus periodistas. La idea no era preguntarles por su militancia baazista o su afinidad con el régimen, sino por el hecho de tener que acudir a trabajar a un lugar que se sabía objetivo de los norteamericanos. Los militares iraquíes habían instalado un par de baterías antiaéreas en los alrededores del edificio, pero sólo sirvieron para envalentonar a los periodistas y técnicos que trabajaban allí.

Sin ninguna esperanza le pedimos a nuestro guía que nos consiguiera un permiso para visitar la televisión y entrevistar a algunos de sus reporteros. Por supuesto, nunca lo obtuvimos. Enseguida se nos negó alegando el carácter «sensible» de su función mediática.

Sin embargo, la idea de grabar el momento del ataque a la televisión iraquí nos seguía rondando la cabeza. Muchas veces, muchas noches, desde nuestro balcón, José enfilaba la cámara hacia ese edificio. Estábamos seguros de que iba a saltar por los aires. Por si acaso, una mañana nos las ingeniamos para grabar, desde la azotea del Ministerio de Información situado al lado de la televisión, unos cuantos segundos de imagen. Queríamos tener el edificio entero y en un plano con luz diurna. Así podríamos mostrar luego, cuando fuera bombardeado, su destrucción.

En realidad «robamos» las imágenes, como se suele decir en el argot televisivo, en un despiste de nuestro guía. La sede de la televisión era otro de los lugares prohibidos por el régimen. No se podía mostrar para no dar pistas al enemigo de su situación o de cuáles eran sus puntos débiles. Si se emitían esas imágenes en cualquier informativo, un buen analista militar podía saber perfectamente si el edificio tenía una estructura acristalada, y por tanto era vulnerable frontalmente, o si lo era por el tejado, porque estaba realizado con material barato, o a nivel del suelo, donde estaban los pilares y las vigas maestras. Así se realizan muchas veces los informes de inteligencia que luego recomiendan el uso de uno u otro tipo de misil en función de sus características destructivas.

El misil llegó de noche el 26 de marzo, a los seis días de comenzada la guerra. El edificio reventó por dentro y quedó completamente abrasado. Durante unas horas la televisión iraquí no emitió nada. De repente, todo el país, acostumbrado a tener una sola fuente televisiva, quedó sumido en un apagón informativo. En la pantalla de los monitores sólo se podían ver rayas intermitentes y un ligero zumbido electrónico.

Lo que para los periodistas fue una «bomba informativa» para la población civil significó el comienzo del fin. El impacto emocional fue terrible. Si se acababa la televisión se acababa todo. El país dejó de escuchar los insoportables vídeos musicales de los cantantes adictos al régimen. Dejó de ver los desfiles marciales de esas tropas que estaban siendo devastadas por la aviación norteamericana, o los interminables reportajes sobre la vida cotidiana de su presidente. Si ya no podían ver todo eso, la principal referencia de la persistencia del régimen en aquellos días de sótanos y búnkeres, es que todo se acababa.

Pero no se acabó. El entorno de Sadam había previsto el ataque a la televisión y tenía una alternativa. Un plan B. La retransmisión se reanudó esa misma noche. La imagen era extremadamente mala. En blanco y negro, y llena de rayas. Sólo se veía la primera cadena y el sonido era apenas perceptible, pero funcionaba. Allí estaba el locutor de gafas y bigote retransmitiendo el parte de guerra como si nada hubiera pasado: «el paraíso para los mártires», seguía repitiendo.

Los iraquíes habían aprendido de los serbios, que lograron mantener su emisión tras la destrucción de su televisión gracias a un camión preparado con varias antenas y un estudio de informativos en su interior. Aquel camión recorrió Belgrado de extremo a extremo para evitar ser localizado por los aviones de la OTAN. Los iraquíes copiaron el sistema pero aumentaron el número de camiones. Varios vehículos se movieron por todo Bagdad cambiando de barrio después de cada informativo y utilizando una serie de repetidores móviles que amplificaban y mandaban la señal. Si uno de ellos era localizado y destruido, cualquiera de los otros podría continuar la emisión.

El sistema funcionó. Los iraquíes se dieron cuenta del zarpazo de los norteamericanos a la televisión de Sadam, pero también vieron y aplaudieron su capacidad de reacción. Esa televisión era la única fuente de información para todos ellos, aunque no fueran partidarios del dictador. Muchos llevaban días encerrados en sus casas. Entre quedarse sin saber cómo transcurría la guerra y ser intoxicado por la propaganda del régimen todos optaban por lo segundo. Al menos, si la televisión funcionaba se mantenía una ficción de contacto con el exterior. Sabían que fuera la vida continuaba.

Los expertos norteamericanos en contrainformación también reaccionaron rápido. Desde aviones espía lograron interceptar varias veces la frecuencia en la que emitían los camiones, y lograron no sólo tirarla abajo, sino reutilizarla para mandar sus propios mensajes. Desde el televisor de nuestra propia habitación del hotel, José y yo fuimos testigos de cómo la señal iraquí era devorada por una emisión pirata norteamericana en la que aparecían tropas estadounidenses recibidas con flores por supuestos iraquíes.

El mensaje escrito en árabe explicaba que los marines habían liberado el sur de Irak y la población se lo agradecía con hojas de palmera, un símbolo chiita de bienvenida. «El día que estáis esperando ha llegado. Irak será libre», nos leyó en árabe nuestro traductor. La maniobra de los norteamericanos sólo funcionaba cuando los aviones se posicionaban en el cielo de Bagdad, pero José y yo nos quedamos estupefactos por los niveles tecnológicos a los que había llegado el oficio de la guerra.

Pasados unos días de funcionar con esa tosca pero efectiva fórmula de emisión, los responsables de la televisión iraquí decidieron otra vez utilizar al resto de la prensa internacional como escudos humanos. Instalaron una tienda de campaña con forma de iglú y estruendoso color verde en el jardín del hotel Palestina, al lado de donde el resto de televisiones extranjeras realizaban sus emisiones.

Trabajadores de la televisión, evidentemente los más identificados con Sadam, llenaron la tienda de decenas de cintas de vídeo que tres funcionarios se encargaban de insertar en la programación las 24 horas del día. Ya no emitieron más informativos. Sólo desfiles, películas sobre el esplendor de la vieja Babilonia, reportajes de la guerra Irán-Irak y los inevitables vídeos musicales con loas a Sadam y al país. La tienda aguantó en el jardín del Palestina hasta el día antes de que los norteamericanos entraran en Bagdad.

Las intoxicaciones de la televisión iraquí fueron realmente buenas mientras se mantuvo la emisión. Retransmitió en directo la supuesta caída en el centro de Bagdad de dos paracaidistas británicos. Erigió en héroes de guerra a pastores que habían abatido a un helicóptero Apache, cuando en realidad éste había sido abandonado por sus pilotos tras sufrir una avería. Aseguró que los aviones norteamericanos habían bombardeado dos autobuses cargados con escudos humanos europeos en la carretera de Jordania. El registro de las mentiras construidas por la televisión de Sadam fue muy amplio. Era muy difícil desbrozar la verdad de la manipulación, sobre todo cuando no nos permitían acudir a los lugares para comprobar las especulaciones.

A medida que la guerra avanzaba la relajación de los guías se hacía más evidente; esos pequeños momentos en los que bajaban la guardia eran aprovechados por los periodistas para contrastar informaciones. Apenas cinco días antes de la caída de Bagdad el Ministerio de Información aseguró que los norteamericanos habían bombardeado una maternidad atestada de parturientas. No se permitió la salida de los periodistas hacia el lugar ni tampoco hacia los hospitales. Al día siguiente, los funcionarios montaron a todos los reporteros en un autobús para llevarnos a la zona. José y yo nos retrasamos y le pedimos a nuestro conductor, Safa, que nos acercara en coche hasta allí.

La maternidad resultó ser en realidad un centro de salud. Tampoco había sido bombardeado, sino que había sido afectado por la onda expansiva del tremendo ataque lanzado al otro lado de la avenida, contra los edificios de la Feria Internacional de Bagdad. Aquello no tenía demasiado sentido. ¿Por qué se bombardeaban los pabellones de una feria de exposiciones?

–Quizá dentro había tanques o cañones o tropas –contestó José.

–Lo importante no son los pabellones –dijo Safa–, sino los edificios que hay detrás y que están destrozados. Son las oficinas centrales de la *Mujabarat*, los servicios secretos de Sadam.

Eso explicaba la tremenda violencia del ataque. Toda la zona había quedado arrasada por el *carpet bombing*, el bombardeo en alfombra típico de los B-52. Aquello era un enorme solar. Cuando las cámaras empezaron a enfocar a lo que quedaba de la otrora esplendorosa feria comercial más importante de Oriente Próximo los funcionarios se pusieron nerviosos. Pretendían que sólo grabáramos los restos triturados de los pabellones, pero no los edificios del fondo. Muchos periodistas ni siquiera lo sabían, y no entendieron por qué los funcionarios, de repente, empezaron a empujarles y a tapar los objetivos de sus cámaras.

Eduardo Salazar y Jorge Priego, periodista y camarógrafo de Televisa, nos entrevistaron allí mismo a José y a mí para enriquecer su crónica, su nota como le llaman, con dos testimonios en castellano. Para ellos, la información del día estaba en esa repentina, incomprensible y violenta reacción de los guías y los soldados, empeñados en expulsarnos.

–¿Por qué han comenzado a pegar a los periodistas? –me preguntó Eduardo poniéndome el micrófono.

–Esto es una muestra de la esquizofrenia que precede al desmoronamiento del régimen –le contesté–. Se han pensado que los periodistas no nos íbamos a dar cuenta de que los aviones han laminado la sede y las mazmorras de los servicios secretos que están allí detrás.

Eduardo miró a Jorge y Jorge a Eduardo. Gracias, dijeron. Ellos desconocían que aquellos edificios eran de la *Mu-*

jabarat. Me lo reconocieron más tarde. Nosotros tuvimos la suerte de tener a Safa cerca para que nos informara, pero si no, hubiéramos sido intoxicados de la misma manera que lo fueron muchos otros periodistas aquel día.

Volvimos a cruzar la avenida para grabar los destrozos en el centro de salud al que habían llamado maternidad. El Ministerio de Información había dado la cifra de siete muertos. Pregunté allí mismo a un miembro de la Media Luna Roja que me aseguró que trabajaba en ese ambulatorio. Se llamaba Ismail Al Taj y nos dijo que al menos había contado 25 *shahid*, 25 mártires muertos. Le pregunté luego a otro vecino de la zona que había presenciado el bombardeo. Decenas de muertos, me dijo. Al final del día el ministerio volvió a rebajar la cifra a un solo transeúnte muerto. Los vapores envolventes de la censura podían ser demasiado embriagadores como para no hacerles caso.

A veces los funcionarios del ministerio eran realmente creativos. Faltaban dos días para el final de la guerra y un guía nos llevó a un puñado de periodistas a Ciudad Dora, una pequeña urbanización dedicada al cuidado de minusválidos. En su mayoría eran mutilados de la guerra irano-iraquí. Nos enseñaron varios cráteres de supuestas bombas que habían caído en la zona e incluso tres obuses americanos de medio metro de longitud que estaban desperdigados en un campo de fútbol. «Aquí no hay militares, sólo disminuidos físicos», nos decía el doctor Alí Al Hamani.

En efecto, no se veían militares, pero muchos de los minusválidos llevaban adosados a sus sillas de ruedas lustrosos kalashnikovs que procuraban enseñar a la prensa. Era una impactante imagen de resistencia colectiva, pero José quiso ir más allá. «Esto lo va a tener todo el mundo, busquemos algo más», me dijo. Buscamos y encontramos. En aquella barriada había algo más. Había todo un sistema de defensa. Había trincheras y varios búnkeres. Los impactos, después de analizarlos, no resultaron ser de misiles norteamericanos, sino de las propias granadas antiaéreas iraquíes que no habían estallado en el aire y lo habían hecho al caer a tierra, en el interior de esa urbanización.

Nos acercamos con cierta precaución a los obuses. Eran enormes. Como gigantescos supositorios. Obuses de 155 milímetros. Proyectiles de artillería, no de aviación. Es decir, o los norteamericanos estaban ya como mucho a 30 kilómetros, el radio de acción de los cañones de mayor alcance, o esos obuses los habían puesto los mismos iraquíes para engañarnos. A ésa fue la conclusión a la que llegamos José y yo tras analizar de cerca los proyectiles. Ninguno de los tres estaba abollado por efecto de la caída. No había marcas en el suelo, ni del impacto ni del rebote. Los tres tenían la vitola de fabricación en la parte superior de la carcasa y había tal cantidad de tierra seca adherida a la parte de atrás, donde está el pistón de disparo, la espoleta, que era imposible que hubieran sido detonados. Alguien los había colocado allí para engañarnos. Y lo hubiera conseguido si no llegamos a acercarnos para verlos de más cerca y comprobarlo.

Trucos y añagazas de éstas fueron frecuentemente utilizados por los iraquíes para reorientar las informaciones de la prensa de Bagdad. Otro ejemplo, a primeros de abril nos llevaron al campus de la Universidad de Bagdad. Un enorme cráter marcaba el lugar donde había caído una bomba. Justo al lado de la Facultad de Sociología. Los guías estaban escandalizados porque se había bombardeado la universidad. Sin embargo, nada dijeron de la posición artillera que había en el lugar donde se podía ver el cráter, ni de las trincheras situadas a los lados de la facultad, ni de que el campus era uno de los posibles lugares de entrada por tierra de las tropas norteamericanas. Una especie de cabeza de puente para tomar la ciudad desde el sureste.

«Don't go on iraki tv.» «No vayas a la televisión iraquí», me recomendó riéndose Peter Arnett, el otrora estrella de la CNN. El único periodista, junto a Alfonso Rojo, que permaneció en Bagdad durante la primera guerra del Golfo. Durante esta segunda guerra, Arnett estuvo también en Bagdad trabajando para la cadena de noticias NBC. El primero de abril fue despedido. La causa fue que había concedido una entrevista a la televisión iraquí como experto periodista y como norteamericano. Se le ocurrió decir que las cosas no iban del todo bien para EE.UU. y que estaban encontrando más resistencia de la prevista. Inmediatamente fue fumigado.

«Minusvaloré la repercusión. Era un programa estúpido y ahora esto se ha convertido en un infierno para mí. En la Fox incluso me han llamado traidor», me decía. Arnett, pese a su prestigio, fue víctima de la propaganda de ambos bandos. Los iraquíes aprovecharon su reputación para usarle en una operación cosmética destinada a elevar la moral ciudadana. Los norteamericanos no tuvieron ningún empacho en aniquilarlo y llamarle desleal y renegado por hacer el juego, supuestamente, al enemigo.

Las mentiras de la guerra fueron muchas y vinieron de ambos bandos, enloqueciendo a los periodistas que debían desbrozar cada dato para ver qué era noticia y qué era montaje, qué era información y qué especulación. Desde el lado norteamericano llovieron también esas informaciones fabricadas a gusto del consumidor estadounidense. La heroica soldado Lynch, capturada por el enemigo después de vaciar su cargador contra los soldados iraquíes, torturada con saña por los hombres de Sadam, resultó ser una pobre recluta que no había disparado ni un solo tiro. Las heridas se las había producido al colisionar su vehículo en un fuego cruzado en el que les había metido un oficial negligente. Y para colmo, en el hospital la habían tratado estupendamente.

Otra mentira de la guerra: tratar de ocultar a la opinión pública norteamericana las imágenes de los soldados estadounidenses muertos en combate o capturados por los iraquíes. KIA o POW, en el argot militar norteamericano. *Killed in action* y *Prisoner of war*. Muertos en acción y prisioneros de guerra. El mismísimo Donald Rumsfeld en persona, el secretario de Estado de Defensa, llamó a los directores de las grandes cadenas informativas para instarles a que no emitieran esas imágenes desmoralizantes.

Se quejó incluso de que la exhibición de esos prisioneros atentaba contra la Convención de Ginebra. Por supuesto no comentó nada de no emitir escenas con prisioneros iraquíes o con soldados de la Guardia Republicana chamuscados en el interior de sus trincheras. Seguramente porque esas imágenes no eran desmoralizantes, sino todo lo contrario. Moralizantes. El mensaje de Rumsfeld debió de llegar incluso a una cadena de televisión española, que privó a sus espectadores de la «horrible visión» de esos marines prisioneros.

Mentiras fueron la llegada del primer avión norteamericano Hércules C-130 al recién tomado aeropuerto de Bagdad, pero su efecto en la desgastada moral de los que resistían en Bagdad fue apabullante. Mentiras fueron los supuestos levantamientos de chiitas en el barrio de Kadumia el día antes de que cayera el régimen. Esa noticia fue dada al alimón por la cadena norteamericana Fox News, la más patriota de todas, y por la televisión iraní, ambas con evidentes intereses en que se produjeran esos levantamientos chiitas contra Sadam.

El general Vincent Brooks era el encargado de contar a la prensa en Kuwait el día a día de la guerra. Él fue el encargado de decir, casi avergonzado, que se había disparado contra el hotel Palestina porque había francotiradores en ese edificio. Él fue el que tuvo que dar la cara cuando se produjeron las primeras matanzas de civiles en Bagdad. «Estamos investigando si ha sido un misil iraquí», llegó a decir cuando se conoció la matanza del mercado de In Shaab. Los primeros «daños colaterales» del Pentágono.

Nunca se sabrá la cifra exacta de muertos en aquel mercado, pero rondará como mínimo la veintena. La explosión se llevó por delante todo lo que encontró en un radio de acción de 100 metros. Cristales, comercios, coches, niños, tenderos. El mercado no era muy grande. Tampoco tenía un género excelente, pero era suficiente para alimentar a los vecinos de una de las barriadas más pobres de la ciudad. Las hortalizas estaban pasadas y la fruta sucia, ajada. Apenas se veía carne en los puestos, pero aquella noche muchos habían salido de sus casas a comprar algo de comida.

Tras la explosión todo se convirtió en un tremendo tumulto de trozos de cuerpos y cajas de verduras. Gritos, histeria, llantos. Se podía ver a adultos con los ojos muy abiertos, deambulando desorientados, como zombies, buscando respuestas y sobre todo, venganza. Estaban enfurecidos. De repente, sin avisar, la guerra había llegado hasta sus casas. Hasta su barrio. Con absoluta destrucción.

A pesar de los esfuerzos del general Brooks, aquel día se acabo la leyenda de la infalibilidad de los misiles norteamericanos. A partir de aquella matanza, todo el mundo en Bagdad, y en el resto del país, pensó que le podía tocar a cualquiera. Que los bombardeos «quirúrgicos» eran realmente una lotería humana.

La televisión iraquí todavía funcionaba ese día y no reparó en ninguna consideración a la hora de emitir las imágenes más cruentas. Primeros planos tremendos que en España hubieran sido inemitibles. La matanza de In Shaab llevó la guerra a todas las casas iraquíes. El efecto de aquellas imágenes fue demoledor. Causó un fuerte impacto emocional en la población y en las conciencias de muchos iraquíes. Aquella matanza democratizó el miedo. Lo extendió, e hizo pensar que todos eran víctimas potenciales. Que todos, incluidos nosotros mismos, los periodistas, éramos posibles víctimas.

Muchos ciudadanos que habían optado por un perfil bajo de patriotismo, un perfil sin excesos, se convirtieron de pronto en feroces defensores de Husein. Nadie fue indiferente a aquellas imágenes de críos con el cráneo abierto en dos trozos. Nos afectó incluso a los reporteros. Esa vulnerabilidad emocional hizo a la población más permeable a los mensajes propagandísticos del régimen de Sadam. Aquellos días, la televisión que luego sería completamente destruida aprovechó para intensificar su campaña de demonización del enemigo.

Se lanzaban mensajes como que los norteamericanos eran demonios que disparaban a los niños, que violaban a las mujeres, y que robaban casa por casa todo lo que encontraban. Incluso se emitían entrevistas callejeras de vecinos que gritaban indignados consignas que los servicios secretos habían previamente filtrado. Por ejemplo, que las matanzas en los mercados de In Shaab y Shoala se debían a los espías kuwaitíes que supuestamente trabajarían para los norteamericanos y que, ansiosos de vengar la invasión de su país por Sadam, proporcionaban coordenadas falsas para que las bombas cayeran en zonas civiles.

Los periódicos en Bagdad salían siempre con dos días de retraso, pero tras aquella matanza hicieron un esfuerzo por estar en la calle al día siguiente. Todos dedicaron sus páginas a la matanza de In Shaab, y las fotos más cruentas fueron utilizadas el resto de los días de la guerra para tapar la contraportada, como un recordatorio diario de lo que había sido aquel bombardeo.

Los rotativos eran de pésima calidad. El embargo había hecho estragos también en el papel utilizado en los periódicos. Los más importantes eran *Al Taura*, *Al Qadisiya*, *Al Jumuriya* y sobre todo, *Babil*, el periódico de Uday Husein. La lectura de *Babil*, es decir, *Babilonia*, era casi obligada porque sus editoriales podían orientarnos sobre cómo se respiraba dentro del gabinete de Sadam. Por supuesto todos los diarios estaban totalmente controlados por el gobierno, ya que la libertad de prensa era un concepto desconocido en Irak.

Durante los días que duró la guerra todos los periódicos publicaron la misma portada. Una fotografía de Husein reunido con su hijo Qusay y varios de sus ministros bajo titulares que decían: «El presidente se reúne con su gobierno», o «El presidente escucha a sus oficiales», o «El presidente habla con los generales». Un día llegué a mostrar en televisión tres ejemplares de tres periódicos distintos de tres días diferentes para demostrar que era imposible distinguirlos.

Detalles como éstos daban al régimen de Sadam una pincelada kafkiana. Había muchos más. Por ejemplo, no existían mapas de Bagdad disponibles para los periodistas. Los que se podían encontrar databan del año 1991, cuando se hizo la última actualización. Después de la guerra del Golfo los cartógrafos iraquíes dejaron de hacer mapas de uso civil. Incluso, dependiendo de qué mapa se consultara, algunos lugares claves aparecían en un sitio o en otro, lo cual nos despistaba continuamente. El aeropuerto internacional Sadam aparecía en algunos mapas situado en el sureste de Bagdad y en otros aparecía en el suroeste. En esos callejeros constaban las principales avenidas del centro, pero no los edificios construidos a partir de 1991. Es decir, un caos.

—Jon, mira ese tipo que viene por ahí, ¿no se parece a uno de los enfermos que acabamos de ver en el hospital? —me preguntó José.

—No sólo se le parece, sino que es él —le dije poniéndome de pie en el autobús del Ministerio de Información. Era el 22 de marzo. La guerra había estallado tres días antes y los guías nos habían llevado a ver supuestas víctimas de las bombas en el Hospital Universitario Al Mustasiriya.

—¿Qué hacemos, vamos a por él?

—Qué cabrón, nos han tomado el pelo. Ese tipo ni está herido ni es un civil. Es militar. ¡Mira con qué familiaridad habla con los soldados que había a la entrada del hospital! —exclamé enfadado.

—¿Vamos o no? —insistió José.

—Vamos.

Con la disculpa de que se nos había olvidado algo bajamos otra vez del autobús y seguimos a ese tipo. Minutos antes habíamos visitado a varios supuestos heridos de los bombardeos de la noche anterior. No había muertos o no nos los habían querido mostrar. El Ministro de Sanidad, Omad Medhad Mubarak, había dicho a los periodistas que esa noche habían fallecido tres civiles bajo las bombas. Casi todos le creímos pese a que no mostró sus cadáveres. Había dado una cifra sorprendentemente baja para la violencia de las explosiones que habíamos contemplado. Es decir, no había hinchado las cifras.

Nos enseñaron a muchas víctimas, pero casi ninguna tenía las típicas heridas de los bombardeos. Es decir, no había amputaciones traumáticas o desgarramientos informes. No tenían tampoco restos de metralla o esas minúsculas y múltiples escarificaciones en la piel que quedan cuando estallan los cristales de una casa por efecto de la onda expansiva. En muchas de las salas los heridos, todos hombres, mostraban entre ellos una familiaridad demasiado cultivada como para haberse conocido esa misma noche en la habitación. Había algo que no funcionaba. Aquellas víctimas parecían actores. Estaban fingiendo. A cada periodista le daban una versión un poco diferente de dónde estaban cuando cayó la bomba, de cómo le afectó o qué pasó con su familia.

Parte de toda esa patraña montada por el Ministerio de Información se desmontó cuando vimos desde el autobús a aquel sujeto. Diez minutos antes estaba en una habitación con una bata verde de paciente del hospital y contándonos que las bombas habían caído muy cerca de su casa. Nos dirigimos hacía él. Como no teníamos traductor le pregunté por señas qué hacía fuera de la cama y vestido de civil. Me dio a entender que le acababan de dar el alta. ¡Qué casualidad!

Uno de los tipos con los que estaba hablando ese actor llevaba el uniforme verde oliva del partido Baaz de Sadam. A él también le conocíamos porque le habíamos visto en el hospital haciendo algo muy curioso. Couso había grabado a un supuesto herido que roncaba con una intensidad inaudita. Un señor de unos cuarenta años y una colosal barriga. Sus ruidos y gorgoritos habían causado la hilaridad de todos los reporteros que visitamos su habitación. El enfermo, también con su bata verde pero con pantalones de tergal debajo, dormía ajeno a todos los periodistas que pasaban por allí. Le dije a José que grabara unos planos que vendrían muy bien para descomprimir el montaje de una crónica que se suponía demasiado dramática.

En ese momento, entró en la habitación el tipo vestido con su uniforme del partido. Ese mismo al que vimos después fuera del hospital. Con actitud de tener mando, el oficial del Baaz despertó de un empellón al orondo paciente que roncaba y le abroncó en voz baja por su actitud. Le dijo algo al oído en árabe mientras nos señalaba a José y a mí. Evidentemente, le estaba diciendo que tuviera una actitud más doliente o al menos más decorosa. Ese detalle no pasó inadvertido para nosotros e incluso José lo grabó. Esa prueba, junto al hecho de ver después a otro de los enfermos, sospechosamente dado de alta en cuanto se fueron los periodistas, nos llevó a pensar que habíamos sido víctimas de una intoxicación.

Ya que habíamos bajado del autobús, José y yo volvimos a entrar en el hospital y nos dirigimos a otra habitación sospechosa. Aquella en la que cinco pacientes, todos hombres, todos en bata verde y todos tumbados en las camas, parecían haberse hecho muy amigos. Cuando abrimos la puerta vimos que dos de ellos se habían vestido ya de civiles y faltaba un tercero. No había duda. Se trataba de militares o miembros del Baaz, con heridas superficiales o sin ellas, que estaban representando una comedia para la prensa.

El gran teatro informativo de la guerra tenía muchos actos y muchos actores. La contrainformación o la desinformación más burda se mezclaron con las más sibilinas operaciones de enjuague mediático. Nada era lo que parecía. Había que dudar de todo. Hasta de lo obvio. Hasta de nuestras propias versiones. Tanto el Pentágono como el gobierno iraquí armaron numerosas operaciones de intoxicación.

Uno de los personajes que más aportaron a ese circo de la agitación bélica fue el inefable ministro de Información, Mohamed Al Shaafi. Suyo fue el cómico intento de negar la entrada de las tropas norteamericanas en Bagdad en una improvisada rueda de prensa en el hotel Palestina, mientras los cañonazos de los Abrams sonaban a sólo 600 metros de donde él estaba. Suyo fue también uno de las más grandes hallazgos mediáticos de la guerra: anunció que se iba a producir la reconquista del aeropuerto de Bagdad mediante «una acción no convencional».

Aquella noche del 5 de abril muy pocos decidieron irse a dormir. Todo el mundo quería estar despierto por si se producía esa acción. Desde la zona del aeropuerto llegaban informaciones sobre la presencia de cientos de *fedayines* montados en furgonetas pick-up, con ametralladoras colocadas encima, que se dirigían hacia la zona de las pistas. Desde luego, pensábamos todos, lo «no convencional» era avisar al enemigo de que se iba a producir un ataque esa misma noche, porque puso en guardia a todos los soldados norteamericanos que se encontraban por allí. Al ministro Al Shaafi sólo le faltó decir la hora a la que comenzaría el ataque.

Aquella frase del ministro nos hizo elucubrar a todos sobre la naturaleza del ataque. ¿Iban a utilizar armas no convencionales? Ésa era la gran pregunta. Atendiendo a la Convención de Ginebra y a las leyes clásicas de la guerra, un ataque no convencional sólo podía ser con armas químicas o biológicas o un ataque suicida. La primera opción la descartamos enseguida, porque eso significaría dar a EE.UU. un *casus belli*, es decir, justificar la intervención militar. Además, un ataque con armas químicas tan cerca de Bagdad causaría miles de muertos entre los propios iraquíes. Era un escenario que ninguno queríamos contemplar porque nosotros mismos estábamos en Bagdad y podíamos acabar muertos. La segunda opción, el ataque suicida, era una opción posible. Habíamos visto a demasiados *muyahidines* con ganas de inmolarse y ganarse un sitio en el paraíso junto a Mahoma. Carne de cañón para Sadam que podía ser utilizada esa noche.

Sin embargo, no ocurrió nada. Todo fue un nuevo fuego de artificio de esa máquina de tergiversar que era Al Shaafi. Durante un día entero no sólo mantuvo en vilo a toda la prensa y a toda la opinión pública, sino que despistó a los generales norteamericanos. El aeropuerto Sadam siguió en manos de los estadounidenses, que al día siguiente le cambiaron el nombre por el de Aeropuerto Internacional Bagdad. Los reporteros, que ya casi de madrugada nos fuimos a dormir sin que hubiera pasado nada extraño, nada poco convencional, descansamos más que nunca. Eso sí, por si acaso mantuvimos las máscaras antigás muy cerca de la almohada.

La batalla de la opinión pública internacional fue uno de los grandes campos de juego. Los hombres de Sadam sabían que poco tenían que hacer ante el potencial bélico estadounidense; por eso intentaron ganar en ese terreno. Pero había para ellos otra batalla importante que librar, la de su propia opinión pública. La de la moral del pueblo iraquí. Una moral que se iba desgastando a medida que la guerra avanzaba imparable hacia Bagdad. Las mayores mentiras se lanzaron contra los propios iraquíes y éstos fueron poco a poco detectándolas.

Nuestro conductor, Safa, nos dijo en varias ocasiones que por mucho que su gobierno intoxicara, el pueblo no era tonto. Que se daba cuenta de todo. Un día me contó con aire triste que la noche anterior le había llamado por teléfono un primo suyo que vivía al sur, en Hilla. Su primo era policía, es decir, que podía considerarlo una fuente relativamente fiable. Safa estaba triste porque su primo estaba encerrado en casa desde que los americanos habían tomado la ciudad. Estaba triste porque sin tener muy claro si la caída de Sadam era buena o mala, sí entendía que el desmoronamiento del régimen traería la anarquía. Si los norteamericanos estaban en Hilla es que estaban ya muy cerca de Bagdad. Su gobierno le estaba mintiendo.

–El gobierno podrá decir lo que quiera. Que está derrotando a los enemigos o que están resistiendo, pero yo sé que los yanquis están en Hilla –repetía Safa.

Safa era un privilegiado por trabajar con nosotros. Cuando volvía a su casa, todos los vecinos iban a preguntarle qué estaba pasando en el resto del país. Sabían que trabajaba con periodistas extranjeros y, por tanto, tenía información contrastada y datos nuevos.

–El gobierno cada vez engaña a menos gente –nos dijo–, porque si alguien del barrio tiene una antena parabólica, todo el bloque de viviendas se baja a su salón a ver Al Jazira, Al Arabiya o cualquier cadena iraní.

Safa nos contó que sus vecinos se sobresaltaron cuando vieron a las tropas norteamericanas sobre el puente de Hindiya, sobre el Éufrates. Se sobresaltaron e incluso lloraron de rabia porque, a la vez, escucharon al gobierno decir que el enemigo estaba siendo vencido.

–Sadam puede decir lo que quiera, pero todos conocemos el puente. Lo hemos cruzado muchos fines de semana con nuestras familias para visitar Kerbala. Si los yanquis están ahí, en dos días están en Bagdad –concluía apesadumbrado.

Safa fue una de nuestras más valiosas fuentes de información. Cualquier dato que cogía al vuelo en su barrio, hablando con sus vecinos o con otros traductores, nos valía para ir reconstruyendo lo que estaba pasando y hacernos nuestra propia composición de lugar. Si un día nos comentaba que un camionero que venía del norte había visto controles de los marines cerca de Kirkuk, aquello significaba que ya había tropas estadounidenses fuera del Kurdistán. Algo que por aquel momento negaba Washington.

Cualquier pequeño rumor podía convertirse en información. Otro día nos contó que el panadero de su calle acababa de enterrar a su hijo, un joven recluta muerto en el frente de Basora. Los soldados que habían traído su cuerpo le comentaron al panadero que en el sur los estaban cazando como a conejos y que había muchas deserciones. Ése era otro dato. Y si además habían logrado traer el cadáver de un frente situado a 600 kilómetros significaba que el ejército iraquí disponía todavía de cierta logística que desmentía las informaciones sobre su desmoronamiento.

Informaciones dispersas, a veces inconexas, muchas veces incompletas. El periodista tiene que juntar todos esos elementos y tratar de darles un sentido. Es una labor casi policial de reconstrucción de pruebas, de datos que muchas veces sólo obtienen un significado si se ponen en perspectiva con otros datos. La realidad en la guerra es como la paleta de colores de un pintor. El periodista debe meter el pincel y revolver, juntar colores, mezclar, obtener texturas, hasta que se consigue el cuadro final de esa guerra. El mapa del conflicto.

10

LA GUERRA

A las dos semanas de comenzados los bombardeos Àngels Barceló, la presentadora de Informativos, me preguntó: «Jon, habéis pasado una noche terrible, ¿verdad?». Yo le contesté que sí, que en efecto había sido probablemente la noche más dura desde que empezó la guerra, pero que eso también lo había dicho el día anterior. Y el anterior. Así que o estaba empezando a repetirme o peor aún, el ritmo de los bombardeos era cada vez más avasallador.

Misiles, bombas guiadas por láser, proyectiles dirigidos por GPS, bombas de fragmentación, de racimo, cargas sónicas. Durante tres semanas Bagdad recibió una de las tormentas de fuego más apabullantes descargadas contra una sola ciudad desde los tiempos de la Segunda Guerra Mundial. A la operación los norteamericanos la llamaron muy acertadamente «Conmoción y pavor». Y digo muy acertadamente porque la demencial voracidad destructiva que llegó desde el aire consiguió aterrorizar a todo Bagdad. Ni los periodistas más veteranos habían visto nada parecido. Ni los más aguerridos elementos de la Guardia Republicana pudieron evitar sentirse carne de picar escondida en unas miserables trincheras. Allí, entre el barro, no había lugar para el estoicismo. Sí, consiguieron «conmocionarnos y atemorizarnos».

Cuando finalizó la campaña norteamericana en Irak, las fuerzas estadounidenses habían enviado un total de 29.199 misiles y bombas de todo tipo contra ese país. Eso significa, aproximadamente, una media de una bomba por cada 800 iraquíes. Aunque la extrapolación es engañosa porque la mayor parte de esas bombas cayeron en las ciudades, donde hay mayor concentración de población urbana. Es decir, no se lanzaron en el desierto. ¡Una bomba cada 800 iraquíes! Las cifras salen del estudio «Libertad iraquí en números», un informe oficial de la Fuerza Aérea de Estados Unidos. En ese mismo informe se asegura que la coalición anglonorteamericana sólo perdió 20 aeronaves durante la guerra. De ellas, 13 por accidente o fuego amigo desde sus propias filas. Sólo una de esas siete naves era un avión, el resto eran helicópteros. La desproporción era colosal.

La fuerza aérea iraquí apenas fue capaz de hacer despegar un par de vetustos Mig 23 soviéticos que fueron derribados enseguida. No tenían nada que hacer. «No provoques a la serpiente si no tienes la intención y el poder de cortarle la cabeza», bramaba Sadam en algunos de sus discursos. Al dictador le gustaban mucho los aforismos. Le encantaba construir frases complejas con la intención de que pasaran a la historia y a los libros de citas. Entre los reporteros discutimos varias veces sobre si la serpiente a la que había que provocar era el propio Sadam o eran los norteamericanos. Para unos, Husein, cada vez que abría la boca, lanzaba otro órdago a Bush con esa soberbia beduina que al final lo llevó a la derrota. Es decir, él era la serpiente. Para otros, y siguiendo las declaraciones del ministro de Información Mohamed Al Shaafi, que constantemente llamaba reptiles a los estadounidenses, el dictador se refería a las fuerzas invasoras, a las que iba a decapitar en el desierto. Ellos eran la serpiente.

De que Sadam no sabía hacer guerras o al menos ganarlas había cierta constancia. Nada más llegar al poder, y tras fumigar a cualquier general que le hiciera sombra, atacó a Irán. Durante ocho años se empantanó en una guerra de trincheras y de desgaste que produjo casi un millón de muertos. Él siempre se consideró ganador del conflicto, pero el hecho es que las fronteras no se movieron: ni Irak consiguió una salida al mar, ni derrocó al ayatolá Jomeini, ni se hizo con una posición predominante en el mercado petrolífero. A Sadam le daba igual. En su imaginario belicoso él se creía vencedor y por ello se hizo construir en el centro de Bagdad una enorme avenida donde celebrar sus desfiles militares. Una descomunal rambla en la que levantó cuatro enormes cimitarras sujetadas por cuatro gigantescos puños sobre los que se incrustaban, en un alarde de dudoso gusto artístico, decenas de cascos agujereados de soldados iraníes.

En 1991, tres años después de finalizada esa guerra terrible, con una población todavía exhausta por el esfuerzo y espantada por los bombardeos de las ciudades y las terribles matanzas de miles de soldados, se lanzó a invadir Kuwait. Ese mismo año una coalición multinacional liderada por EE.UU. no sólo lo sacó de ese emirato y devastó a su ejército, sino que lo convirtió en un paria internacional sometido a un embargo despiadado. A pesar de esa terrible derrota Sadam Husein la bautizó como *Um Al Maarik,* la Madre de todas las Batallas. La megalomanía de Sadam volvió a verse herida en su autoestima y otra vez la población civil sufrió, como siempre, las consecuencias. No serían las únicas guerras de su mandato. La ofensiva contra los kurdos de los años ochenta, o la represión de los chiitas del sur acabó acostumbrando a la población a convivir con el estado de excepción perpetuo.

En definitiva, en 25 años Sadam había provocado dos contiendas oficiales y sofocado dos rebeliones internas. Así que el día que George Bush le dio un ultimátum de 48 horas todos nos preparamos para la inminencia de la guerra. La ciudad de Bagdad se aceleró. Su pulso vital se disparó. Parecía que todo el mundo quería dejar resueltas su vida y su muerte. Había una especie de euforia testamentaria. De prisas por ir al notario. De resolver herencias, hipotecas, negocios, préstamos. De dar consejos paternales a los hijos. De decir a los padres cuánto se les quería. Nadie sabía si después, cuando todo acabara, seguirían existiendo los bancos, los colegios o siquiera los autobuses urbanos.

Los habitantes de Bagdad hicieron las últimas compras para llenar las despensas, pero sobre todo aprovecharon para despedirse de seres queridos y familiares. No se percibía un miedo a la muerte, pero sí un temor a lo desconocido. Una ansiedad sobre qué ocurriría al día siguiente. ¿Se cortarían los teléfonos, la electricidad, el agua? ¿Quedaría la ciudad dividida en dos partes? ¿Cuánto tiempo tardarían en volver a verse amigos de toda la vida? ¿Acabaría la guerra antes del comienzo del nuevo curso?

Las turbaciones humanas son parecidas en todo el mundo y tienen mucho más que ver con nuestra cotidianidad que con los sublimes valores que supuestamente están en juego en las guerras. En Bagdad no se planteaban si la guerra era legal o ilegal, si era necesaria o justa. Se planteaban cómo les iba a afectar directamente a todos ellos. Las madres rezaban para que sus hijos en edad militar no fueran enviados a unidades de primera línea de combate. Los tenderos de los colmados cerraban sus negocios a media mañana, pese a las colas, para

poder estar con los suyos. Al atardecer los gasolineros dejaban de ganar dinero para retirarse a sus casas y esperar los
bombardeos junto a sus familias, como si hubiera una íntima
necesidad de pasar las catástrofes con quien más te necesita.

En aquellos días los bagdadíes descubrieron que todo el
mundo tiene familia o alguien a quien querer. Había en el ambiente una sintomatología de bondad. Se acercaba el infierno
y nadie quería acabar en él. El horror era inexorable y, como
por encanto, todo el mundo descubrió su lado generoso. Yaser, un conductor de autobús que almorzaba en un restaurante que frecuentábamos, nos reconocía que la gente se había
vuelto amable. Que personas anónimas, a los que todas las
mañanas recogía en la misma parada y que apenas le habían
dicho «hola» durante años, ahora se interesaban por sus niños y por saber dónde iba a esconderse cuando todo empezara. El mismo dueño del restaurante Al Atakckia, uno de nuestros favoritos, nos aseguraba que aquellos días todo el mundo
dejaba una buena propina. Algunos, incluso, con comentarios como «para lo que nos van a servir los dinares en una semana», o «el mes que viene las propinas en dólares».

Los periodistas sufrieron un síndrome parecido. Todos
los recelos, las envidias, las enemistades, se atemperaron ante
la inminencia del ataque. Al fin y al cabo, una vez superado,
todos los que volviéramos a casa seríamos supervivientes, y
esa certeza de quedarnos para informar de cómo se devastaba
la ciudad en la que dormíamos, nos hizo a todos un poco mejores personas. Los que nos quedamos fuimos conscientes de
que íbamos a ver la historia delante de nuestras narices. Que
iba a ser una guerra diferente a las que habíamos vivido en
otros lugares.

Nos tocaba estar en el lado de los perdedores. En el epi-
centro de los ataques. Enfrente de los palacios de Sadam. No

iba a haber frentes a los que acudir e iba a ser imposible saltar las líneas de un lado a otro. Sufriríamos una férrea censura que marcaba el ritmo de lo que podíamos ver y lo que no podíamos ver. Nos tocaba quedarnos bajo las bombas, como el resto de los iraquíes de Bagdad. Así que íbamos a necesitar apoyarnos mucho los unos en los otros. De qué valía llevarte mal con alguien, si a lo mejor le tenías que acabar pidiendo un ladrón de triple clavija gruesa, el único modelo disponible en Irak para conectar tu generador.

Las habitaciones se convirtieron en enormes despensas de agua, comida y productos de aseo. Los días eran frenéticos en trabajo y las noches inacabables, entre turnos de guardia para contemplar los bombardeos y larguísimas discusiones sobre el futuro de la guerra y nuestro propio futuro. En las horas previas al primer ataque nuestro principal temor era el lanzamiento de la E-Bomb, un supuesto ingenio norteamericano de última generación. Una bomba de destrucción electrónica que acabaría con todo lo que tuviera pilas, baterías o generadores. La E-Bomb destruiría los sistemas de guiado de los misiles iraquíes, inutilizaría sus radares, los sistemas electrónicos de su defensa, las intercomunicaciones del Alto Estado Mayor. Pero también dejaría a oscuras la ciudad, estropearía lavadoras y frigoríficos, semáforos y televisores. Cualquier cosa con un componente electrónico. Es decir, también nuestras cámaras, grabadoras, micrófonos, teléfonos, cámaras de fotografía. También, y eso sí que era un grave problema, nuestros teléfonos por satélite, la única manera de comunicarnos con el exterior.

El potencial destructivo de esa bomba, que el Pentágono se encargó de filtrar a dos semanas de los ataques, era devastador. El ingenio explotaría sobre el cielo de Bagdad y mataría cualquier forma de vida electromagnética. Los militares la vendían como una bomba limpia, que no causaba muertes excepto la de aquellos pobres miserables que tuvieran la mala suerte de estar justo debajo en el momento de la deflagración.

La E-Bomb era la peor arma contra los periodistas porque podría provocar un *black-out* informativo, un apagón de información. Todos preguntamos a los reporteros norteamericanos por algún remedio contra esa maldita bomba limpia. ¿De qué servía quedarte en Bagdad y arriesgarte a que un misil cayera en el hotel si no podíamos luego retransmitir lo que estaba ocurriendo? Los miembros de la ABC, la cadena de televisión estadounidense que finalmente, como todas las de su país, abandonó Irak, tenían un soplo del Pentágono. Sólo introduciendo los aparatos electrónicos en un microondas en el momento de la explosión podrían salvarse. Los productores de la ABC habían comprado los microondas más grandes del mercado y, entre muchos periodistas, estalló una frenética carrera para encontrar, por todo Bagdad, esos aparatos de cocina tan comunes en nuestras casas y tan preciados en aquellos días.

Gustavo Sierra, reportero argentino del diario *Clarín* inventó una visionaria solución. Alguien le dijo que teniendo en cuenta los fundamentos científicos de esa bomba, cualquier aparato electrónico que estuviera encendido en el momento de la explosión debería estar conectado a una toma eléctrica de tierra. Aquello no tenía demasiado sentido pero el bueno de Gustavo, un raro ejemplar de argentino que, además de hablar, sobre todo escucha, compró un enorme arcón de metal donde todas las noches metía su ordenador y sus cámaras. De ese arcón salía un cable que llegaba hasta el grifo del lavabo. Su teoría, que él contaba con un cautivante acento porteño, era que ese grifo iba a una cañería, y que la cañería, iba al suelo, a tierra, y que ésa era la única manera de estar conectado a tierra porque su habitación quedaba en la planta 16 del hotel Palestina.

Una de esas noches de espera, mientras José y yo hacíamos guardia en la ventana de nuestra habitación mirando al negro de la noche y agudizando el oído para escuchar la llegada del misil, se fue la luz. «Hostias, apagón», grité desde el balcón. Para entonces, en la oscuridad, José había saltado hacia su cámara, le había quitado las baterías y la había apagado. Era lo único que podíamos hacer si lanzaban la E-Bomb porque no habíamos encontrado ningún microondas del tamaño de una cámara de televisión. José estaba frenético. Farfullaba maldades contra los norteamericanos. No se atrevía a volver a encenderla para comprobar si estaba dañada porque no sabíamos cuánto duraba el efecto de la bomba.

Durante minutos contuve la risa. En una esquina del salón habíamos improvisado una pequeña cocina con un infiernillo eléctrico que nos servía para calentar agua y leche. Me había dado cuenta de que había saltado la resistencia del hornillo, en el que estaba intentando preparar un café para mantenernos despiertos, y que eso había hecho saltar los plomos de la habitación. José seguía llamando de todo a los pilotos yanquis. Con su acento gallego repasó casi todo el santoral en un ejercicio de sano desahogo y sin dejar de aullar me miró un poco enfadado...

–Mierda tío, no estés tan tranquilo. ¿Y si nos hemos quedado sin cámara? ¿Qué vamos a hacer a partir de ahora? ¿Pinto los bombardeos a pincel?

–Y además nos hemos quedado sin café. Qué cabrones. Por cierto –le dije–, ¿no habrá saltado la resistencia del calentador?

Se quedó mirándome con la linterna en la mano, con esa cara de niño bueno, entre el disgusto de haber sido engañado y el alivio de tener su cámara lista. «Serás cabrón», fue todo lo que dijo antes de darnos un abrazo. Cuando minutos después subimos a la habitación de Televisa para comentar cómo había ido la noche, Couso no pudo evitar la tentación de contar lo que nos había pasado y su reacción.

Tenía una forma de narrar las anécdotas que las hacía mucho más graciosas de lo que habían sido. Las gesticulaciones de José mientras narraba su salto de gacela hacia la cámara desternillaron a Gustavo Sierra, el periodista argentino, que se volvió hacia mí y me pidió en voz baja que le escribiera en su cuaderno de notas el nombre completo de José y algún dato biográfico. Todos los días mandaba para la edición electrónica de su periódico una pequeña crónica, a modo de diario personal, en las que retrataba personajes, bagdadíes o periodistas en situaciones y preocupaciones cotidianas. Al día siguiente quería contar la historia de José. Cogí su bolígrafo, y mientras José estaba en el balcón, junto al cámara de Antena 3 Fernando Matei, comentando los mejores ángulos de visión de los bombardeos, escribí: «José Couso, un simpático gallego que practica la filosofía del percebe, ese molusco pequeño, arrugado, que se aferra a su roca pese a la violencia de las mareas...».

Olvidé aquellas líneas escritas al calor del ron y de la buena compañía. Gustavo las encontró meses después, en Buenos Aires, mientras repasaba sus propias notas para escribir un libro. Gustavo también las había olvidado. Parece mentira cómo a veces el tiempo te devuelve, cariñoso, pequeños fragmentos de nuestras vidas. Nunca sabremos si un pequeño gesto, una anotación, una fotografía apresurada tomada por alguien que no conocemos, acabarán convirtiéndose en testamentos épicos de nuestra existencia. En minúsculos epitafios. En pequeñas pruebas de lo que fuimos, con los que alguien podrá decir: Yo le conocía...

No se hizo fácil la vida durante aquellos días. Todos los que habíamos decidido quedarnos sabíamos a lo que nos arriesgábamos, aunque muy pocos de los periodistas que permanecieron en Bagdad habían pasado antes por la experiencia de un bombardeo masivo. Casi nadie había notado esa sensación terrible de verse de pronto manejado por unos poderes terribles e insoportablemente insensibles. De sentirse una especie de muñeco de guiñol, colgando de unos hilos precarios. Convertido en un ser microscópico. Algo imperceptible en ese mundo diminuto que los pilotos, desde la cabina de sus aviones, ven en blanco y negro a través de sus visores. Para ellos, tan altivos y tan conscientes de su poderío allí arriba, entre las nubes, sólo somos una equis en su mapa de operaciones. Una marca, un objetivo. Ni les importamos ni existimos.

Lo que no sabían muchos periodistas que jamás habían estado bajo un ataque aéreo masivo es que cuando se está debajo de las bombas cambian de repente todos tus valores. Todas tus convicciones. Todo en lo que crees, todo lo que piensas que eres, deja de pronto de existir. Es como si desapareciera la parte de nuestro ser que salió del aeropuerto de Barajas. Aquella que conocíamos tan bien y que nunca pensamos que pudiera salir corriendo a esconderse debajo de la cama. Porque cuando se está allí, soportando el bramido incesante de los misiles al acercarse, cambian tus percepciones. Ya nada es lo mismo. Un bombardeo te cambia para siempre. Sientes, de pronto, la fragilidad de la condición humana. La levedad de nuestra personalidad. La inaudita cobardía que ocultamos y de la que no teníamos conciencia. Ese pavor que intentamos esconder con poses de tipos bragados. La vida se aprecia mucho más cuando aprendes a palparte el cuerpo cada mañana para saber si estás entero.

José había vivido en Bagdad los raids aéreos de 1998, la operación Zorro del Desierto. «Un juego de marcianitos comparado con lo de ahora», me recordaba. Yo había estado en bombardeos en Afganistán, en los territorios palestinos ocupados y sobre todo en Kosovo. Durante los primeros días de abril de 1999 permanecí en Pristina, la capital kosovar, junto al cámara Bernabé Domínguez, aguantando como pudimos los inclementes ataques de la OTAN. Durante casi una semana permanecimos encerrados en el Grand Hotel, en el mismo centro de la ciudad, a menos de 200 metros de los principales objetivos militares aliados.

—En aquellos días yo estaba a favor de la intervención internacional en la ex Yugoslavia para frenar la sangría de kosovares —le conté una noche a José y a nuestro chófer mientras recogíamos en el balcón la cámara y el trípode. Minutos antes habíamos estado grabando hacia el sureste los destellos que producían los bombardeos de los B-52 sobre las posiciones de la Guardia Republicana.

—¿Y después cambiaste de idea? Te volviste en contra de los ataques a Serbia —me preguntó Safa mientras nos acurrucábamos en los sofás comiendo un puñado de pistachos.

—No —le contesté—. Pero sí es cierto que mientras me mantuve bajo las bombas dejé de ser el Jon Sistiaga que salió de Madrid. Era otro. Me sentí frágil. Vulnerable. Carne de misil. Sentí que yo también podía morir en aquella inmunda habitación del Grand Hotel, en pleno centro de Pristina.

Les conté que pusimos los colchones contra las ventanas para evitar que los cristales nos cortaran al estallar. Que dormíamos siempre vestidos y con las botas puestas, y a veces, cuando los bombardeos arreciaban junto al hotel, nos refugiábamos en el baño, junto a la bañera, apretándonos el uno contra el otro para fundir nuestro miedo. Alejados de las ventanas.

–En aquellos días odié con todas mis fuerzas, por este orden, a Javier Solana, a Bill Clinton y al general Wesley Clark –les dije–. Al primero por dirigir la OTAN, al segundo por impulsar los ataques y al tercero por dirigirlos.

Tan cerca vi la posibilidad de acabar laminado por uno de esos misiles que quería buscar culpables por adelantado a mi fallecimiento. Esos señores tenían mi apoyo a la intervención antes de la guerra, pero cuando vi la muerte de frente, mi reacción fue de pánico. Les odiaba. Sublimé todos mis miedos y los proyecté contra aquellos políticos. No odiaba a los pilotos, sino a los que les mandaban.

–Sí, pero has vuelto a otra guerra y a meterte dentro de otro bombardeo –me contestó José–. Es decir, o no has entendido nada, o esto te encanta.

–Claro que no me encanta, además, tú también estás aquí e igual de acojonado que yo. Lo que quiero decir es que es muy difícil mantenerte fiel a tus valores cuando éstos te pueden llevar a la muerte.

Claro que seguía pensando que atacar Serbia, por lo menos por aire, era la única manera de frenar la deportación de los kosovares, pero entonces todas esas ideas fueron puestas a prueba. Los cráteres de los bombardeos crecían como champiñones alrededor de las ventanas de mi hotel. Yo no me iba a asomar y a gritar al cielo, más bombas, más bombas, que hay que frenar a Milosevic, porque alguna de ellas me podía caer a mí.

–Evidentemente –terció Safa–, las cosas cambian. Yo estoy a favor de que caiga Sadam, y eso sólo lo pueden hacer los americanos, pero las bombas cada vez caen más cerca de mi casa.

–Es que es muy fácil mantener unos principios sentado en el sillón de tu casa en Madrid –dije–. Estamos en contra de esta guerra contra Irak, de acuerdo, pero ¿mantendremos esa opinión si Sadam decide tomarnos como escudos humanos y nos ata a un puente sobre el Tigris, o rezaremos entonces para que vengan los norteamericanos a liberarnos de estos iraquíes tan poco amables con nosotros?

Todas las noches previas al comienzo de los ataques hubo debates éticos de ese tipo. Los hubo hasta la gran noche. Hasta la llegada del cataclismo naranja. La tormenta de misiles. Aquel viernes inolvidable en el que Estados Unidos lanzó todo su poderío aéreo contra el complejo presidencial del Palacio de la República. Contra la sede de la mayoría de los ministerios, de las oficinas de los servicios secretos y de los edificios presidenciales. Decenas de bombas y misiles cayendo inexorablemente sobre todos los centros de poder de Sadam. Un espectáculo de una soberbia incontestable. Emitido en directo por todas las televisiones del mundo. Seguramente, y después de la caída de la Torres Gemelas, la imagen que más persistencia tendrá en la memoria visual de toda una generación.

Asistíamos en directo a la presentación en sociedad de una nueva forma de hacer la guerra. Primero se lanzarían miles y miles de misiles que llegarían desde sus barcos en el golfo Pérsico, a cientos de kilómetros. A la vez, cientos de aviones enviarían más miles de bombas inteligentes. Todo eso mataría mucho, destruiría mucho más, y sobre todo, acabaría con las redes de comunicación y enlaces del ejército iraquí, facilitando su desmoronamiento. Todavía no lo sabíamos, pero tiempo después el Pentágono reconocería que meses antes de la guerra había bombardeado las líneas de fibra óptica que conectaban las guarniciones iraquíes del sur y el norte del país con Bagdad. Todas aquellas pequeñas informaciones que habían aparecido a lo largo de 2002 en pequeñas columnas de los periódicos cobraban sentido: «Aviones de EE.UU. bombardean un radar iraquí situado fuera de la zona de exclusión decretada por la ONU en 1991». Todo eso lo supimos después, no destruía radares iraquíes, sino que preparaba la guerra que se avecinaba.

La guerra oficial había comenzado un día antes, con el lanzamiento de unos misiles contra un palacio de Sadam. Había comenzado con la arenga de George Bush a sus tropas diciéndoles que el pueblo que iban a liberar se lo agradecería. Que se harían todos los esfuerzos posibles para no causar daños a los civiles. Que la última «atrocidad» de Sadam había sido colocar a sus tropas en zonas urbanas atestadas de gente. «Dios bendiga a nuestro país», había dicho a sus tropas para finalizar el discurso en un último ejemplo de falta de tacto a la hora de anunciar la invasión de un país musulmán.

Pero fue esa tarde-noche del viernes 21 de marzo cuando, oficiosamente, comenzó para todos nosotros. Las cámaras robotizadas, colocadas en edificios estratégicos y convenientemente pertrechadas con sacos terreros, mostraban en color, y con su sonido ambiente, la caída al mismo tiempo de varias decenas de misiles Tomahawk. ¡Qué lejos quedaban ya aquellas añejas imágenes verdosas de los bombardeos de la primera guerra del Golfo!

Los periodistas que estábamos en las ventanas del hotel Palestina, fascinados por el acontecimiento histórico que teníamos delante, descubrimos además una innovadora forma de narrar la guerra. En directo. Sin engaños y sin trucos. Nuestro oído escuchaba el rumor de los aviones que venían a soltar su carga. Aventurábamos que en segundos caería un nuevo misil, y los espectadores, en su casa, veían cómo el ingenio bélico estallaba en un universo de colores rojizos y naranjas. Tal y como habíamos aventurado.

Las pobres defensas antiaéreas iraquíes completaban el cuadro de la guerra con tímidas respuestas. Desde numerosos tejados y jardines, estos cañones disparaban sus salvas sin ningún criterio. No tenían radares de seguimiento, así que los artilleros disparaban al cielo negro, de izquierda a derecha y luego de derecha a izquierda, dibujando unas ristras de balas trazadoras con la esperanza de crear una malla de fuego en la que poder atrapar algún misil. Era un espectáculo casi hipnótico. Muchas de las municiones antiaéreas utilizadas por Irak estaban programadas para estallar en el aire, a una determinada altura. Un sistema de defensa anticuado, de cuando a los aviones se les podía derribar a ojo. Al explotar por la noche, esas balas creaban una enorme cascada de partículas doradas, como si una mano invisible y gigantesca esparciera pan de oro por el cielo. Todo un espectáculo pirotécnico al servicio del espectador que se repitió intermitentemente, aunque nunca con tanta intensidad, durante otras tres semanas de bombardeos.

Millones de personas aprendieron a vivir completamente a oscuras por la noche. A distinguir el silbido de un misil de la ronca caída libre de una bomba. A soportar que la arena del desierto entrara con fuerza por las ventanas, que permanecían abiertas y forradas de celofán para evitar su rotura por las ondas expansivas. En esas noches se aprende a conocer el límite de nuestras autoestimas. A saber hasta dónde llegamos. Lo que damos de sí. Si somos tan fuertes como pensábamos o, por el contrario, nos defraudamos con nuestra propia e íntima cobardía.

Al principio, el ulular de las alarmas antiaéreas creaba una sensación de cierto pánico contenido. Ese bufido doliente llenaba la ciudad del mismo miedo para todos, y nos hacía saltar de la cama y lanzarnos rápidos hacia los balcones esperando el trallazo. Muchas veces eran falsas alarmas. Esas sirenas sonaban cada vez que los radares iraquíes situados en el sur del país detectaban el ingreso en el espacio aéreo de un misil o de una escuadrilla de aviones. Pero como no podían saber si se dirigían a Bagdad o a otra zona del país, por si acaso, activaban las alarmas para prevenir a la población. El resultado era que ponía en tensión a todos los habitantes de la capital, escondidos en sus sótanos, temiendo la llegada de la muerte. Los norteamericanos destruyeron rápidamente aquellos radares, que por otra parte, habían sido incapaces de detectar el 70 % de los ataques realizados. Las alarmas antiaéreas, junto a la carga de tensión que aportaban, dejaron de sonar tras la primera semana de bombardeos.

Incluso el grupo de periodistas que compartíamos un pequeño rato de ocio antes de irnos a la cama, preferíamos utilizar como alarma a un burro que todas las noches pacía tranquilamente atado a un árbol junto al hotel. Lo descubrió Jesús Quiñonero, cámara de Antena 3, y lo bautizó como el «burro-alarma». Quiño había percibido cierta relación entre los rebuznos histéricos del pollino y el comienzo de cada bombardeo. Cuando el burro comenzaba a roznar todos nos lanzábamos a por las cámaras y nos poníamos en guardia.

Al principio, lo consideramos una broma más de Quiñonero. «¡Que es verdad, tíos, que cuando el bicho rebuzna comienzan los pepinazos!» El cámara había repasado las cintas grabadas en otros bombardeos. Efectivamente, minutos antes de que cayeran los primeros misiles el burro se activaba. Parecía tener ese sexto sentido animal para detectar el peligro. Para todos nosotros aquel burro se convirtió en una especie de oráculo. A mitad de la guerra, el jumento desapareció. Nunca supimos si fue alcanzado por un proyectil, si perdió sus facultades, si se lo comieron los famélicos soldados iraquíes o si la defensa aérea de Sadam descubrió sus facultades anticipatorias.

A los pocos días de iniciados los combates las noches se convirtieron en una perezosa rutina. En una tediosa liturgia a la que acabamos acostumbrándonos y que ya no nos impresionaba. Si sólo caían dos o tres proyectiles considerábamos la noche como tranquila. Durante la tormenta de misiles muchos periodistas corrieron histéricos por los pasillos, debatiéndose entre la razonable idea de bajar a refugiarse en el búnker, y la más atractiva de ser testigo privilegiado del mayor ataque aéreo desde Vietnam. Todos habíamos prometido a nuestras familias y nuestros jefes que nos esconderíamos en cuanto empezara la ofensiva. Todos mentíamos. A partir de la primera semana, ya ni siquiera nos levantábamos de la cama a no ser que el estallido hubiera sonado muy cerca.

Pero aunque en ocasiones permaneciéramos con la cabeza en la almohada pese a la violencia de los ataques, había siempre alguien que nos recordaba que cada bombazo podía significar un iraquí muerto. Era el muecín de la mezquita situada frente al hotel Palestina. Aquella mezquita que aparecía de fondo de todos los corresponsales de televisión cuando salían en directo desde Bagdad. La famosa cúpula impuesta por los funcionarios del Ministerio de Información. En cuanto sonaba una explosión, desde los bafles situados en lo más alto del minarete, comenzaba a sonar una cinta grabada con la voz de ese señor.

La conectaba alguien que asumía el riesgo de quedarse en esa mezquita tan céntrica para reconfortar a sus fieles en los momentos más duros de los ataques. La voz gangosa del muecín leía y releía el Corán como si fuera un rosario casi ininteligible. Una letanía, un mantra que de tanto repetirse se incrustó en nuestros cerebros. «*La ilah illa Allah.*» Dios es el único Dios. Dios es el único Dios. Dios es el único Dios. Una oración que se podía escuchar en un kilómetro a la redonda. Que la podían oír todos los vecinos del barrio. Que les daba calor espiritual mientras se apretaban los unos a los otros, padres contra hijos, escondidos debajo de las camas. Una oración que les reconfortaba. «Dios es el único Dios y los misiles no van a caer en esta casa.» El muecín no dejó ni una sola noche de hacer su trabajo.

De las bombas caídas a nuestro alrededor, en pleno centro de Bagdad, se pasó después a los bombardeos de saturación de los B-52 en las afueras. Centenares de artefactos poderosos lanzados a la vez contra las posiciones de los diferentes anillos defensivos que circunvalaban Bagdad. Un crepitar lejano de hogueras amarillas en los que imaginábamos la agonía de cientos de soldados. Aquellos bombardeos sonaban como esas tormentas de verano huecas, lejanas, que no se ven pero que se intuyen. Esas tormentas acechantes e impredecibles. Que se van acercando poco a poco hasta oscurecerlo todo. Durante aquellos ataques el ambiente olía a mojado, el aire se volvía pesado y todo se llenaba de tristeza.

La negritud, ese color obsceno que adquieren todos los paisajes cuando tienen la mala suerte de ser barnizados por la guerra, cambió la fotografía de Bagdad. Tres días después de comenzados los ataques, la ciudad se llenó de tremendas columnas de un humo negro, denso y grumoso. Los iraquíes habían cavado enormes piscinas por toda la ciudad y las habían llenado de petróleo que al arder provocaba ese inmenso cerco de fuego. La táctica era un poco medieval, pero pretendía evitar que los satélites espía norteamericanos pudieran sacar fotografías claras de lo que ocurría en la ciudad. El aire estaba tan ennegrecido que era imposible ver lo que había debajo. De esta manera, los iraquíes conseguían movilizar tropas sin que fueran detectadas por los norteamericanos, o entorpecían los análisis de inteligencia militar sobre los resultados de los bombardeos.

Bagdad era como una inmensa pira de humo algodonoso. La carpa negra de queroseno provocaba un bronco olor a combustible en el ambiente y una capa de resignación en la población. Los vapores de bencina quemada contaminaban barrios enteros. Los atardeceres se volvieron espectaculares, con unas puestas de sol rojizas, tamizadas por el espeso humo. En la calle se decía que los rusos habían soplado ese truco a los iraquíes. Los días que no soplaba viento el aire se volvía irrespirable. Picaban los oídos y la garganta y la ropa olía a queroseno. Los días que no soplaba viento, que fueron muchos porque la atmósfera pareció aliarse con Sadam para ayudarle a construir sobre Bagdad esa inmensa cárcel de humo, la ciudad se percibía sucia y alicaída. Y sobre todo, desasosegante.

La barricada de petróleo impedía grabar por las noches. El aire se volvió opaco a nuestras cámaras. Sabíamos que continuaban los bombardeos porque escuchábamos los trallazos de los misiles en el cielo y la respuesta de los antiaéreos iraquíes. Con cada uno de aquellos latigazos entendíamos que un edificio y todos sus alrededores, o una batería de cañones de Sadam, habían dejado de existir. Teníamos grabadas algunas de aquellas defensas aéreas, convencidos de que ninguna acabaría la guerra intacta y que todos sus integrantes, pobres soldados imberbes de reemplazo, serían aniquilados desde el aire.

Ser destinado a una de aquellas baterías antiaéreas era ser destinado a una muerte segura. De hecho, los primeros soldados en abandonar sus posiciones fueron los que estaban en esos cañones, que figuraban señalizados con una banderita roja en los planos de la ciudad que manejaban en el Comando Central norteamericano. Eran los primeros objetivos por abatir para que no importunaran el trabajo de los bombarderos. Esas baterías antiaéreas estaban absolutamente obsoletas. El artillero tenía que girar una pequeña manivela con una mano para subir y bajar el cañón, y girar otra manivela con la otra mano para desplazarlo de izquierda a derecha. Los disparos los hacía con el pie, presionando un pequeño pedal. Es decir, aquellos cañones eran totalmente manuales y no contaban con ningún radar para localizar al avión.

De hecho, muchos de los radares ni siquiera se activaron. Una lección que los iraquíes tenían bien aprendida desde la guerra de 1991. Una lección que ellos mismos habían dado, en forma de consejo de dictadura a dictadura, a la Yugoslavia de Milosevic durante los bombardeos de la OTAN en 1999, y que se resumía en una sola frase: «Enciende el radar y estás muerto». Por eso los artilleros de Sadam disparaban a ojo o de oído.

Una noche sobre el cielo de Bagdad apareció, como flotando, lo que parecía ser un globo aerostático. Tenía tres luces, de color rojo, ámbar y verde. En la oscuridad era imposible distinguir si se trataba de un avión no tripulado o de un helicóptero o de una sonda. No hacía ningún ruido. Como los antiguos dirigibles utilizados en la Primera Guerra Mundial. Parecía que aquel objeto avanzaba impulsado por el viento. Cruzó la ciudad de sur a norte con una insolencia pasmosa. Los iraquíes señalaban al cielo y gritaban que se trataba de un helicóptero Apache norteamericano. Incluso hubo algún periodista bisoño que se lo creyó y así lo transmitió.

Pero aquello no era ninguna nave. Era un simple globo lanzado por los estadounidenses para localizar las defensas antiaéreas de la ciudad. Tan cerca parecía en la noche, tan lento se desplazaba, que todos los artilleros que en Bagdad se encontraban de guardia quisieron ganarse esa pieza. Desde todas las esquinas, tejados, solares abandonados, jardines o palmerales, comenzaron a verse estelas de balas trazadoras que iluminaron Bagdad. Sonaron cientos de salvas artilleras contra aquella cosa que, sin embargo, ni aceleró, ni giró, ni frenó, sino que siguió su marcha suicida, indolente, apática, como buscando su propia destrucción. Hasta dos misiles tierra-aire, dos enormes y vertiginosos proyectiles incandescentes, fueron disparados desde un aparcamiento que se encontraba bastante cerca del hotel.

Enseguida comprendimos que era un señuelo de los norteamericanos. Que era una sonda de aire destinada a activar todas las defensas de Bagdad para localizar su presencia. Un satélite, unos kilómetros más arriba, fotografió todos y cada uno de los fogonazos que iluminaron Bagdad esa noche. La inteligencia militar supo, después de esa treta, dónde estaban todas las baterías antiaéreas de la ciudad. Esa misma noche fueron liquidadas. Decenas de misiles se lanzaron contra las coordenadas fijadas por el satélite. Fue sorprendente cómo los iraquíes cayeron en la trampa sin que ningún oficial se diera cuenta y ordenara parar el fuego para no delatar todas las posiciones. Aquella noche Bagdad se quedó sin defensa aérea, y lo peor de todo es que además de ser descubiertos, los artilleros ni siquiera habían sido capaces de alcanzar al globo sonda, que siguió su marcha hasta perderse en las oscuridades del desierto.

Cada vez que salía en directo para la televisión y decía lo de «Buenas noches desde Bagdad» me sonaba a chiste fácil. Era casi una falta de respeto con los habitantes de la capital. La guerra había cambiado muchas cosas, empezando por el humor de los iraquíes. A medida que avanzaban los norteamericanos hacia Bagdad se empezó a percibir, entre los soldados y los *fedayines* paramilitares de Sadam, cierta hostilidad hacia los periodistas. Empujones a los cámaras, malas caras, incluso simulacros de apuntarnos con las armas y de disparar. «Esto se pone cada vez más complicado», comentaba a menudo José a medida que se acercaba el final.

Esa situación de tensión contenida estalló los últimos días de la guerra. Con los marines a las puertas de Bagdad. Los milicianos encargados de la defensa de la ciudad dejaron de sonreír a la prensa y de mostrarse bizarros ante las cámaras. Tenían miedo. Estaban asustados. Rumiaban la derrota y el fin de todo aquello por lo que habían combatido. Aquellos días se acabó la cohabitación con la prensa occidental. Cierto mecanismo mental que sólo salta en situaciones de extrema tensión les llevó a considerarnos, de repente, enemigos.

Era una reacción lógica. Humana. El miedo es una de las pasiones más incontrolables. Aquellos *fedayines* que defendían las inmediaciones del Palacio de la República reubicaron en su cabeza sus sentimientos más primarios y los proyectaron contra lo que tenían más cerca. Contra los periodistas europeos. Para ellos pasamos a ser occidentales, por tanto cristianos, y por tanto colonizadores. Tan colonizadores como esos cristianos norteamericanos que acechaban a las puertas de la ciudad. Esos infieles. La lógica religiosa, como último refugio espiritual ante la calamidad inminente, volvió a aparecer en muchos de esos tipos. Hasta ese momento no habían descubierto lo buenos musulmanes que eran. No habían descubierto la lógica del último refugio.

Y es que en aquellos últimos días, toda la cultura de secularización religiosa que Sadam había intentado programar para Irak desde que llegó al poder se vino abajo. La gente apeló a sus instintos más primarios, buscando en su interior algo a lo que aferrarse. Algo en lo que creer. Alguna certeza que les explicara qué hacían en una trinchera en la antesala de la muerte. Y seguramente, muchos de ellos, después de unas horas de reflexión íntima, agachando la cabeza cada vez que reventaba cerca un misil norteamericano, buscaron respuestas en el Corán. En sus enseñanzas. En sus descripciones de las guerras santas que los antepasados habían librado contra invasores e infieles. *«Allah uk akbar»*, Alá es grande, pasó a ser el grito de guerra de aquellos hombres desesperados en lugar del «daremos la vida por ti, Sadam».

La importancia de la intervención divina se fue haciendo patente en el imaginario iraquí a medida que la guerra iba tomando cuerpo. «Si la victoria viene de Dios, Dios perdonará nuestras faltas y pecados», repetía Sadam Husein en sus discursos de finales de marzo. Para muchos iraquíes, cultivados en el laicismo del que hacía gala el partido Baaz, esas invocaciones resultaban cínicas. Su análisis, nos lo contaban en voz baja y mirando por encima del hombro por si había alguien escuchando, era que si Sadam debía recurrir a Dios para vencer todo estaba perdido. Pero hasta el más ateo de los periodistas no pudo resistir recurrir a la alegoría mística el día en que supuestamente iba a comenzar el cerco a Bagdad y la ciudad, todos nosotros, nos despertamos sumergidos en un mundo rojizo y polvoriento que impedía ver siquiera a más de 20 metros. En una apabullante tormenta de arena.

«La furia de Alá está con nosotros y va a detener a los yanquis», nos repetían en todas las esquinas de la ciudad para justificar aquella tormenta. Era como si una maldición bíblica se hubiera abatido sobre Bagdad. El desierto había lanzado contra las calles y los edificios y las avenidas toneladas y toneladas de partículas de arena que convirtieron nuestro alrededor en una tremenda galerna de polvo sucio. Los motores de los coches tosían como gargantas sucias y a duras penas conseguían avanzar. Los ciudadanos se refugiaron en sus casas y los periodistas, con pañuelos, gafas de sol y cuellos altos nos aventuramos por la ciudad maravillados de la conmoción meteorológica que estábamos contemplando.

Desde un punto de vista televisivo y quizá estético, aquel día se alcanzaron prácticamente todas las escalas cromáticas que definen una guerra. La sangre, el llanto, la euforia, el dolor, la incertidumbre, la gloria, la devastación. Todo tiene su color y su significado. El rojo, el verde, el azul, otra vez el rojo, el gris, el negro, apenas el blanco, otra vez el rojo. La tormenta nos trajo todos los matices y tinturas posibles. De repente la mañana se volvió noche. La ciudad mutó del carmín al ámbar y después al esmeralda. Teníamos delante todos los colores de la guerra.

La tormenta de arena, la «furia de Alá» como la bautizamos muchos de nosotros, duró un par de días. Fuera cólera divina o un extravagante fenómeno meteorológico, ese desconcertante tiempo detuvo el avance de las tropas norteamericanas. La mayor parte de la Tercera División de Infantería y las unidades de marines que avanzaban hacia Bagdad tuvieron que frenar y refugiarse de unos vientos que, en pleno desierto, se convirtieron en tremendos verdugazos de arenisca. En términos militares a este tipo de inconvenientes le suelen llamar «fricción», todo aquello que distorsiona los planes iniciales y que nadie sabe cuándo va a aparecer. Puede ser el clima, un accidente de circulación, una epidemia, una decisión equivocada de un mando, un terreno accidentado, un desplome de la moral de la soldadesca. El caso es que la arena estaba provocando un inesperado e intempestivo efecto de «fricción».

La ferocidad de la tormenta nos desconcertó a todos. Las conexiones en directo de las televisiones se hicieron bajo vientos casi huracanados que obligaron a los periodistas a ser sujetados desde atrás por otros compañeros para evitar ser derribados. Los teléfonos dejaron de funcionar por las perturbaciones en la atmósfera y los ojos nos dolían cuando la arena y la tempestad se metían dentro.

Parecía que un Dios todopoderoso se había adelantado a los norteamericanos. Incluso hubo algún periodista visionario que aseguraba que esa convulsión meteorológica la habían producido los propios norteamericanos. Esa tormenta apabullante, la mayor de los últimos 50 años según los más viejos del lugar, había estallado en plena guerra. En plena invasión del país. En plena derrota de Irak. Así que no era difícil buscar una explicación divina e in extremis de lo que estaba pasando. Enviados o no por Alá, los vientos habían parado el empuje norteamericano dando un respiro a las exhaustas fuerzas de Sadam.

Tras esa tormenta, la ciudad amaneció con un aspecto desolador, fantasmagórico. Parecía arrasada por un ejército devastador que la había enterrado en el desierto. Al asomarnos a los balcones para contemplar los desastres de la voracidad de la arena, descubrimos que ya no hacía calor, sino un frío tenaz, casi polar. Y que además llovía. Llovía barro, lodo. Una especie de pecina marrón que se pegaba a nuestra ropa manchándola con finas motas. Las partículas de arena se quedaron ingrávidas en la atmósfera, jugando caprichosas con la luz del sol que pretendía llegar hasta nosotros. Haciendo rebotar los rayos en el aire, de grano en grano, hasta desvirtuarlos. Cambiando de colores al día y volviéndolo rojo, gris o dorado. Se hacía difícil respirar. Ya no sabíamos a quién estaba castigando esa furia divina. Si a los norteamericanos atrapados en el desierto o a los bagdadíes atrapados en la ciudad. Esa conspiración térmica nos estaba volviendo locos a todos.

«Luchar contra el mal porque el mal será derrotado», decía Sadam en todas sus arengas. A medida que avanzaba la guerra cada vez eran más claras las diferentes estrategias bélicas de ambos bandos. Los iraquíes habían decidido dejar avanzar a las tropas norteamericanas para esperarlas en las ciudades. Sabían que no tenían nada que hacer en campo abierto, donde los norteamericanos eran intratables. Antes siquiera de llegar a ver el primer soldado de Estados Unidos, las unidades iraquíes eran aniquiladas con toneladas y toneladas de bombas desde los aviones, con intensas incursiones de los helicópteros Apache y con un rotundo fuego de artillería. Todo eso les llegaba de lejos. En ese terreno, por tanto, no tenían nada que hacer, así que, supuestamente, decidieron esperar a los norteamericanos en las calles. Allí donde podían tener superioridad táctica por el conocimiento del terreno, de las avenidas y las alcantarillas. Allí donde los tanques y los helicópteros, en teoría, tenían menos movilidad.

Desde Camp Doha, en Kuwait, se había contemplado esta estrategia. Por eso los generales norteamericanos habían diseñado una campaña militar de tenaza. Sus soldados bordearían todas las ciudades que se encontraran en su avance hacia Bagdad, pero no entrarían. Simplemente las iban a rodear para no perder tiempo y vidas en ellas. La idea era llegar a la capital para hacer caer todo el andamio. Si caía Bagdad, el resto del país iba a caer como fichas de dominó.

Por eso los norteamericanos querían llegar pronto a Bagdad, porque caída la capital el resto de guarniciones se rendiría inmediatamente. Y porque si caía la capital el resto del país era indefendible. Excepto el norte, que es más montañoso pero que en su mayoría era territorio kurdo, Irak es solemnemente plano y desértico. Entre ciudad y ciudad sólo hay arena y algunos excepcionales palmerales. No era posible la recreación de un escenario de guerrilla o de maquis. Para una guerra de ese tipo se necesita un terreno accidentado, donde los combatientes puedan refugiarse de manera segura tras golpear al enemigo. En Irak no hay valles profundos, ni cordilleras montañosas inexpugnables, ni cuevas, ni selvas enmarañadas. No es ni Vietnam ni Afganistán, si caía Bagdad se rompía la cadena de mando, y eso buscaban, y consiguieron en una espectacular y meteórica campaña militar, los norteamericanos.

Esta guerra, con permiso de las escaramuzas libradas en Afganistán contra los talibanes, pasará a la historia como la primera «guerra clásica» del tercer milenio. O del siglo XXI, como más guste. Guerra clásica entendida como ejército contra ejército, Estado contra Estado, presidente contra presidente, ego contra ego. Desde un punto de vista bélico, se estudiará como la primera demostración de una nueva doctrina militar: la de la supremacía de la aviación y los blindados.

La guerra de Irak la ganaron los cazabombarderos y los helicópteros de combate, y la apuntalaron los tanques Abrams y los blindados Bradley. Primero se diseñó una devastadora campaña aérea que barrió las defensas iraquíes, mermó la moral de la soldadesca de Sadam y deprimió a la ciudadanía iraquí. Y después se produjo un insolente paseo de los acorazados, que cañonearon todo lo que se movía sin apenas recibir un rasguño, hasta presentarse en el mismo centro de Bagdad.

Menos hombres y más maquinas. Cada cuerpo de marines que entró en Irak, o la propia Tercera División de Infantería que tomó Bagdad por el oeste, llevaba 36 carros de combate y al menos tres helicópteros Apache que iban abriendo el camino. Despejándolo. Los expertos le llaman a este fenómeno «la revolución de los asuntos militares». Se trata de minimizar las propias bajas a costa de no discriminar en las bajas que se le causan al enemigo.

Durante toda la guerra, aviones norteamericanos de baja cota lanzaron octavillas sobre las fuerzas iraquíes alentándolas a rendirse. Escritas en árabe, y con varios dibujos, decían que los soldados debían colocar todos los tanques formando un cuadrado, con el cañón orientado hacia el interior, apuntando hacia el suelo y con una bandera blanca en cada vehículo. Desde el aire los aviones norteamericanos detectarían que esa formación quería rendirse y darían aviso a fuerzas de tierra para que fueran a recoger a los prisioneros. Las hojas también especificaban que los soldados debían permanecer agrupados y situarse, al menos, a mil metros de los tanques abandonados. Todos habrían dejado sus armas en un montón bien visible y los únicos que podrían portar su pistola serían los generales. Ésas eran las normas de rendición que llegaban desde el aire.

Pero esta guerra también pasará a la historia como el primer ejemplo práctico de la nueva doctrina geoestratégica de Washington: el «unilateralismo intervencionista». La determinación de atacar allá donde EE.UU. decida, de manera preventiva, siempre que considere que sus intereses están afectados. Sin buscarse alianzas o convencer a países amigos de la importancia de atacar a alguien. No necesitan a nadie. «EE.UU. está amenazado por estados fracasados», dice la Nueva Estrategia de Seguridad Nacional elaborada por Condoleezza Rice, la asesora presidencial de Seguridad Nacional. «Las razones de nuestras acciones serán claras; la fuerza, medida; y la causa, justa», reza el texto.

Una doctrina enfatizada en la «Carta a América» suscrita por un centenar de pensadores estadounidenses que daba coartada moral al ataque a Irak y que identificaba los valores morales estadounidenses con «la herencia común de la humanidad». La doctrina de ataques preventivos está basada en intelectuales de segunda fila como Robert Kagan, autor del ensayo *Poder y debilidad* o Richard Perle, conocido como el «príncipe de las tinieblas» por sus ideas oscurantistas y ultraconservadoras. Los *neocon* les llaman en Estados Unidos, los neoconservadores. Incluso, algunos les han llamado *teocon*, por la profunda influencia de atávicas e incluso milenaristas concepciones religiosas. Una corte de asesores que han conseguido hacerse un lugar en el olimpo de los creadores de opinión gracias a artículos más o menos logrados en los que definen una idea, que luego se convierte en un *leitmotiv*, luego en un libro y después en doctrina.

Hay en EE.UU. una tradición estúpida de endiosar a los tipos que logran encontrar la fórmula ideológica adecuada, en el momento histórico determinado. Sus ecuaciones mentales no duran más allá de cuatro o cinco años, el tiempo de una legislatura en la Casa Blanca, pero consiguen canalizar los flujos doctrinales de la administración de turno. Sus libros se convierten en Biblias indiscutibles, aunque normalmente su pensamiento se puede leer y resumir en el artículo inicial que los aupó a la popularidad. Cada tres o cuatro años surge uno: Francis Fukuyama y sus ideas sobre *El fin de la historia*, Samuel P. Huntington y su *Choque de civilizaciones*, o Robert D. Kaplan y su miedo a *La anarquía que viene*.

Pero todas esas armaduras ideológicas no llegaban a Irak. Allí sólo entendían que cada vez que mirasen al cielo raso y vieran aparecer la silueta de un enorme avión alargado que dejaba tras de sí cuatro rayas blancas de vapor debían esconderse. Los B-52, las «fortalezas volantes», se convirtieron en los amos de los cielos y en el icono de la destrucción arrolladora. Sus sistemáticos bombardeos en alfombra, los *carpet bombings*, eran tremendas tormentas de destrucción incontrolada. Los pilotos norteamericanos, tan dados a poner nombres a los aviones e incluso a las bombas, les llaman BUFF, acrónimo de *Big, ugly and fat fellow*, ese colega grandullón, gordo y feo. De sus orondas panzas salieron la mayoría de las bombas guiadas por láser que destruyeron las guarniciones de la Guardia Republicana y muchos de los misiles que cayeron sobre Bagdad.

Algunos de esos misiles erraron el blanco y cayeron en zonas civiles. Las matanzas del mercado de In Shoala o la del barrio de In Shaab son dos ejemplos que dejaron un centenar de muertos en la calle.

–Sin embargo, pensándolo fríamente –le comenté un día a José–, si se han lanzado más de mil misiles sólo contra Bagdad y han fallado apenas cuatro o cinco, la proporción de fallos es ínfima.

–Claro, ínfima. Lo malo es que casualmente los que fallan no acaban en un descampado, en el desierto, o en el cauce del Tigris, sino que siempre caen en mercados, colegios, viviendas y matan todo lo que pillan.

Aquella reflexión la convertimos en objeto de debate entre varios colegas e incluso llegamos a hacer una crónica de análisis. Tuvimos que cuidar mucho el lenguaje porque se podía interpretar que estábamos justificando los ataques. ¡Como decir que los misiles apenas fallan pero que los que lo hacen causan numerosas muertes civiles! Realmente, la guerra estaba siendo casi tan quirúrgica como la pretendían vender los militares norteamericanos. Fallaban poco, es verdad, pero cuando fallaban mataban mucho.

Las defensas iraquíes contribuyeron también a desviar algunos misiles y que éstos se estrellaran en zonas pobladas. Casi todos los que cayeron sobre Bagdad volaban con un sistema de guiado por localizador GPS o por seguimiento láser. Es decir, o llevaban un dispositivo que recibe constantes señales desde un satélite que le van indicando la dirección correcta, o localizan el objetivo a través de un rayo láser que lanza el propio avión o algún miembro de las fuerzas especiales que se encuentra infiltrado cerca del punto de impacto.

Pues bien, los humos grumosos producidos por la combustión de las balsas de petróleo cavadas en toda la ciudad impedían a los pilotos iluminar el objetivo, es decir, apuntarlo con ese rayo láser. Simplemente no veían nada. No podían localizar lo que los norteamericanos llaman el DIMPY (*Desired Mean Point of Impact*), el punto de impacto deseado y por tanto tenían dificultades para lanzar esos misiles guiados por láser. Por otro lado, los iraquíes utilizaban tecnología rusa para interferir las señales de los satélites y perturbar las frecuencias de los misiles dirigidos por GPS. Nuestros propios teléfonos por satélite Thurayas que funcionan gracias a esa tecnología GPS se veían afectados tras cada bombardeo y se desconfiguraban por esas interferencias.

En definitiva, todas esas tretas de los iraquíes pudieron desorientar el sistema de guiado de muchos misiles, o confundir a los pilotos norteamericanos, pero claro, no se podía pedir a los iraquíes que no hicieran todo lo posible por defenderse de esos misiles. No se les podía pedir que no intentaran pararlos en el aire o desviarlos en su trayectoria letal hacia algún cuartel, algún ministerio o alguna central eléctrica. Aunque luego cayeran en algún lugar poblado por inocentes ciudadanos. La guerra es así de perversa. Nunca se sabe si las decisiones son malas o menos malas, pero desde luego nunca son buenas.

Muchas veces tratábamos de entender la dinámica del estratega militar. «¿Por qué coño vuelven a bombardear el Ministerio de la Fuerza Aérea si sólo quedan ruinas?», se preguntó un periodista italiano en uno de esos viajes en autobús que nos organizaba el ministerio. Tenía razón. Esa noche los americanos se habían gastado millones de dólares en enviar varios Tomahawk desde algún barco anclado en el golfo Pérsico para bombardear ruinas. Montones de pedruscos, hormigón y hierro retorcido. No entendíamos cuál era la importancia militar de atacar y volver a atacar objetivos que ya estaban completamente derruidos. ¿Asegurarse de su destrucción, dar salida al stock de misiles que tenían almacenados? Era quizá una simple cuestión de mala información de sus redes de espionaje. O de un análisis equivocado de las fotografías enviadas por los satélites.

En el arsenal militar de la aviación norteamericana había un arma psicológica realmente enervante: las bombas sónicas. Hacían mucho más ruido que el estallido de un proyectil con munición convencional, pero no destruían nada. Eran sólo humo. Las lanzaban sólo para asustar y principalmente de madrugada. Para crear esa sensación de que era imposible dormir o descansar. Una tortura eficiente. Una eficaz arma de desgaste psicológico de aquellas almas ya martirizadas. Aquellas noches se hacían eternas, desesperadamente eternas.

Los ataques a Bagdad desde el aire, la lluvia de metralla que caía del cielo, eran constantes, pero no guardaban una pauta. No había rutina, como en los bombardeos de Kosovo o de las posiciones talibanes en Afganistán, donde se podía saber incluso la hora a la que se producían. Los ataques a Bagdad eran compulsivos, inesperados. En cualquier momento podía sonar esa tremenda explosión, seguida de las inevitables detonaciones huecas y las salvas de artillería. Llegamos a pensar que quizá se trataba de una meditada estrategia de desgaste psicológico de la población.

Esa intención de minar la resistencia civil, de volver loca a la gente, era particularmente evidente por las noches. Muchas veces nos preguntábamos si existía un programa especial de bombardeo para producir insomnio. Las gentes, en las calles, los propios periodistas, nos notábamos cansados. Ojerosos. Y sobre todo, muy desgastados mentalmente. Había una sensación de somnolencia permanente. Los periodistas que entraban en directo para varios boletines no daban abasto. Desde primera hora de la mañana hasta última de la noche relataban cómo se estaban produciendo los bombardeos.

Vivir bajo las bombas durante un tiempo, es decir, sobrevivir a ellas, ayuda sobre todo a pensar. A reflexionar. A estudiar y analizar todo lo que rodea un ataque para encontrarle una lógica. A preguntarte a ti mismo qué haces allí. ¿Por qué tienes que hacer sufrir a los tuyos? A darte por satisfecho cuando los aviones vienen a la hora que uno ha previsto. A sonreír para tus adentros y decirle a tu compañero de bombardeo: «Te lo dije...».

«Los enemigos serán detenidos en las puertas de la ciudad», repetía incansable aquellos días el ministro de Información, Al Shaafi. Su llamamiento al «No pasarán» se antojaba tragicómico, porque el enemigo se había metido ya prácticamente en la cocina de la ciudad. En la guerra de la propaganda, otro ministro, el titular de Asuntos Religiosos, Abdul Hamed Salij, se había descolgado días antes con una petición que le había trasladado el propio Sadam Husein. Se respetaría la vida de los prisioneros de guerra, dijo, como si esa presunción no fuera norma habitual en el régimen iraquí.

El ministro añadió que los soldados enemigos que fallecieran serían enterrados según sus diferentes credos religiosos. Para ello, habían hablado con los líderes de las diferentes confesiones que había en Irak y habían establecido un sistema de funerales y enterramientos. Lo que no explicaba el ministro era cómo iban a averiguar la adscripción religiosa de un soldado muerto. Desde luego, al combatiente no se le podía preguntar. Aquella declaración no dejaba de tener ciertas connotaciones de enfrentamiento religioso, de guerra santa.

Cuatro días antes de caer Bagdad, al anochecer, se hizo la oscuridad más absoluta. Oscuridad de guerra, de miedos, de raids aéreos. Hasta entonces, extrañamente, la ciudad había permanecido iluminada pese a la brutalidad de los ataques, pero ese día, esa noche, ocurrió lo que todos los bagdadíes presentían. Se fue la luz. Ya se había cortado el agua, el teléfono y el abastecimiento de alimentos frescos. Pero desde ese momento la ciudad se quedó sin suministro eléctrico. El apagón fue repentino. Desde los balcones del hotel Palestina pudimos ver cómo las diferentes fases eléctricas de los diferentes barrios de Bagdad se fueron cayendo. Era como si alguien hubiera echado un manto negro sobre la ciudad. Un sayo de temores y miedos que, durante unos segundos, enmudeció las calles, las casas y las personas.

Inmediatamente, todos los periodistas nos lanzamos a los teléfonos satélites para contar a nuestros espectadores que Bagdad se había ido a negro, como decimos en televisión cuando se corta una transmisión. Era la gran novedad táctica de la guerra en los últimos días. Nadie consideró que fuera una casualidad. En la guerra no hay casualidades. O habían sido los iraquíes, que oscureciendo la ciudad podían mover tropas a su antojo y reorganizar sus defensas, o habían sido los norteamericanos con sus famosas bombas de grafito que destruyen el tendido eléctrico sin dañar las infraestructuras.

La sensación en esa oscuridad era un poco agobiante. La ciudad se había quedado muda. Expectante. Conteniendo la respiración. El silencio de Bagdad en aquella magna oscuridad era casi una música de velatorio. Durante los primeros minutos, los bagdadíes ni siquiera se atrevieron a encender velas o candiles. El pánico se había asentado en la ciudad llegando de noche y en silencio.

Le recordé a José que yo había vivido ya una situación parecida en Pristina, la capital de Kosovo. La ciudad permanecía completamente a oscuras durante los bombardeos nocturnos de la OTAN. Las normas militares yugoslavas, sacadas de algún viejo manual de la Segunda Guerra Mundial, obligaban a mantener esa oscuridad total para no dar pistas a los aviones. No se podía ni siquiera encender un cigarrillo. Cualquier luz, cualquier chispazo en la noche dentro de una casa podía significar una acusación de espionaje. Por ayudar al enemigo al facilitar a los pilotos supuestas referencias de situación. Afortunadamente en Bagdad no se vivía aquella situación desquiciante. Ninguna luz iba a desviar de su destino a un misil enviado desde el otro lado del país.

José y yo agudizamos el oído. Estábamos convencidos de que en breves segundos escucharíamos el mullido rugir de los motores de los aviones. E inmediatamente después, el salvaje concierto de explosiones y alaridos de sirenas.

Nos apostamos en el balcón, atentos, a esperar acontecimientos. Recuerdo que yo miraba y miraba hacia el horizonte tratando de divisar la caída silenciosa de paracaidistas norteamericanos en la ciudad. Estaba convencido de que en ese momento comenzaba el definitivo asalto a Bagdad. Comenté con José que era el momento ideal para infiltrar comandos o los primeros grupos de fuerzas especiales.

–Esos tipos se introducen en edificios abandonados y pueden pasarse días y días escondidos ahí dentro, agazapados, marcando objetivos a los aviones, descubriendo posiciones iraquíes camufladas, estudiando posibles vías de entrada para las tropas de tierra.

–O haciendo sabotajes –señaló José.

–O haciendo sabotajes –confirmé–. Si han entrado los tipos duros de los Delta Force, que seguramente incluso saben árabe, te los puedes encontrar mañana mismo en la recepción del hotel, vestidos de taxista o de vendedor de fruta y ni nos enteramos.

Hablamos mucho aquella noche. Safa, nuestro conductor, nos calentó un par de sobres de sopa de cebolla y nos las llevó al balcón. «Qué oscuridad –dije–, es el escenario perfecto para un ataque suicida.» Por aquellos días el general Hassen Al Rabid hablaba de que tenían a 4.000 voluntarios árabes dispuestos a convertirse en hombres-bomba y la Yihad Islámica de Palestina anunciaba el envío del primer supuesto escuadrón de suicidas. Daba la sensación de que desde el gobierno se estaba tratando de institucionalizar la figura del mártir, del sacrificio físico y espiritual. El oficial iraquí Ali Yafar al Yamani había sido el primer suicida con éxito. Consiguió matar en un control de carreteras a varios soldados norteamericanos cuando se hizo estallar dentro de un taxi. El vicepresidente de gobierno, Tahar Yasin Ramadan, exclamó: «Habrá más buenas noticias como ésta». En un comunicado oficial del gabinete de Sadam le concedió al suicida la más alta distinción militar del estado y su familia recibió como premio una casa, un coche, 100 euros mensuales de pensión, garantía de la educación para sus hijos y una recompensa de 35.000 euros.

–¿Tú crees que esto se va a llenar de hombres-bomba? –me preguntó José desde la habitación mientras se ponía una chaqueta por encima.

–No –contesté–, porque Irak no es Palestina. Aquí la gente no está tan desesperada como allí y aquí no hay la cultura del martirologio que se ha incrustado en Palestina. Los iraquíes llevan años subvencionando a los suicidas palestinos y recompensando a sus familias, pero ellos no tienen cojones para reventarse con un chaleco-bomba.

–Pero si los yanquis se presentan rápido en Bagdad a lo mejor lo utilizan como arma desesperada.

–Puede –contesté–, pero no me creo que vayamos a ver a comandos suicidas de soldados iraquíes en plan checheno. Safa –pregunté a nuestro conductor–, ¿tú o alguno de tus amigos seríais capaces de reventaros ante un grupo de soldados norteamericanos por Irak o por Alá?

–Estás loco –me dijo–. Tú te piensas que todos los musulmanes estamos igual de locos que los de Al Qaeda o los de Hamas. Me gusta la vida. Tengo familia. Además, el Corán prohíbe el suicidio. Que se revienten otros, a mí no me mires.

11

TODO SE DESMORONA

Couso y yo no nos lo podíamos creer. No dábamos crédito a lo que estábamos viendo. Dos docenas de soldados iraquíes, de aguerridos miembros de la Guardia Republicana de Sadam Husein, de su cuerpo de élite, huyendo despavoridos río arriba en busca de refugio. Dos de los hombres, incluso, iban en calzones. Desde nuestra habitación los podíamos ver y distinguir perfectamente. Detrás de ellos, a unos 100 metros, dos tanques norteamericanos disparaban contra todo lo que se movía.

El pánico les había hecho saltar de sus trincheras para intentar escapar. Para salvar sus vidas condenadas. En esa huida no había valientes. No había mártires suicidas. Eran solamente 20 hombres aterrorizados. Era la imagen de la derrota, del desastre, del descalabro del régimen de Sadam. Estábamos asistiendo a la caída del dictador desde la planta 14 del hotel Palestina. La guerra había llegado por fin a Bagdad y se había instalado al otro lado del río.

Era el amanecer del 7 de abril. Dos días antes de que cayera la capital. Varios cañonazos muy cercanos nos habían despertado. Como siempre, yo salté el primero de la cama mientras José se hacía un rato el remolón. Me asomé por la ventana buscando el humo de los impactos y pensando que los norteamericanos se empeñaban en no dejarnos dormir, pero no distinguí nada. «Será una bomba sónica», pensé. De esas que hacen un tremendo ruido y que sirven, básicamente, para sacar de quicio a la población civil.

Al otro lado del río había una pequeña playa que el Tigris había dibujado en uno de sus meandros y que quedaba justo en la ribera del Palacio de la República, uno de los principales recintos presidenciales de Sadam. Me fijé que salían un par de pequeñas columnas de humo, apenas perceptibles con la perezosa luz del amanecer. Me quité las legañas y me fijé mejor. En los días pasados habíamos estado grabando a multitud de soldados iraquíes que preparaban en esa playa trincheras y búnkeres para defender el palacio. No habíamos emitido las imágenes porque no hubieran pasado la censura iraquí y además nos hubieran supuesto un problema de presunto espionaje. Pero siempre pensamos que aquellos pobres soldados que tenían que defender aquellas posiciones serían un día masacrados por los aviones y helicópteros norteamericanos. Estaban totalmente expuestos y desde el aire eran un blanco facilísimo.

Entorné mis soñolientos ojos hacia la playa y el palmeral que queda justo encima de ella. No me lo podía creer. Allí había dos blindados Bradley M2 norteamericanos. Entré rápidamente en la habitación y cogí los prismáticos para asegurarme. Había 600 metros de distancia. Podía equivocarme y estar viendo tanques iraquíes. Cuando estaba ajustando la óptica para definir la imagen uno de ellos lanzó un cañonazo hacia la playa y una enorme explosión iluminó la tenue luz de ese mañana. Solté los binoculares y lancé un grito hacia el interior.

–¡Joder, Couso, joder!, los yanquis están aquí. Se nos han metido hasta la cocina y no nos hemos enterado. ¡Esto se acaba, hermano! –le dije muy cerca de su cara, mientras le zaran-deaba para que se despertara.

–¡Ya están aquíii! –me respondió con el tono de la niña de *Poltergeist* cuando percibía a los espíritus. Sonreía con cara de dormido, mientras buscaba a tientas sus gafas en la mesilla de su izquierda.

Para cuando llegó al balcón, segundos después, yo ya le había montado el trípode, la cámara, y la había colocado en posición. Enfocando a esa playita donde se estaba empezando a gestar una carnicería de soldados iraquíes. Era evidente que los iban a aniquilar. Por delante tenían a los tanques, por detrás estaba el río, y por encima, sobre sus cabezas, varios aviones enviándoles misiles. No tenían escapatoria. Era una ratonera.

Habíamos pasado la noche anterior en vela, matando los momentos de tedio con una bolsa de pistachos rancios y una botella de ron. Pensando que la gran ofensiva sobre Bagdad podría aprovechar la oscuridad de la noche y los apagones. Todo el mundo dábamos por hecho que se produciría esa noche. Tras varias horas de guardia, acabados los pistachos y media botella de ron, nos fuimos a la cama. Cuando nos acostamos, a las cuatro y media de la mañana, habíamos bromeado imitando al genial humorista Gila y su ácido humor bélico: «Que me viene fatal hacer la guerra hoy y que lo dejo para mañana», exclamó José mientras cerraba los ojos y se metía debajo de la sábana. Dos horas después teníamos a los norteamericanos encima. Literalmente encima.

El teléfono de la habitación empezó a sonar. Todos los colegas nos íbamos llamando los unos a los otros para avisar a los más dormilones de que era hora de despertarse. Que los marines estaban enfrente y no podíamos perdérnoslo. Telefoneé a mi televisión para contárselo. Era una sensación extraordinaria poder narrar en directo un combate entre tanques, en medio de Bagdad, y en lo que parecía ser el final de esa guerra.

–Menos mal que se te ocurrió grabar el otro día esa playa, porque me parece que hoy se los van a freír a todos –me dijo José desde el balcón. Estaba en calzoncillos y camiseta, así que le acerqué sus vaqueros y una chaqueta negra. Fumaba con impaciencia.

–No entiendo cómo se te olvida vestirte y no se te olvida fumar. ¿Duermes con un paquete de tabaco en los gayumbos? –le pregunté sonriendo. Estaba feliz. Estaba siendo testigo de una tremenda batalla, del final de un régimen, y lo estaba grabando todo.

Habíamos adelgazado mucho durante aquellos meses y su cuerpo menudo parecía, más que nunca, el de un adolescente. Mientras trabajaba José tenía una pose característica. Abría las piernas, ponía sus brazos en jarras, sobre las caderas, hacía colgar un pitillo de manera inverosímil sobre el labio inferior, y se dedicaba, de vez en cuando, a mirar por el ojo de su cámara para comprobar el plano o corregirlo. Como los vaqueros de las películas del Oeste. Así se pasó toda aquella mañana del 7 de abril.

Las ráfagas cortas de ametralladora, el tableteo constante de los fusiles de asalto norteamericanos M-16, y los cañonazos que lanzaban los Bradley hacia las trincheras iraquíes indicaban que se combatía a corta distancia. Desde nuestro balcón podíamos escuchar el rugido de los motores de los blindados cada vez que movían sus orugas. No se desplazaban mucho. Apenas unos metros adelante y hacia atrás para coger nueva posición de tiro y disparar.

Las torretas de los tanques apuntaban cada una hacia un lado. Una, hacia el palmeral que separaba el río del palacio de Sadam, y la otra, hacia esa playita donde estaban las casamatas de la Guardia Republicana. Ninguno daba tregua. El primero disparaba contra elementos de los *fedayines* y del ejército iraquí que se habían escondido entre los árboles. A cada disparo de los Bradley volaban despedazados troncos de palmeras y cuerpos humanos. El otro cañón golpeaba las madrigueras de la Guardia Republicana sin piedad, apuntando sobre todo a los polvorines. Así ahorraban potencia de fuego, porque de cada polvorín reventado salían en todas las direcciones miles de balas, granadas y obuses, que achicharraban a los propios iraquíes.

–¿Eso son tanques Abrams? –me preguntó José.

–No –respondí–, son Bradley. Les llaman «taxis de la guerra» porque sirven para el transporte de tropas en zonas de combate. Ya verás como dentro de un rato de sus panzas salen un montón de marines.

Así fue. Al poco tiempo, mientras me encontraba en el interior de la habitación calentando un poco de té, Couso me llamó con un grito. «Ahí están, ahí están.» De cada uno de los carros de combate salieron una decena de soldados que tomaron posiciones junto a las palmeras. Se les veía perfectamente. Esta vez, sí. Por fin veíamos a los soldados norteamericanos. Ya no había ninguna duda. Había marines en el centro de Bagdad.

Luego supimos que en realidad eran miembros de la Segunda Brigada del Tercer Batallón de Infantería, es decir, Ejército de Tierra. Nada que ver con los marines, un cuerpo expedicionario, y con los que por cierto tenían cierta competencia por ser los primeros en llegar al centro de la ciudad y apuntarse ese hito en el historial bélico de su cuerpo. Infantería, marines, ¡qué más nos daba en ese momento! Los yanquis estaban en Bagdad y los teníamos delante.

Algunos soldados iraquíes debieron de pensar lo mismo. Que ya no había ninguna duda. Que Estados Unidos estaba tomando el palacio presidencial. Muchos de ellos empezaron a asomar de sus escondrijos. Algunos con intención de rendirse, otros, con la de huir. Y algunos, muy pocos, con la de hacerles frente. Estos últimos fueron aniquilados. Los soldados norteamericanos ni siquiera tuvieron que entrar en combate. Eran los cañones de los Bradley los que disparaban con una precisión extraordinaria hacia las trincheras desde donde unos pobres diablos disparaban sus miserables kalashnikov.

Empezamos a ver banderas blancas en algunos de los agujeros. De ellos salían, cabizbajos y con las manos en alto, varios soldados con los brazos en alto. Los norteamericanos tienen un protocolo de detención de enemigos. Primero, deben desnudarse a distancia para comprobar que no llevan ninguna bomba adosada al cuerpo. Luego, tumbarse en el suelo. Tras ponerles la rodilla en la espalda, los soldados les atan las muñecas con unas pequeñas cinchas blancas de plástico. Todo eso lo veíamos desde el balcón, mientras nos tomábamos un té. Los prisioneros eran introducidos en los Bradley sin miramientos.

Pero no todos se rindieron y muchos prefirieron escapar. La imagen era surrealista. Una veintena de guardias republicanos aprovechó una parte de la playa que quedaba fuera de la vista de los tanques, y por tanto fuera del alcance de sus cañones, para huir. Salían de aliviaderos de agua y pasadizos secretos que conectaban el palacio presidencial con el Tigris. El grupo, la pura imagen del pánico y la derrota, empezó a andar entre los cañaverales de la orilla, río arriba.

De repente, el primero de los soldados se topó con una valla metálica, de esas que se ponen a lo largo de la ribera para que ningún intruso pueda acceder al palacio desde el río. Ahora, ese mismo cercado que tantas veces habían vigilado, les impedía la huida. El primer soldado vaciló y se tiró al Tigris para bordear la verja desde el agua. El resto le siguió. El agua bajaba sucia y maloliente, como siempre. Dos de ellos, a los que el ataque norteamericano les había pillado durmiendo, estaban vestidos sólo con la ropa interior. Con esos calzones de invierno del ejército que cubren el cuerpo entero.

Todos huían con lo puesto. No llevaban petates, ni maletas, ni armas, ni cantimploras. En las trincheras habían abandonado la munición, los correajes y sus cascos. Unos cascos inútiles e incómodos. Estaban hechos de simple fibra de vidrio, es decir, que hasta una pedrada podía atravesarlos. Pero lo peor era la forma. Eran una imitación del casco negro de Dart Vader, el malo de *La guerra de las galaxias*. El señor del lado oscuro de la fuerza. Supongo que el que diseñó el uniforme de la Guardia Republicana tenía órdenes de que sus trajes intimidaran. Que dieran miedo. Pero esos hombres que observábamos ya no daban ningún miedo.

A medida que iban avanzando por la orilla del río, muchos de ellos se iban quitando las zamarras militares y las tiraban al río. Querían pasar por civiles. Para sus mandos serían desertores, y para los norteamericanos, enemigos sin uniforme. A nosotros nos parecían unos pobres hombres que querían volver junto a sus familias. Era una imagen dramática, pero de una fuerza visual poderosa. Era el resumen de 20 días de guerra. De tres semanas de bombardeos inmisericordes de las posiciones de esos hombres, que habían aguantado y aguantado hasta que la situación fue insostenible. Era el retrato de la derrota y la capitulación. Era el final del régimen.

José grabó toda la escena. Estábamos en silencio, concentrados. No nos decíamos nada. Ambos sabíamos que era una de las imágenes de la guerra. En cualquier momento podía ocurrir cualquier cosa con ese grupo de derrotados. Que fueran detenidos o bombardeados desde el aire o masacrados por otro tanque. O que finalmente, como así ocurrió, lograran escapar. ¡Queríamos, incluso, que escaparan! No nos caían simpáticos, pero no tenían ninguna opción de sobrevivir si se quedaban. Evidentemente, tampoco tenían cuerpo de mártires, pese a las consignas oficiales.

Había que seguirles con la cámara. Mientras les grababa, percibí en José esa sonrisa a medias, como de medio lado, que se le ponía cuando estaba orgulloso de sí mismo. Si hubiera podido, se habría besado en ambas mejillas. Estaba contento. Era consciente de que esa imagen abriría nuestro informativo y que sus hijos estarían felices de ver en la televisión el nombre de su padre: «Imagen: José Couso».

Cuando los huidos desaparecieron de nuestra vista José se concentró de nuevo en la pequeña playa, donde no dejaban de caer granadas de los tanques. El paisaje era apocalíptico. Llamaradas constantes, columnas de humo negro, ráfagas de ametralladora que levantaban polvo por todos lados. Un auténtico avispero. Varios soldados iraquíes recibieron un impacto casi de lleno en su búnker. Los que sobrevivieron decidieron salir y esconderse en otro agujero. Tres de ellos corrieron como posesos sobre la arenilla de esa playa buscando refugio.

Sonó otro cañonazo. Inclemente. El tanquista ni siquiera les concedió el beneficio de la duda. De saber si se iban a rendir o estaban huyendo. El obús dio de lleno a uno de esos soldados que corrían despavoridos de espaldas a los tanques. Le dio tan de lleno que pudimos ver cómo su cuerpo se volatilizaba, estallando en decenas de pequeños pedazos. Los otros dos soldados que iban detrás se quedaron petrificados. Su compañero de trinchera, su amigo, ese colega con el que habían compartido confidencias y cigarrillos bajo los bombardeos, había desaparecido. Literalmente.

Couso y yo nos miramos. No lo habíamos grabado. La cámara estaba atendiendo a otra zona de combate. «Qué fuerte», fue lo único que atinamos a decir. Horas más tarde, cuando repasábamos las imágenes y hacíamos balance de lo que habíamos visto, nos acordábamos de esos dos soldados que habían visto estallar a su colega. No nos importaba tanto la terrible muerte que había sufrido, reventado en pequeñísimos fragmentos, sino la conmoción de sus compañeros. El estado de shock, de tremendo terremoto emocional en el que se habrían quedado. Los dos se habían salvado porque escucharon el silbido de la granada y se tiraron a tiempo al suelo, mientras que el muerto prefirió seguir corriendo y corriendo. Desde allí, desde ese suelo, habían notado en sus caras la onda expansiva. Y les habíamos visto reptar por la arena, sobre los trozos de su compañero, esparcidos por todos lados, para escapar de allí.

–Ésos, si están vivos, se habrán vuelto majaras los pobriños –decía José con su acento gallego.

Faltaban sólo unas horas para que otro cañonazo le matara a él y yo me convirtiera en uno de esos soldados desamparados.

Esa mañana, durante el directo televisivo con nuestros informativos, Hilario Pino, el presentador, preguntó si éste era el inicio de la caída de Bagdad o solamente otra demostración de fuerza. La verdad es que se habían metido hasta la cocina de la capital, le dije, y una vez que se toma asiento en la cocina, que es el hogar de cualquier casa, ya se es dueño de esa casa. De todas formas nada era seguro en esos momentos. «Los teóricos de la guerra humanitaria –reflexioné– dicen que una demostración de poderío como ésta debe ir acompañada de una oferta de rendición rápida de la ciudad para evitar muertes de civiles y asedios largos y penosos.»

A juzgar por lo que pasó después, no nos equivocamos mucho. Bagdad cayó el día 9, 36 horas después de esa conversación. Cayó sin resistencia, sin pasión, como resignada. Todavía muchos iraquíes y muchos árabes en el resto de la región se preguntan quién fue el traidor, quién entregó Bagdad a los norteamericanos. Quién les ofreció la posibilidad de sentar sus reales en los mismísimos palacios presidenciales y en los cuarteles de la Guardia Republicana en un evidente y humillante gesto de superioridad.

La teoría de la «guerra humanitaria» considera que siempre debe haber un canal de comunicación abierto con el enemigo para situaciones como la del día 7. La expresión «guerra humanitaria» la ponemos en comillas porque es un eufemismo. ¡Como si hubiera guerras más compasivas o bondadosas que otras! El caso es que EE.UU. se había plantado en el centro de Bagdad y requería una capitulación rápida e incruenta de la ciudad. Ese canal funcionó y alguien, algún día lo sabremos, dio orden a los soldados iraquíes de que todo estaba perdido y no merecía la pena morir por una derrota segura. Alguien capituló a los norteamericanos. O alguien traicionó, depende de como se quiera leer.

Desde luego hay candidatos y las teorías conspirativas son de lo más diversas. El principal sospechoso de la traición es el general Maher Sufiane al Tikriti, encargado de la defensa de Bagdad y acusado por algunos oficiales iraquíes de haber sido quien dio la orden a la Guardia Republicana de no resistir el asedio. Por supuesto en esta teoría el general no habría actuado de una manera humanitaria, pensando sólo en evitar el sufrimiento de la población, sino que sería un agente de la CIA, estaría ahora viviendo en EE.UU. y habría cobrado muchos millones de dólares por ello. Las tropas de la coalición, más material para la especulación, le dieron casualmente por muerto el 8 de abril, un día antes de la caída.

Otro sospechoso con ciertas garantías de ser el vendido al oro de Washington es el que fuera todopoderoso ministro de Defensa, el orondo Sultan Hashim Ahmed. Su ministerio nunca fue bombardeado, pese a que coordinaba a todos los ejércitos de Sadam. Algunos coroneles del antiguo ejército iraquí le citan como la persona que dio la orden de abandonar sus posiciones. Incluso algunos han creído leer entre líneas en alguna de sus arengas a los soldados que les conminaba a que si la cosa se ponía fea deponer las armas. Hay más sospechosos, claro, pero éstos son los más importantes.

El día 7 de abril fue muy largo. Trabajamos mucho. El régimen se desplomaba. Soldados, *fedayines*, milicianos del Baaz, *muyahidines* extranjeros, todos huían. Desaparecían. El único que aguantó impertérrito, negándolo todo, hasta el final, fue el ministro de Información Mohamed al Shaafi. El mismo al que en EE.UU. le hicieron muñecos. El que hacía tanta gracia a George Bush. Al que crearon una página web que traducida se titulaba «queremosalministrodeinformación-niraquí».

A media mañana de ese día 7, mientras seguíamos en el balcón grabando a los tanques norteamericanos, miramos hacia abajo, hacia el jardín del hotel. Vimos llegar al ministro con sus guardaespaldas. Iba a convocar una rueda de prensa. ¡En plena batalla de Bagdad! Eso no nos lo podíamos perder. Bajamos rápidamente los 14 pisos por las escaleras, porque no había electricidad, y llegamos a tiempo de escucharle esta estupidez: «Los americanos no han entrado en la amada Bagdad, todo es un show de Hollywood. Los mercenarios han sido rechazados y obligados a huir por los valientes civiles y soldados iraquíes».

Miré a Couso y Couso me miró. Nos entró la risa. Llevábamos toda la mañana grabando a los Bradley al otro lado del río, y el patético ministro de Información tenía la desfachatez de decir que los habían echado.

—Este tío está chiflado. Las bombas lo han dejado chiflado —me decía José.

—No sé, pero qué gran final para la crónica de hoy. Todo se derrumba. Todo se desmorona. Y el portavoz de Sadam que parece que se ha tomado un ácido.

Aquel día ni siquiera la televisión iraquí le creyó. Mohamed al Shaafi, el gran manipulador, el gran mentiroso, se estaba superando a sí mismo. El ministro se había subido a la azotea del hotel Palestina, al lugar desde donde realizábamos los directos de televisión, para dar una rueda de prensa improvisada y desmentir lo evidente. Que el juego había acabado. Que todo era inútil. Pero su capacidad metafórica era apabullante. Couso rodeó al ministro para conseguir un plano de su nuca y más allá, al otro lado del río, los tanques norteamericanos que desmentían su versión. Seguían allí y allí se iban a quedar. Pero Al Shaafi seguía instalado en su burbuja antievidencias.

«Esas serpientes no controlan nada. Ni siquiera se controlan a sí mismos. Los vamos a machacar.» Intentábamos escuchar sus palabras entre el ruido de los cañonazos de los Bradley que seguían machacando las posiciones de la Guardia

Republicana. La escena era surrealista. Nunca antes un portavoz militar había tenido que hacer un desmentido tan patético.

Esa noche del 7 de abril, con los soldados norteamericanos en la orilla de enfrente, me acordaba también de las palabras de Tarek Aziz, el vicepresidente de gobierno. Lucharemos hasta la última bala. No nos rendiremos. No entregaremos la ciudad para salvar las vidas de los bagdadíes. Nos sacrificaremos... Qué efímero es todo. Qué cambiante. Qué cantidad de idioteces se pueden decir y cometer en nombre de causas que, siempre, son menos sublimes de lo que piensan los que creen en ellas.

Esa noche todo el mundo tenía un solo tema de conversación. Apostar sobre si la caída de Bagdad sería inminente o si la resistencia sería feroz. Couso y yo éramos de la opinión de que aquello se acababa rápido. Acertamos. Nuestro olfato nos decía que la población estaba harta. Tan hastiada de la guerra, y tan hastiada de Husein que querían que todo acabara rápido. En la calle, en las tiendas, en los restaurantes, durante los días previos se percibía una enorme ansiedad. Una sensación de abatimiento, de desistimiento, de ganas de que la situación terminara cuanto antes. Como fuera, pero que se acabara. No podían estar más tiempo de aquella manera, encerrados en los sótanos, sin comida, sin trabajo, sin colegio.

Los iraquíes, a medida que la guerra iba avanzando hacia Bagdad fueron soltando un poco más sus lenguas. Con los americanos a las puertas de la ciudad la gente ya tenía una respuesta clara. «Que entren los americanos y ya está, porque la otra opción, una contraofensiva iraquí, sería la opción larga», nos confesaba Mohamed, el joven encargado de nuestra planta en el hotel Palestina.

Aquella noche del 7 de abril, unas horas antes de que la guerra se metiera por la ventana de nuestra habitación, José y yo reflexionábamos sobre cómo sería el cerco de Bagdad. Si nos quedaríamos dentro del perímetro o fuera. Si deberíamos estar dentro o fuera. Si el asedio sería largo y calamitoso, o corto y soportable. Miramos alrededor y repasamos nuestras provisiones. Teníamos suficiente comida en latas como para aguantar al menos dos semanas. Estábamos bien de ánimo y sólo nos preocupaba el agua. No teníamos mucha. Echamos cuentas y nos salía una botella para cada uno al día para beber y lavarnos, durante una semana. Ese día habíamos tenido una hora de suministro, pero suponíamos que al día siguiente se cortaría definitivamente.

–Lo peor va a ser el váter –decía José–. La cisterna está vacía.

–Habrá que utilizar el «sistema lasaña» que se inventó en Kosovo Bernabé Domínguez –comenté–. Cuando entraron las tropas de la OTAN y los serbios huyeron, estuvimos sin agua durante una semana. Cinco personas con un solo baño. Heroico. La consigna era «nunca mires a la taza». Simplemente poníamos una capa de papel higiénico cuando cada uno acababa de hacer sus necesidades y así sucesivamente. El olor era inevitable pero, al menos, cuando se llegaba apurado no veías lo que había dejado el otro. Así, de capa en capa, como una lasaña, pudimos aguantar varios días.

–Joder, va a venir de puta madre el cartel de «Tigre» que hemos puesto en el baño –concluyó José riéndose.

Se había hecho de noche y estábamos en el salón de la habitación, rodeados de cajas de comida, ordenadores y cachivaches técnicos. No sabíamos cómo iba a ser el asedio. Cómo iba a caer Bagdad. De todos los que apostamos por una caída rápida, nadie predijo que sería tan rápida, en poco más de día y medio. Yo me había estudiado un poco a los teóricos clási-

cos de la guerra: Tomás de Aquino, Sun Tzu, Von Clause-
witz, Walzer. Se lo contaba a José. Todos definían cómo había que tomar una ciudad. Sin piedad, decían casi todos. Algún filósofo bienintencionado como Maimónides había
escrito que un buen asedio es aquel que siempre deja un pasillo humanitario de huida para los que quieran salir. Los ren-
didos o, sobre todo, los civiles.

–Ese cerco quiero yo –me dijo José apurando un puñado
de frutos secos–. Así nos podremos ir a tiempo para ver nacer
a tu hija.

–Sí, pero ese cerco es sólo para ilusos –contesté–. Un
buen asedio sólo funciona si hay civiles dentro que, a medida
que van sufriendo por la falta de agua o de comida, van obligando a los que defienden a rendirse.

Nuestro conductor, Safa, nos miraba a ambos intentando
entender alguna de nuestras palabras mientras ponía cara de
asco al abrir una lata de mejillones.

–Son lo que en términos militares se llama «bocas inútiles»
–proseguí–. La población que no lucha, el ingrediente indis-
pensable para convertir «la guerra en un infierno», como dijo el
general sureño Sherman después de sitiar y cañonear Atlanta.

–«Esto es un infierno» –exclamó José, parafraseando la
imitación de Rambo que hace años hacía un actor en Telecinco.

La frase fue memorizada por Safa con su acento árabe.
«Estes-un-inferno.» Le hacía gracia sobre todo las muecas
que poníamos al decirla, no su significado. Safa era un poco
filósofo. Y cuando le tradujimos la frase comenzó una pequeña disertación sobre la difícil, casi infernal situación que estaba viviendo su país, su ciudad y, sobre todo, su familia. En el
islam también existe el concepto del infierno.

Safa era un exponente de la opinión de la mayoría de los ciudadanos de Bagdad. Es decir, de esos civiles que en las guerras son siempre los que sufren todas las calamidades. Pero por aquellos días todavía era posible encontrar en Bagdad ejemplos de todo lo contrario, de los que precisamente usan a los civiles como arma arrojadiza. Habíamos conocido a alguno.

«Al final, el cobarde de Ahmed no ha aparecido», le comenté a Safa, que por toda respuesta asintió, diciéndome desde el sofá con la mirada: «Te lo dije». Ahmed era un miliciano del partido Baaz, el partido único de Sadam. Le habíamos conocido dos días antes de la llegada de los americanos y nos había jurado y perjurado que se mantendría firme en su trinchera de la plaza de Kajtan. Pasara lo que pasara, su esquina no la iba a pisar ningún marine. Ofrecería su vida si era necesario. Esa mañana del comienzo del fin habíamos ido a verle, pero su trinchera estaba vacía. Ahmed había fallado. Cuando le conocimos, el 5 de abril, de su boca sólo se podían escuchar exabruptos contra los norteamericanos, los judíos, Occidente y la prensa extranjera, y no siempre por este orden.

Su vehemencia gritando contra todos los demonios que atacaban su país daba hasta miedo. Tenía unos 40 años, una enorme capacidad gestual y un mostacho gigantesco y amarillento de años de fumador. Cuando hablaba soltaba pequeños espumarajos que te salpicaban la cara. Ahmed era de esos que grita en vez de hablar y que además se te acercan hasta casi rozarte. Olga Rodríguez, de la cadena SER, soportó estoicamente los salivazos de este *fedayin* enardecido que parecía haberse fumado alguna planta de marihuana. «*Ismaá, ismaá, Bush.*» «Escucha, escucha, Bush», decía mientras se llevaba la mano al cuello y hacía un gesto elocuente de rebanarlo. Ahmed llenaba la pantalla. Tenía una presencia poderosa que fue aprovechada por Couso.

El miliciano iba forrado de cartucheras e invocaba constantemente a Dios: «Alá es grande», gritaba a todo aquel que quisiera escucharle. Era panadero y había dejado a su familia al cuidado de su hijo mayor para ir a hacer la guerra contra los americanos. En su verborrea había una mezcla de antiimperialismo, islamismo y sadamismo, pero lo que Ahmed quería realmente era matar americanos.

Su compañero de trinchera, Marwan, iba vestido con el uniforme de oficial del partido Baaz. Tenía el pelo cortado al uno, un bigote arreglado y unas gafas Ray-Ban de imitación que le daban un aire de mafioso. Debía de tener unos 30 años. Marwan se nos presentó como futuro mártir y para escenificarlo se colocó su pistola en la sien. Nos dijo que se guardaría la última bala para él mismo. Que se suicidaría si era preciso, pero que por allí no entrarían los americanos. La imagen era impresionante. Ya no se trataba de la típica performance con armas a las que estábamos acostumbrados. Ahora era real. Los norteamericanos estaban muy cerca y le preguntábamos a Marwan si no se vendría abajo en el último momento. Respondió que en ningún caso.

Los dos milicianos parecían rivalizar ante la cámara a ver quién se mostraba más dispuesto al martirio. Si Marwan se llevaba la pistola a la sien y la amartillaba, el otro, Ahmed, se raspaba la mano contra la canana de balas, con fuerza, hasta hacerse sangre del roce con los casquillos. Con esa sangre embadurnó un billete de 250 dinares con la efigie de Sadam e insistió en dárnosla. Esa sangre, su propia sangre, sería vertida por Sadam, venía a decir, y ese billete que me metió en el bolsillo de la camisa sería como un salvoconducto para llegar hasta él. Ahmed quería que regresáramos cada día a esa trinchera para verle dentro. Inamovible. Invencible. Sacrificable.

Ahmed falló. Al día siguiente de nuestro encuentro ni él, ni Marwan, ni el resto de milicianos acudieron a sus puestos. Todos fallaron. Todos se desmoronaron. Llegaban noticias de combates cruentos en los barrios cercanos al aeropuerto y de que los norteamericanos no tenían piedad con esas pequeñas trincheras que diezmaban como si fueran mosquitos. Los milicianos se rompieron. No hubo sacrificios ni martirios. Todo fue un bonito juego de castillos en el aire.

–¿Os acordáis cuando Ahmed y Marwan parecían competir ante la cámara en ver quién era más macho? –nos preguntó Safa–. Estaban fingiendo.

–Es verdad –dije mirando a José–, parecía una carrera de egos desaforados. Sólo querían impresionar al resto de milicianos a ver quién tenía más huevos.

–Claro –continuó Safa–, era lo único que les interesaba. Que hubiera testigos de lo duros que eran. Que sus vecinos pudieran decir que les vieron a pie de trinchera.

Ésa es, pasado el tiempo, una de las explicaciones de por qué no se defendió Bagdad y por qué esos milicianos prefirieron quedarse en sus casas. Y es que muchos de ellos no estaban convencidos. Muchos de ellos acudieron a las trincheras sólo para que les vieran los vecinos. Si los norteamericanos eran rechazados y Sadam permanecía en el poder, ellos podrían ser considerados héroes de guerra en el régimen. Si por el contrario, y como era probable, Sadam caía, ellos solamente tenían que esconder los kalashnikov en el jardín de sus casas y esperar que ningún vecino les denunciara por militar en el Baaz. Eso es lo que hicieron Ahmed y Marwan. Una actuación ante la cámara y ante sus vecinos. Después, como la inmensa mayoría de los milicianos iraquíes movilizados a la fuerza, se fueron con sus familias a esconderse.

«Vuestra obligación es desgastar al enemigo, aumentar sus heridas y privarles de lo que han ganado sobre el terreno.» Con este lenguaje ceremonioso y solemne, Sadam Husein había intentado todo el día levantar la moral de sus tropas y sobre todo de los encargados de defender Bagdad calle a calle: los *fedayines*, los mártires. Los que tampoco nunca se rendirían. Los del «*Berruaj, Beddam...*». Con nuestra alma y nuestra sangre nos sacrificaremos por ti, Sadam.

Los *fedayines* eran un grupo paramilitar de incondicionales del presidente. Habían sido fundados en 1995 por Uday Husein, el hijo mayor de Sadam, pero cometió la torpeza de entregarles, sin el conocimiento de su padre, unas sofisticadas armas destinadas en principio para la Guardia Republicana. Enfurecido, Sadam le quitó el mando y se lo entregó a su otro hijo, Qusay. Eran unos 30.000 en todo el país. Todos muy jóvenes y muy concienciados.

–Éstos son lo peor de cada casa –comentó José una mañana que estábamos grabando a un grupo de ellos en una barricada cerca del Ministerio de Información.

–Seguro, como casi siempre en el mundo de los paramilitares. Son todos del mismo patrón. Incultos, desarrapados, miserables, muchos de ellos delincuentes, en fin, unos fracasados que se creen con una pequeña cuota de poder cuando les dan un arma.

–Son iguales en todos los lados. En Belgrado había cada uno...

Tenía razón José. Los paramilitares son siempre «lo peor», y las guerras balcánicas fueron la apoteosis del paramilitarismo. En los años noventa, y mientras colaboraban activamente en la implosión de la antigua Yugoslavia, se peleaban entre ellos por cometer las mayores atrocidades. Los Águilas Blancas, del radical Vojislav Seselj; los Tigres de Zelko Raztanovic, el difunto Arkan; los Frenkis, del ministro de Interior Franko Simatovic, cada una de estas milicias tenía su propio uniforme y su área de influencia. Entraban en un pueblo, mataban, robaban, lo quemaban y se llevaba todo lo que podían. Una vez saqueado, el ejército serbio tomaba posiciones en el pueblo. Los mártires del ejército popular de Sadam parecían estar cortados por el mismo patrón con el que se diseñan las milicias paramilitares en todo el mundo: entrega obcecada y acrítica a la causa, culto a las armas y visión maniquea del mundo.

«Parece que hasta los *fedayines* se empiezan a acojonar», habíamos comentado Antonio Baquero, de *El Periódico de Catalunya*, y yo el día 6. Desde hacía unos días habían desaparecido de algunas posiciones sobre el puente Al Yumuria que parecían bastante estratégicas. «O han cambiado de táctica o se están resquebrajando», pensábamos. El mismo mensaje de Sadam de ese día era bastante elocuente: «Tendrá Bagdad la protección de Dios incluso aunque tenga que soportar una dura carga». La habíamos analizado. A pesar del tono sacramental y engolado de todos sus discursos, esta frase era importante. Apelaba a una supuesta moral de resistencia, pero reconocía que Bagdad estaba asediada y que sólo la intervención divina podría salvarla.

Esa frase también llegó a sus soldados y policías, a sus milicianos y sus paramilitares. Todos entendieron que era el fin. Que se les podía exigir sacrificios, pero que no iban a servir de nada si Alá no torcía las cosas. Sadam seguía sin aparecer. Nadie sabía si estaba vivo o no. Si aquellos mensajes eran grabaciones o eran reales. La nación estaba invadida, la capital sitiada. La población, sobre todo sus fieles, necesitaba verle y escucharle. Saber que seguía al frente de la situación, y que los sacrificios que pedía a su gente también él los estaba soportando. Esa incertidumbre sobre su paradero inquietaba a sus *fedayines* y desmotivaba a su ejército. ¿A quién estaban defendiendo?, ¿por quién se les pedía que dieran sus vidas?

«Seré el primero en ofrecerme como bomba humana. Voy a defender a mi país. Lo amo como amo a mi presidente. Estoy orgulloso de ser baazista. Soy jefe de operaciones de una escuadra de *fedayines* y están ustedes a 12 kilómetros del aeropuerto. Si Dios quiere rechazaremos a los yanquis en cuanto se acerquen a Bagdad.» Arkan Al Iraki tenía barba de una semana y un insoportable olor a sudor de trinchera en el cuerpo. Vestía unos vaqueros y una camisa a cuadros desabrochada hasta el pecho, al modo legionario. Su grupo de *fedayines* estaba escondido debajo de un puente, para evitar a los aviones norteamericanos. Tenían lanzagranadas RPG 7, bazookas y algún que otro mortero. Le preguntamos varias veces por su nombre, porque sonaba a apodo. Arkan. Como el multiasesino paramilitar serbio famoso en Bosnia. Arkan Al Iraki. Arkan el iraquí. No insistimos.

Los *fedayines* estaban estructurados en pequeñas unidades, de cinco o diez miembros. Como decía Arkan, existía la convicción de que alguna de esas unidades pudiera degenerar en células suicidas. Eso era al menos lo que trataban de aparentar. Los *fedayines* no guardaban disciplina militar ni tenían jerarquía de mando. Eso les hacía más autónomos y más incontrolados. No llevaban uniforme. No eran soldados y por tanto sus tácticas eran de guerrilla: golpear, huir y reorganizarse en un punto previamente establecido, pero siempre rehuir el combate abierto.

A Arkan le encontramos el 6 de abril agazapado en la carretera que llevaba al aeropuerto. La misma por donde se esperaba que entraran los norteamericanos cuando iniciaran el asalto de la ciudad desde el oeste. Sus hombres estaban cavando unas pequeñas trincheras junto al puente que tenían encomendado defender. Como buenos guerrilleros, utilizaban tácticas marrulleras de despiste ante un enemigo infinitamente superior. Habían quitado los carteles de la autopista que indicaban el camino hacia Bagdad, los kilómetros que quedaban o las salidas hacia otras poblaciones y los habían cambiado de sitio. Querían confundir así a los tanquistas en su avance y llevarlos a emboscadas.

La retórica de Arkan era la de un mártir, pero sonaba demasiado a manual de agitación. Decía que quería ser el primero en morir si con eso rechazaba la invasión. Miraba a sus hombres con dureza, como convenciéndoles de que lo que decía ante los periodistas era verdad. Su retórica de la heroicidad iba dirigida sobre todo a ellos, no a los reporteros. Se les notaba cansados y desmotivados. Sus frases sonaban a arenga cuartelera.

Cuando nos despedimos de Arkan nos tendió su mano sudorosa y sucia. Tuvimos la impresión, y así lo comentamos en el coche, de que apenas le quedaban unas horas de vida. Que Arkan no iba a tener tiempo de mostrar su arrojo. Que los tanques norteamericanos, desde lejos, en cuanto vieran moverse a uno de sus hombres, los iban a freír de un cañonazo. Sin tiempo para el sacrificio o para encomendarse a Alá.

La épica del martirio fue profusamente utilizada por Sadam en los últimos días de su régimen. Era como si no le quedara más munición que la de la inmolación, aunque, por si acaso, él nunca dijo estar dispuesto a morir. «Adelante con la *Yihad*.

Es la ocasión para la inmortalidad», se desgañitaba el ministro de Información Mohamed al Shaafi. El portavoz del gobierno utilizó, en su última semana en el cargo antes de que cayera Bagdad, un lenguaje cada vez más místico. Realizó llamamientos a todo el mundo musulmán para golpear duro y sin descanso allá donde estuviera el enemigo. Aseguraba el paraíso para todos esos mártires. Gritaba y gritaba en sus intervenciones que «Alá era grande».

Pero el régimen de Sadam ni siquiera supo aprovechar el caudal de simpatía que se despertó hacia Irak en el mundo árabe. No supo canalizar todos los odios hacia Occidente de millares de *muyahidines*, de mercenarios integristas que querían ir a Irak a pelear o sacrificarse. Muchos de estos *yihadistas* de la interpretación más radical del islam se tuvieron que pagar el viaje y, cuando llegaron a Bagdad, fueron recluidos en cuarteles aislados, de donde sólo salían para ser enseñados a la prensa internacional. Sadam no se fiaba de todos estos sicarios fundamentalistas. Les quería utilizar de carne de cañón, pero sin papel protagonista. Ya que estaban dispuestos a morir, que fueran los primeros en caer. Así se ahorraba vidas iraquíes. Pero que no convirtieran la guerra contra EE.UU. en una guerra santa, y sobre todo que no le quitaran la gloria de la victoria.

Muchos de estos mercenarios, los más duros, venían rebotados de Afganistán, donde habían peleado con los talibanes. También había chechenos muy curtidos. Altos, barbudos, rapados. Vestidos con pantalones de camuflaje y siempre sonrientes, algunos de ellos se dejaban caer de vez en cuando por la recepción del hotel Palestina. También había saudíes, marroquíes o argelinos.

Los últimos en llegar fueron unos yemeníes que aparecieron en Bagdad cuatro días antes de que cayera. Eran una veintena que no paraban de gritar «*Al Yihad, al Yihad, min Sanaa ila Bagdad*». «A la guerra santa, desde Sanaa (la capital de Yemen) hasta Bagdad.» Se manifestaron en los alrededores del hotel para que les viera la prensa. Portaban pistolas y subfusiles y decían a Bush que tuviera paciencia, que cavarían la tumba de sus soldados y sus amigos sionistas en las afueras de Bagdad. Los había de todas las edades. Desde los cincuentones hasta un padre irresponsable que se había llevado a su hijo de 14 años al que había armado con un pequeño revólver.

Algunos se afanaban en besar pequeños ejemplares del Corán mientras acariciaban sus kalashnikov. Muchos repetían la famosa aleya del Libro Sagrado: «Y no digáis de quienes han caído por Dios que han muerto. No, sino que viven...». Un versículo que ha servido de coartada espiritual a todos los mártires integristas que han muerto llevándose por delante a «infieles», ya sea en Palestina, en Afganistán o en las Torres Gemelas.

12

8 DE ABRIL

El día que mataron a José Couso no cogí ni una sola nota. No escribí ni una sola frase. Todo fue tan rápido, todo ocurrió tan cerca y fue tan vertiginoso, que no me dio tiempo a apuntar siquiera una palabra. El 8 de abril tengo una hoja en blanco en mi cuaderno y una hoja en blanco en mi vida. Un vacío insoportable. Una amargura infinita que desde entonces no me abandona y que a menudo me tortura por las noches.

El día que mataron a José Couso, caprichos de la vida y de la muerte, a mí sólo me quedaba una hoja en blanco de mi cuaderno de notas. Mi última hoja. Había escrito mucho las semanas anteriores y aquella libreta estaba llena de dibujos, garabatos, datos, declaraciones e impresiones personales. Había escrito mucho. Nunca había llenado un cuaderno en una guerra. Mi última frase era del día anterior, el 7 de abril: «La tormenta de arena no deja ver mucho, pero los marines siguen ahí. Un grupo ha tomado una especie de barracón y descansan apoyándose contra la pared. Están lejos, pero se les ve a simple vista. Parecen jóvenes. Uno de ellos se entretiene tirando piedras de forma melancólica al misterioso río Tigris. No creo que haya leído *Las mil y una noches*. Sólo está cansado y aburrido». La escena la grabó José y la emitimos en nuestro informativo de ese lunes 7 de abril. Tras acabar de hacer el directo de esa noche le dije a José: «Me queda una sola hoja y no tengo más cuadernos. Mañana se tiene que acabar la guerra».

Sí, los soldados norteamericanos estaban muy cerca. Al otro lado del río. Habían llegado el día anterior. No se trataba de una incursión de tanteo para probar las defensas iraquíes. Esta vez había llegado para quedarse. Los tanques Abrams tomaron posiciones en los vacíos y abandonados palacios de Sadam y los marines se dispersaron por los palmerales, asegurando la zona. Algunos encendieron pequeñas hogueras para pasar la noche, un signo inequívoco de que creían encontrarse muy seguros y de que ningún iraquí osaría emboscarlos en la oscuridad.

Todo eso lo podíamos ver y grabar desde las ventanas de nuestro hotel. Nunca se me hubiera ocurrido que la guerra se fuera a acercar tanto a nosotros, al lugar donde nos alojábamos los propios periodistas, como si quisiera salir en televisión y mostrarse al mundo pletórica, orgullosa de su condición devastadora. Medio mundo pudo ver en directo la entrada imponente de los tanques, su asalto a los puentes de Bagdad, la devastadora maquinaria guerrera que había acabado en 20 días con uno de los ejércitos más temidos de Oriente Próximo.

El día anterior a que Couso fuera asesinado su cámara se estropeó. Le había entrado mucho polvo en los engranajes y ya no resistió más. Para ella la guerra también había acabado. Cada noche, José destripaba su cámara con cariño y procedía a limpiarla por dentro, sacando esa arena del desierto que flota constantemente, ingrávida, en los aires de Bagdad. Pero aquella noche del 7 de abril, un día antes de su muerte, después de grabar en medio de una tormenta de arena a todos aquellos soldados lanzando piedras al Tigris, la cámara también falleció.

Una última hoja en blanco en mi cuaderno de notas, nuestra cámara que se averió en el día en que la guerra tocaba a su fin, quizá no supimos leer los signos que nos enviaba el destino. Quizá estaba escrito que tenía que pasar. No sé. Sigo sin creer en todas esas cosas. Aquella noche antes de que lo mataran nos agenciamos otro cuaderno de notas y conseguimos que Diego Miralles, uno de los técnicos de MediaSat, nos prestase una de sus cámaras. Solucionado. Ya podíamos trabajar. Couso se quedó hasta las tres de la mañana estudiando su nueva cámara porque tenía algunas funciones diferentes a la suya. Nos tomamos un par de cervezas calientes y apuramos una botella de ron añejo que yo tenía escondida debajo de la cama como nuestro gran tesoro en aquellos días de escasez.

Tres horas después, ya amanecido, sonó el teléfono de la habitación. José ni se inmutó. Tenía una fabulosa capacidad de dormir profundamente aunque las bombas cayesen a sólo 500 metros de distancia. Habíamos acumulado mucho cansancio después de noches y noches de insomnio, de horas de guardia vigilando y grabando los raids aéreos de los norteamericanos. Escuchando los mismos estruendos, los mismos zambombazos. Los teníamos ya interiorizados. Llegamos a incorporarlos a nuestros sueños, como una música lejana y constante pero inevitable, con la que aprendimos a convivir.

Cogí el teléfono y contesté con voz pastosa de ron. Al otro lado, Ángeles Espinosa, del diario *El País*, me preguntaba si sabía de dónde venían unos ruidos inquietantes que se podían escuchar en todo Bagdad. Salté de la cama. Abrí el balcón y vi en el cielo un pajaro gigantesco, negro, que volaba sobre nuestro hotel y que, de repente, entró en barrena, inmisericorde, lanzando centenares de proyectiles sobre lo que parecía una batería antiaerea y aniquilándola. Me quedé petrificado mirándolo. El ruido que producía su fuselaje al rozar el aire cuando entraba en picado, y el estruendo de su cañón disparando decenas de balas por segundo, producía un enorme rugido de fuego y destrucción. Desde el balcón, semidesnudo, semidormido, se me antojó que aquello era como uno de esos pájaros antediluvianos, de esos pterodáctilos que aparecen en las películas chillando y comiéndose hombres. Así al menos se debían de sentir los pobres soldados iraquíes que estuvieran en los carros de combate y cañones que ese ser despiadado había decidido destruir.

Corrí al teléfono. Ángeles, preocupada, me llamaba:

–Jon, ¿estás ahí? –preguntó.

–Joder, qué fuerte. Te presento al A-10 Thunderbolt, también conocido como «el matatanques» –le dije, mientras me sacudía el sueño–. Es la joya de la aviación estadounidense de combate. Ese ruido horroroso lo provoca cuando se tira en barrena a por algún objetivo y fricciona el aire. Te dejo, voy a despertar a Couso. Estás invitada a zumo de pomelo si quieres desayunar.

–Vale, luego subo –dijo antes de colgar.

Me incliné sobre el bueno de José. Roncaba como un bendito. Ni bombas, ni misiles, ni aviones matatanques podían despertarle. Su capacidad de aislamiento era tremenda. Le zarandeé hasta que abrió los ojos. No dijo nada. Estiró la mano hasta alcanzar las gafas, se las puso y entonces me miró interrogante: «¿Qué coño es ese ruido, Jon?».

Saltó de la cama y cogió la cámara. Yo le seguí detrás con el trípode y los prismáticos. Ni siquiera nos vestimos. En calzoncillos, con los pelos revueltos y los ojos remolones al sol del amanecer nos plantamos en el balcón donde tres horas después lo iban a matar. No podíamos dar crédito a lo que es-

tábamos viendo. Bagdad estaba cayendo. La guerra tocaba a
su fin. La ciudad iba a ser derrotada y ese momento histórico
lo íbamos a ver semidesnudos, en gayumbos, nos decíamos.
José sólo pudo grabar la estela del último ataque de los A-10.
Se enfadó.

–¿Por qué no me has avisado antes, tío? –me dijo mientras limpiaba sus gafas con su propia camiseta.

Me empecé a reír. ¡Como si yo tuviera la culpa de habernos quedado dormidos!

–No pasa nada –comenté–. Pedimos las imágenes a los de
Reuters, que siempre tienen un cámara de guardia.

Asomé la cabeza por el balcón y miré hacia arriba. Silbé y
grité «*Good morning, Bagdad*» con la misma entonación que
en la película sobre Vietnam. Del piso de arriba, de la habitación 1503, se asomó la eterna cara sonriente de Taras Protsyuk, el cámara ucraniano que trabajaba para la agencia ingle-
sa. «¿Tienes a los aviones?», le pregunté. «*Of course*», me
contestó con su acento del Este y un tono de satisfacción profesional.

Couso también miro hacia arriba y con cara de niño malo
le dijo a Taras que se había quedado dormido. Los tres nos
reímos. Le dije que luego subiría a hacer una copia de esas
imágenes y llevaría unas cervezas. «*No problem*», respondió.
Taras siguió trabajando en ese balcón, igual que José un piso
más abajo. La siguiente vez que le vi fue en el pasillo del hospital Ibn al Nafis, tres horas después, en una camilla que pug-
naba por llegar antes que la de Couso al servicio de urgencias.
Estaba morado y tenía las tripas al aire. Ya no sonreía.

La mañana fue frenética. Teníamos tres ventanas en nuestra
suite, desde las que podíamos divisar toda la ciudad. Por su

orientación, y estando en la planta catorce, teníamos una visión de 360 grados de Bagdad. La «morada de la paz», como decía Simbad el marino, estaba a nuestros pies. La luz del alba, tan querida por los fotógrafos por su plasticidad, daba una extraña textura a la escena. Un amanecer precioso bajo las bombas. Aquella mañana de abril no había tormenta de arena, ni vientos desérticos, ni hacía frío, ni hacía calor. El día era perfecto para una invasión. Mientras Couso se situaba en la ventana norte grabando los tanques que se asomaban por el puente de Al Yumuría, los mismos tanques que después volverían sus cañones sobre nosotros, yo me dediqué a llamar por teléfono a mi televisión para contarles en directo lo que estaba ocurriendo, y a saltar de una ventana a otra para no perderme nada de lo que ocurría.

Desde el balcón orientado hacia el sur pude ver cómo los soldados de la Segunda Brigada del Tercer Batallón de Infantería permanecían en sus posiciones del día anterior. En el recinto de los palacios presidenciales. De vez en cuando se escuchaban tableteos de ametralladoras. Los soldados debían de estar limpiando las últimas madrigueras en las que había escondidos *fedayines* o soldados de la Guardia Republicana. Era una cabeza de puente majestuosa. Casi humillante. Los soldados habían sentado sus reales en el palacio principal de Sadam Husein, en el cuartel general de esa guardia de élite, en las oficinas centrales de los servicios secretos. Era como si los iraquíes hubieran tomado la Casa Blanca, el Pentágono o el Palacio de la Moncloa. Un auténtico mazazo a la resistencia. Desde allí habían salido los blindados que en ese momento estaban a punto de cruzar los puentes y rendir Bagdad.

Le dije a Couso que permaneciera en el balcón norte. Delante de esos trece puentes míticos sobre el Tigris. Allí estaba la clave de la caída de la ciudad. Si cruzaban, la guerra estaba terminada porque habrían salvado el único obstáculo natural que podía defender a la capital iraquí. Couso me comentó que lo mejor era que la cámara permaneciera grabando en todo momento porque estábamos seguros de que los puentes estaban minados e iban a saltar por los aires. «¡Es lo único que pueden hacer, volarlos!», exclamó Couso, decidido a registrar con su cámara el momento en el que esos puentes estallaran en miles de pedazos. Comentamos que la imagen sería espectacular, y que dada la distancia a la que estábamos, no corríamos ningún peligro de que nos alcanzara la onda expansiva o los cascotes.

Sin embargo, los tanques parecían muy seguros sobre el puente Al Yumuría. No daban la sensación de temer ninguna explosión. Seguramente, por la noche, tras limpiar la zona de soldados iraquíes, tropas especiales de los norteamericanos habían inspeccionado los pilares. El puente estaba limpio. Toda la resistencia iraquí se reducía a unos cuantos *fedayines* con kalashnikov y lanzagranadas que, temerariamente, se asomaban por el otro extremo del puente. Esos milicianos fueron barridos por las embestidas tempranas de los A-10 y después borrados por los propios cañonazos de los tanques.

Volví donde José con un zumo de pomelo. Había en Irak unos pomelos gigantescos, muy poco amargos, que daban un zumo épico de más de un vaso por cada fruta. En nuestra habitación siempre había kilos y kilos de pomelos, por eso, por las mañanas, aquello era un peregrinar de periodistas que venían a desayunar. Nosotros estábamos encantados con ese papel de anfitriones. Sobre las ocho de la mañana llamaron a la puerta Ángeles Espinosa, de *El País*, Antonio Baquero, de *El Periódico de Catalunya* y Alberto Masegosa, de la Agencia Efe. Los tres compartían otra suite en la planta quinta, donde apenas tenían vistas de la ciudad. Querían desayunar y ver desde nuestra privilegiada atalaya cómo se desarrollaban los combates. Digo bien. Primero desayunar, porque lo primero es lo primero y el curso de la guerra no lo podíamos cambiar. Les hice un zumo a cada uno y preparé té y café. Aquello era como ir al cine. Como ver *Apocalypse now* en directo. La gran pantalla de Bagdad, su inmenso cielo y su enorme superficie, se encendió para nosotros. Alguien dijo que sólo faltaban las palomitas.

Al menos ellos venían duchados y aseados. A nosotros apenas nos había dado tiempo de ponernos unos pantalones para estar más presentables. Los cinco nos asomamos al balcón. Contamos los tanques y vimos cómo hacían fuego contra unos edificios situados a su izquierda, desde donde alguien les hostigaba con fuego de kalashnikov que apenas hacía unos rasguños a aquellos monstruos de acero.

Todavía no sabíamos que los blindados, apoyados por la aviación, habían destruido las oficinas de las televisiones árabes Abu Dabhi y Al Jazira. Todavía no teníamos esa referencia, por eso estábamos los cinco tan tranquilos, en el balcón, viendo el espectáculo bélico sin imaginar que el siguiente objetivo periodístico iba a ser esa misma habitación. Todavía no habíamos atado cabos. Si habían atacado sin ningún remordimiento a dos televisiones árabes, ¿por qué no iban a hacerlo contra el lugar donde estaban el resto de periodistas de Bagdad?

Desde la ventana del centro de la suite, la que daba al este, situada en el pequeño salón que utilizábamos de oficina, nos gritó nuestro conductor, Safa. El pobre hombre no tenía muy buena vista. De hecho era bastante miope. Pero le había parecido ver a lo lejos lo que podría ser un helicóptero. Los cinco entornamos los ojos para tratar de ver algo por encima del resplandor de oro de un sol que teníamos justo delante. Ayudado por los prismáticos los vi. Eran tres helicópteros Apache, los más mortíferos del arsenal norteamericano. Daban vueltas y vueltas alrededor del aeródromo militar de Al Rasheed. En una macabra danza cuyos compases los marcaban los misiles Hellfire, que eran disparados sin compasión sobre todo aquello que se movía. Los cinco nos quedamos unos segundos hipnotizados viendo la capacidad de destrucción y sobre todo amedrentación de aquellas máquinas terribles.

Couso grabó el paseo de fuego de los Apache y cambiamos de cinta. Hoy no saldríamos de la habitación, les dijimos a nuestros colegas. Ángeles propuso acercarnos a uno de los hospitales para comprobar si la caída de Bagdad estaba causando muchas víctimas civiles. Yo les dije que no, que teníamos unas imágenes espectaculares sin habernos siquiera vestido y que iba a montar una crónica para el informativo de la mañana con ellas. Después, por la tarde, si lograban llegar al hospital y merecía la pena, nos acercaríamos nosotros para completar la crónica de la noche.

Se fueron de la habitación. Ésa fue la última vez que vieron vivo a José. Cuántas veces he recordado esa conversación y mi negativa a acudir a ese hospital porque era muy peligroso salir del hotel. Era el tercer aviso del destino. No eché en falta mi cuaderno de notas, aquel al que sólo le quedaba una hoja, porque todo había ocurrido muy rápido y lo tenía en la cabeza. La cámara nueva no nos había dado ningún problema. La mala suerte nos volvía a lanzar un guiño: ¡salid de esa habitación, que no es tan segura como creéis!

Cerré la puerta tras Ángeles, Antonio y Alberto y fui corriendo a darme una ducha. No había agua. Solo la conectaban un par de horas por la mañana y otras dos por la noche y ya se había pasado el plazo. Utilicé las botellas que habíamos acumulado para estos casos y, como los gatos, me aseé como pude. Después le dije a José que aprovechara para lavarse, que el día iba a ser largo. Apurado como estaba por grabar la explosión del puente, tardó menos de cinco minutos en volver al balcón. Por no perder tiempo ni siquiera se había puesto las lentillas, que dejó encima de la mesilla, y prefirió quedarse con las gafas de montura plateada.

La verdad, estábamos contentos. Intuíamos que la guerra llegaba a su fin y que nos volveríamos pronto a casa. Él, para jugar con sus críos Jaime y Pepiño, yo, para ver nacer a mi hija Ibai. Estábamos contentos porque habíamos realizado un buen trabajo reconocido por una subida de audiencia. Estábamos contentos porque teníamos la sensación de que nuestras penalidades, nuestros sufrimientos, el tener que ducharnos con una mísera botella de agua, habían servido para algo. Porque la gente nos seguía y nos veía. Porque estábamos llegando al público y ésa es la mejor recompensa para un periodista. Así que, ¿para qué salir de la habitación? ¿Para qué arriesgar?

El día antes había muerto Julio Anguita Parrado, del periódico *El Mundo*. La guerra, teníamos la sensación, se estaba volviendo demasiado perra. A nadie se nos iba de la cabeza la imagen desoladora de nuestra compañera Mónica García Prieto, del mismo diario que Julio, cuando recibió la noticia de su muerte. Todos nos hundimos un poco. A todos nos afectó porque no sólo tuvimos que afrontar la idea de que uno de los nuestros había caído, sino además aguantar los temores y la alarma de nuestras familias. ¿Cómo convencer a tu madre o a tu mujer de que a ti no te va a suceder? Que lo de Julio ha sido mala suerte pero que estén tranquilas, que todo está controlado, que no va a pasar nada. Tópicos estúpidos que decimos cuando no tenemos ningún otro argumento razonable que darles más allá de que, en ese momento, es más peligroso salir que quedarse.

Le llevé otro té caliente a José, que seguía haciendo guardia en el balcón. Recuerdo que, dos días más tarde, encontré la taza estallada debajo de la cama que estaba más próxima. José sopló la infusión. Estaba ardiendo. «Están apuntando hacia aquí, nos están mirando», me dijo. Ni me inmuté. ¿Por qué desconfiar de los norteamericanos? Miré por el visor y vi el cañón enfocando nuestra habitación. Couso lo estaba grabando. Fue el último plano que hizo en su vida. Después supe que, un piso por encima, Taras también comentó que el tanque apuntaba hacia el hotel. Y también lo hizo Jesús Quiñonero, de Antena 3, que por dos veces entró en la habitación a avisar a Carlos Hernández de que aquello le daba mala espina. Incluso Jorge Priego, de Televisa, desde la planta 16, dejó su cámara grabando el blindado antes de que el impacto la hiciera arder por completo.

En esos momentos, dentro del tanque, un sargento de color llamado Shawn Gibson, casado y padre de cuatro hijos, acababa de pedir permiso para disparar contra el hotel. La unidad de blindados 4-64 Armor pertenecía a la compañía Alfa, conocida por el resto de los soldados de la Tercera de Infantería como los *assassins*, los asesinos. Gibson estaba al mando de ese blindado y según su propia versión, le había parecido descubrir un ojeador, un iraquí con prismáticos que podría estar dando instrucciones a los *fedayines* que hostigaban a los tanques desde el otro lado del puente. Quería acabar con él. Gibson tenía el sol de frente y el hotel estaba a poco más de un kilómetro. Era imposible que viera el destello de unos binoculares y no viera las cámaras de televisión que desde todas las ventanas de ese edificio enfocaban a su tanque.

Las coordenadas del hotel estaban en manos de la inteligencia militar norteamericana. Todos los medios de comunicación allí hospedados habíamos mandado esos datos a nuestros respectivos ministerios para que se los hicieran llegar al Pentágono. Era el edificio más alto de Bagdad. El primero que se veía desde cualquier parte de la ciudad. Cuando Gibson pidió autorización para disparar, si hay que creer su versión, debía de estar viendo el cartel enorme de HOTEL PALESTINA. Los propios generales instalados en Camp Doha, en Kuwait, seguían la caída de Bagdad por la televisión, por las imágenes que la CNN, o la Fox, o Al Jazira proporcionaba en directo desde el hotel. Pero nosotros no sabíamos nada de lo que estaba ocurriendo dentro del blindado. Éramos ajenos al tráfico de órdenes que en ese momento se estaba produciendo, y en el que se estaba gestando nuestro destino.

José y yo nos quedamos mirando los puentes. Con los brazos en jarras. Ambos íbamos vestidos igual. Los dos llevábamos un pantalón verde lleno de bolsillos que nos había cedido el departamento de estilismo de Telecinco y una camiseta blanca. «Acabo de hablar con Juan Pedro», dije refiriéndome a nuestro director de Informativos. Me había dicho que, por favor, no arriesgáramos. Que lo estábamos haciendo muy bien y que no quería héroes. Que funcionáramos bajo nuestro criterio, como siempre lo hacíamos, pero que si teníamos las imágenes que decíamos tener, no abandonáramos el hotel. Que la crónica del día estaba hecha con esos planos de Couso. Nos relajamos y volvimos a sonreír.

–Pues nada. Unos zumitos, unos tés y unas latitas de sardinas, y aquí nos quedamos –dije, mientras Couso sacaba el paquete de tabaco y el mechero.

–Y por lo bien que lo hemos hecho, un cigarrito para el pecho –asintió.

Era una de sus frases preferidas desde que se la escuchó a Wilfried Oehling, el jefe de Internacional de los Informativos, durante los bombardeos en Bagdad de 1998. Me di la vuelta. Le dije a Couso que iba a la otra habitación a ponerme las botas para subir a la agencia Reuters y pedirles una copia de las imágenes de los aviones Thunderbolt. José entró detrás de mí y me llamó: «Jon, acuérdate de subirles unas cervezas». Estaba en todo.

El sargento Gibson recibió la orden de abrir fuego. Colocó una granada hueca, sin explosivo, en el disparador del cañón. Espoleta de proximidad, le llaman. De las que estallan a tres metros del objetivo y dispersa metralla pero apenas dañan el edificio. Eso nos salvó a unos cuantos. Si hubiera elegido un proyectil antitanque, de esos que penetran cualquier superficie y lanzan luego un chorro de fuego hacia el interior, nos habríamos achicharrado todos. El sargento fijó las coordenadas en el ordenador. 1.740 metros. Apuntó a una esquina del hotel, sobre la planta 15, para darle de refilón, casi tangencialmente, y disparó. El impacto movió todo el edificio. Sonó como un trallazo. El obús se había hecho añicos contra el hormigón de la pared levantando un remolino de metralla, piedra y ferrallería que salió hacia todos los lados.

El ruido me dejó ligeramente conmocionado. Algo había pegado muy cerca, pensé. Me asomé a la ventana de la habitación en la que dormíamos. En el jardín, catorce plantas más abajo, numerosas personas miraban hacia arriba y señalaban con el dedo hacia donde yo estaba. Cuando me metí en la habitación de nuevo para correr hacia donde Couso empecé a escuchar los gritos angustiosos de nuestro conductor, Safa, y de Ferdinando Pellegrini, de la RAI italiana, que dormía en la habitación atacada. Me llamaban a mí. Gritaban mi nombre. «¡Jon, Jon!» Salté por encima de las camas, corrí por el pasillo, atravesé el salón. «¡Jon, Jon!»...

En la puerta de la habitación los dos se agarraban el uno al otro llorando. Petrificados. Inmóviles. Me miraron destrozados, como asumiendo que yo era el que debía atreverme a pasar. A partir de ese momento todos mis recuerdos discurren como a cámara lenta. Con trazos gruesos. Sin matices, sin colores. En una nebulosa en blanco y negro. Las voces, los gritos, los recuerdo como si estuviera debajo del agua, aislado. Sólo escuchaba tonos metálicos, enlatados.

La habitación olía a pólvora y sangre. Pequeños hilos de humo negro salían de la moqueta, de los lugares donde había caído parte de metralla. Las ventanas, hechas añicos, colgaban flácidamente de las tiras de cinta aislante que habíamos puesto para que los cristales no estallaran con las explosiones. Había en el aire un cierto rumor de explosión. Como un eco del latigazo que se había producido 30 segundos antes. Quizá eran mis propios oídos que conservaban el pitido de la explosión y me producían esa sensación de sordera. En el suelo, boca arriba, como un bulto deslabazado, estaba el cuerpo de José. Ni Safa ni Ferdinando se atrevían a acercarse. Todavía no sabía lo que había pasado, pero supuse que podía haber un segundo impacto, así que repté por el suelo y me acerqué a José.

Me puse a la altura de sus ojos. Las gafas habían saltado por algún lugar de la habitación. «Ha sido el tanque –me dijo–, ha sido el tanque.» Tenía la barbilla destrozada y sangraba profusamente pero podía hablar. Su cuerpo estaba en completo shock. Me concentré en pasar toda mi energía a mi amigo. En ayudarle. En animarle. En compartir su dolor. Lo cogí de los hombros y lo arrastré alejándolo de la ventana. Mire sus heridas. Tenía la pierna derecha prácticamente arrancada. El impacto le había dado de lleno en esa zona. Le quité la camiseta para ver cómo estaba el resto del cuerpo. Había sangre por todas partes así que cogí una botella de agua y se la eché encima para poder hacerme una idea de su estado.

Él no era consciente de la magnitud de sus heridas, así que opté por decirle todo lo que tenía pero mintiéndole sobre su gravedad. Le dije que la pierna estaba muy mal y que tardaría varios meses en quitarse la escayola. Que la herida de la barbilla le dejaría una bonita cicatriz como la que ya tenía debajo del bigote y que sería un auténtico veterano de guerra. En su pecho tenía un pequeño agujero de metralla y pensé que quizá se hubieran perforado los pulmones. Al quitar la sangre vi una pequeña esquirla de metal a un centímetro de profundidad y se la quité con los dedos. Ni lo notó. A José, sorprendentemente, sólo le dolía el hombro izquierdo. Tenía la clavícula partida y se le podía ver el hueso. Su cuerpo estaba destrozado pero lo único que él sentía era el hombro izquierdo. Safa me ayudó a levantarlo y lo tumbamos en la cama para que el colchón hiciera de camilla.

Con su propio cinturón le hice un torniquete en la pierna que estaba reventada. Allí estaba la femoral y el peligro más evidente, pero apenas sangraba. Supongo que la violencia de la explosión le había cauterizado la herida. Le hablé, no dejé de hablarle. Él tampoco dejó de hacerlo. Le dije que aquello era como en las películas. Que no podía dormirse ni abandonarse. Que tenía que estar consciente para contarme lo que sentía o le dolía. José asintió y me dijo que no me preocupara, que no callaría. Así lo hizo. Pidiendo agua, pidiendo aire, preguntando por sus hijos, insultando a los putos yanquis que le habían disparado. No paró de hablar hasta que entró en el quirófano.

En la habitación empezó a entrar gente. Todos periodistas o traductores iraquíes que desde hacía unos días dormían ya en nuestras habitaciones porque en muchos de sus barrios se combatía. La mayoría entraba grabando la escena. Normal. Yo hubiera hecho lo mismo. Los periodistas tenemos un fuerte instinto de curiosidad. La noticia del día había dejado de ser la presencia de los tanques en los puentes, sino el bombardeo del propio hotel donde nos encontrábamos. En sus caras, pese a que trataban de coger foco con sus cámaras y reflejar la situación, se percibía una tremenda conmoción.

Todos los reporteros que entraban estaban alojados en la misma planta que había sido atacada. A todos les impedí grabar y todos dejaron de hacerlo en cuanto les grité. Era en ese momento, cuando bajaban las cámaras, cuando eran conscientes de que los heridos podían ser ellos. De que todos nosotros habíamos sido objetivo. En ese momento se daban la vuelta y bajaban corriendo por las escaleras del edificio por si había otro ataque.

Safa no dejaba de llorar y Ferdinando, al que habíamos prestado esa habitación las últimas tres semanas, estaba completamente bloqueado. Al primero le dije que corriera escaleras abajo y tuviera el coche preparado en la puerta para ir hacia algún hospital. A Ferdinando, que fuera al ascensor y lo retuviera. El traductor de una periodista griega, Mohamed, y un reportero chileno me ayudaron a sacarlo de la habitación y trasladarlo hasta el montacargas para bajarlo los 14 pisos.

Los segundos de espera fueron eternos y angustiosos. Todos me miraban con una expresión de tristeza y abatimiento que no podían disimular. «No se salva», parecían decir. Pero yo no les hacía caso. No les miraba. Hablaba a José.

Le pedía que aguantara. Le decía que estaba haciéndolo muy bien. «Venga, chato, que ya nos vamos», le animaba. Yo no podía saber qué había ocurrido en otras partes del hotel. Que un trozo de metralla había pasado rozando a Jesús Quiñonero, cámara de Antena 3. Que el operador de Televisa se había salvado porque había ido a cambiar de cinta y cuando volvió se encontró su cámara en llamas. Que la periodista de la cadena SER, Olga Rodríguez, se había quedado conmocionada y medio sorda del terrible trallazo. Que el obús había impactado directamente en la habitación de Reuters, donde yo me disponía a subir para copiar una cinta, hiriendo de gravedad a cuatro de sus periodistas.

Cuando por fin el ascensor hizo sonar su aviso de parada, levantamos en vilo a José para meterlo enseguida. Pero cuando se abrieron las puertas tuvimos que retroceder otra vez y llamar otro ascensor. El cuerpo deshecho de Taras Protsyuk estaba siendo trasladado por sus compañeros. Todos estaban manchados de sangre y gritaban histéricos para que se permitiera al ascensor bajar cuanto antes. Nosotros también gritábamos, pero cuando vi la cara de Taras, el tipo que me iba a pasar una copia de sus imágenes, cuando ellos vieron el rostro de José, hubo un momento de silencio. Un instante fugaz en el que todos fuimos conscientes de la magnitud del ataque.

Hasta entonces cada uno pensaba que éramos las únicas víctimas. O quizá estábamos tan concentrados en nuestra propia desgracia que no nos imaginábamos que podía haber otros heridos. Afortunadamente, el otro ascensor se abrió enseguida. Dentro iban tres periodistas chinos que fueron sacados a empujones por Ferdinando. En el ascensor sólo me acompañó Mohamed, el iraquí que trabajaba para una televisión griega. Me daba ánimos a mí y se los daba a Couso, al que llamaba cariñosamente *Habibi*, un apelativo árabe amistoso.

Cuando llegamos abajo otro par de personas me ayudaron a llevar el colchón. Me fijé que en la recepción del hotel estaban todos los periodistas que habían salido huyendo de sus habitaciones y que muchos de ellos llevaban cámaras. Miré la cara ensangrentada de José, su barbilla destrozada y quise ahorrar esa imagen a su familia. Le tapé el rostro con la sábana y le dije que íbamos a salir del hotel, que había muchas cámaras grabando y que no quería que lo filmaran. Sabía que esas imágenes llegarían de inmediato a Madrid. Antes incluso de que yo pudiera hacer ninguna llamada. Busqué con la mirada desesperadamente a algún reportero español. Quería alguien cercano. Alguien que me ayudara y, sobre todo, que pudiera llamar a Madrid antes de que llegaran los teletipos dando cuenta del suceso.

Couso no dejaba de hablar. Me preguntaba en todo momento dónde estábamos, qué estaba pasando alrededor, dónde le llevaba. Decía si tenía calor, si tenía frío, si necesitaba aire. Yo le animaba. Le comentaba que estaba fantástico, que si las heridas fuesen graves él no me podría estar hablando. «¡Vamos, chavalote!» Yo le repetía todas nuestras coletillas y expresiones preferidas. Mi conductor no estaba en la recepción. Después supe que colocó su coche con la puerta de atrás abierta, pero que los heridos de Reuters llegaron antes y se metieron en su vehículo. Él no pudo negarse. Todos gritaban. Le llamaban por su nombre porque le conocían. Y él, a su vez, conocía a los heridos.

Escuché gritar de manera desgarradora «¡Couso, no!, ¡Couso, no!» Identifiqué la voz enseguida. Era Jorge Priego, el cámara mexicano de Televisa. Un tipo risueño y encantador que había desarrollado una amistad muy especial con José. Le dije que no gritara, que necesitaba ayuda, que me echara una mano para llevarlo a un coche y trasladarlo a un hospital. Jorge me hizo un gesto mirando hacia la pierna de José y yo le hice una seña de que no la viera. No quería que se desmoronara. El mexicano es muy vehemente y si veía la pierna iba a ser incapaz de disimular ante José como lo estaba haciendo yo. Un iraquí que tenía un coche aparcado justo enfrente se ofreció a llevarnos. Metimos como pudimos el colchón en la parte de atrás y salimos disparados hacia el hospital San Rafael, un hospital cristiano, limpio, llevado por caldeos y supervisado por la nunciatura, al que acudían los periodistas que se sentían indispuestos o sufrían alguna dolencia.

–¡Por tus hijos, por Lola, por tu mujer, tienes que echarle huevos, cabrón, échale huevos! –le gritaba entre sollozos Jorge.

–¡Venga hermano, que ya llegamos, que ahora te cosemos la pierna y te hacemos una bonita cicatriz en la barbilla!, para que te haga juego con la del bigote. Vas a presumir de cicatrices de guerra –le decía yo.

Llegamos en cinco minutos en una carrera desenfrenada por direcciones contrarias y calles cortadas. Metimos el coche casi hasta el jardín y en ese momento llegó también otro vehículo con el cuerpo desangrado de Taras. La médica que salió enseguida vio la magnitud de las heridas y dijo que allí no podían hacer frente a esa clase de cirugía. Les puso suero a ambos heridos y nos recomendó acudir al hospital Ibn al Nafis, a un kilómetro escaso de distancia, y gestionado por la misma fundación que llevaba el hospital San Rafael.

Sudábamos. Recuerdo las gotas del calor y del miedo mezclarse en mi frente y resbalar hacia la sábana de Couso. José seguía hablando. Ahora éramos ya dos amigos junto a él. Cogiéndole la mano. Mimándole. Recuerdo que yo le tocaba la frente y le daba besos. En el camino nos dijo que le faltaba el aire. Intentamos bajar las ventanas pero las manillas estaban rotas. Era imposible. Jorge se bajó las mangas de la camisa y yo le dije a José que aguantara un segundo, que le iba a poner la sábana en la cabeza para que no le saltaran los cristales. Jorge rompió de un codazo la ventana y una bocanada de aire que nos permitió respirar a todos entró en el vehículo.

Cuando por fin llegamos al otro hospital un camillero salió a nuestro encuentro. Trasladamos a José a esa camilla y Jorge pudo ver su pierna destrozada. Se quedó pálido y amagó con llorar. Mientras corríamos de manera frenética por los pasillos le dije que se quedara fuera, que no entrara en la sala de urgencias donde le iban a hacer el primer examen. Él quiso entrar pero me puse delante. «Jorge –le dije–, si te ve llorar esto se acaba porque va a comprender que está peor de lo que le decimos.»

Mientras hablábamos llegó otra camilla al hospital. Eran los fotógrafos de Reuters y otros compañeros periodistas que trasladaban a Taras. El pobre iba ya muerto pero ellos se resistían a admitirlo. Pusieron su camilla al lado de la de José y yo me puse delante para que mi compañero no viera el rostro tumefacto del cámara con el que habíamos bromeado unas horas antes. Un médico se acercó a Taras y le quitó la sábana que cubría su pecho. Tenía las tripas fuera. Mohamed, el traductor iraquí que nos había acompañado todo el rato, no pudo aguantar y se alejó para vomitar. El médico certificó que Taras había fallecido y se lo comunicó a sus amigos. Todos se pusieron a llorar. Me puse junto a ellos y les dije en inglés: «Ya no se puede hacer nada por Taras, pero mi amigo todavía está vivo y le conocía, así que, por favor, sacad su cuerpo de aquí y salid todos». Todos asintieron. Entre ellos estaba el fotógrafo que nos sacó una fotografía en la que se me puede ver cómo estoy traduciendo a José lo que el médico iba diciendo sobre su estado.

Lo primero que dijo es que había que amputar. Lo dijo en árabe y haciendo un gesto evidente con la mano. Antes de que lo dijera en inglés le pedí que callara y que me acompañara fuera. No quería que José lo entendiera. Allí me lo explicó. Tenían que amputarle la pierna derecha. Era la única manera de tener alguna posibilidad de supervivencia. Aquel médico joven, pero acostumbrado a trabajar en cirugía traumática desde el comienzo de la guerra, lo tenía claro. ¡Amputar!

Me trasladaba a mí, como amigo del paciente, la responsabilidad de decidir si le cortaban la pierna a José. Le pregunté si no había alternativa. Si era posible reconstruir el fémur. Me dijo que no. O amputaba o se moría, y aun así, no me lo aseguraba. En un instante me pasaron multitud de imágenes por la cabeza. De Couso corriendo con su cámara, de Couso bailando en alguna noche de juerga, de Couso jugando al fútbol con sus hijos. ¡Amputar! Sentí que ponían el destino de mi amigo en mis manos. Que aquella decisión iba a marcar su futuro. Que ya no podríamos salir a trabajar juntos. Que incluso algún día me podría reprochar haber tomado esa decisión. «Corte –le dije–, pero salve a mi amigo.»

Volvimos donde José. Él miraba a un lado y a otro y sólo veía heridos. Llegaban a paladas. Algunos con amputaciones terribles. Casi todos eran soldados o *fedayines* pero había también civiles. Me dijo: «¿Estamos muy atrás en la cola?». Sonreí. Le dije que no, que tendríamos tratamiento VIP. Que, afortunadamente, el médico me había dicho que le iban a suturar la barbilla, que le escayolarían el hombro y que la herida del tórax no era profunda, que no había afectado a los pulmones. No me preguntó por la pierna. Le he dado vueltas y vueltas a por qué no me preguntó por su pierna. Creo que José, siempre tan listo y tan gallego, era consciente de que se la iban a amputar. Pero no quería preguntar para que no le mintiera o peor, le dijera la verdad.

Los médicos decidieron intentarlo y se lo llevaron al quirófano. Antes de entrar, José me preguntó cuánto duraría la operación y me dijo que tranquilizara a Lola, su mujer. Mientras lo trasladábamos, uno de los médicos me preguntó si era alérgico a la penicilina. ¡Y yo qué coño sabía! ¡Cómo me hacían esa pregunta ahora! Pregúnteselo a su amigo, me sugirió. «No, Jon, a la penicilina no –me contestó con absoluta lucidez–, pero a las sulfamidas sí, que no me las pongan.» Los médicos me tranquilizaron. Hacía años que se les habían acabado. Le di un beso en la frente y le dije: «Te espero fuera, chavalote».

Creo, de corazón, que los médicos hicieron todo lo posible por salvar a José. Quizá fuera por orgullo, por hospitalidad o por demostrar que, aunque José fuera un extranjero, de uno de esos países que colaboraba en la carnicería de su pueblo, ellos iban a hacer todo lo posible por salvar su vida. Vi entrar por lo menos a cuatro cirujanos y varias enfermeras. De repente, cuando cerraron la puerta en mis narices, me vi solo ante aquel quirófano y me entraron ganas de gritar de rabia. De darle patadas a las puertas. Necesitaba sacar de dentro toda esa tensión. Todo ese desgarro. Busqué a Jorge por todos los lados. Salí fuera, a la calle, y me lo encontré de rodillas, rezando en alto, con las manos juntas y pidiendo a Dios que salvara a José. Aquella visión me tranquilizó. Le agarré por detrás, le abracé y le pedí que rezara alto, que alguien lo escuchara y que rezara por mí, porque yo no sabía ni tenía fe.

Poco después empezaron a aparecer todos los colegas españoles, argentinos, italianos, mexicanos. Todos estaban abrumados y todos se quedaron planchados cuando les dije que iba a perder la pierna. Algunos se fueron a donar sangre por si acaso José necesitaba más de la que ya le habían metido. Muchos de ellos eran cámaras y sabían lo que eso significaba para José si sobrevivía. Antonio Baquero me dejó su teléfono por satélite y llamé a mi director, Juan Pedro Valentín, para decirle cómo estaba la situación. Después llamé a mi mujer, embarazada de siete meses. Me imaginé la situación de desolación en la redacción de Madrid. Yo estaba igual, pero estaba solo.

Algunos de los colegas decidieron quedarse en el hospital aunque no pudieran enviar crónicas a sus medios. Otros querían hacer guardia y acompañarme. Fernando, Mapi y Marta de Antena 3, Antonio, de *El Periódico*, Gustavo Sierra, de *Clarín*, Jorge el mexicano, Adnan, el palestino de MediaSat. Todos con la vana esperanza de que la amputación le salvara la vida. Fueron dos horas terribles. Angustiosas. Nos sentamos en unas escaleras. Cerca del quirófano. Al rato tuve una intuición. Sí, lo estaban sacando. Lo llevaban a la sala de reanimación. Estaba vivo. Le faltaba la pierna derecha y su cuerpo menudo se había hecho más pequeño aún.

El doctor Faisal, el cirujano jefe responsable de la operación nos dijo que estaba vivo de momento, pero que las primeras horas eran críticas. Era un hombre de unos 55 años. Pequeño, con cara de buena persona. Le pregunté su nombre y se resistía a dármelo. Me respondió que para qué lo quería. Un reflejo de desconfianza ante los periodistas de un médico que había hecho su carrera en la dictadura de Sadam. Llevándome la mano al pecho le dije que mi nombre era Jon y que me gustaría decirle a mi amigo, si sobrevivía, quién era la persona que le había salvado la vida. El doctor Faisal se relajó. Nos contó que estaba muy mal, que le habían metido cuatro unidades de sangre y que las heridas que tenía podían provocar un cuadro de fallo multiorgánico.

El panorama no era muy alentador. Casi al mismo tiempo que nos decía esto, José entró en barrena hacia la muerte. Todas sus constantes vitales se dispararon. Aquella máquina que lo conectaba con el mundo empezó a pitar cada vez con menos cadencia. La vida de José se apagaba delante de nosotros. Los médicos nos pidieron que le habláramos en español para que despertara, que quizá al no haber vuelto de la anestesia se estaba complicando su recuperación.

Fernando Matei, el cámara de Antena 3, y yo nos pusimos al lado de su cabeza. Tocándole. Acariciándole. Le susurré al oído que despertara, que necesitábamos hablar con él. José abrió los ojos. Unos ojos velados. Sin color. Sin vida. Miré a Fernando y él me miró angustiado. Le volví a susurrar al oído: «José, si me escuchas mueve la cabeza, que los médicos necesitan hacer algunas comprobaciones». Y la movió. La movió dos veces a cada lado. Nos escuchaba. Reaccionaba. Había estímulos. Pero la puta máquina cada vez pitaba menos. La línea blanca ya no se alteraba y estaba casi plana.

Salí un segundo fuera. Vi a Marta y a Mapi, llorando, apoyadas contra la pared. Gustavo miraba hacia el techo con rostro de incredulidad. Jorge se había vuelto a arrodillar, pero ya no rezaba solo. Antonio Baquero, agarrando con desesperación y besando las dos cadenas que llevaba al cuello con la Virgen de Gracia y la Cruz de Caravaca, rezaba también de rodillas. Ninguno hablaba. Sólo esperábamos el momento en el que la máquina dejara de hacer ruido o volviera a repuntar.

No me podía creer lo que me estaba pasando. No habían pasado ni cinco horas desde que nos reíamos en calzoncillos en aquel balcón y ahora José se me iba. Desaparecía. Se iba su sonrisa y su buen humor. Su trabajo, sus proyectos, su familia. Volví dentro. Le agarré la cabeza y le grité que luchara, que tenía que pelear, que no podía hacernos esto a nosotros, ni a su familia, ni a toda la gente que le quería. Le besé muchas veces. Fernando le besó muchas veces. Si se iba quería que nos notara. Que nos sintiera. Que no pensara que se moría solo. Ya no solté su mano fría hasta que la puta máquina dejó de pitar.

13

CAE BAGDAD

El día después siempre es la prueba de fuego. Cuando de verdad se percibe el impacto emocional de la tragedia. Cuando te das cuenta de si te vas a recuperar o vas a seguir destrozado durante mucho tiempo. El día después dormí de un tirón hasta las ocho de la mañana. Era 9 de abril. Cuando fui consciente de que me había despertado abrí los ojos un segundo, un pequeño flash, para ver dónde estaba. Me encontraba durmiendo de lado, hacia la derecha. Hacia la ventana de nuestra habitación, cruzada por varias filas de cinta aislante y medio tapada con unas sucias cortinas de color mostaza. Volví a cerrar los ojos enseguida. «Vale –me dije mentalmente–, sigo en la habitación 1403 y me duele la cabeza.» Es decir, tenía resaca. «Claro –volví a pensar–, éstos me emborracharon ayer a propósito para que me quedara dormido cuanto antes y dejara de pensar.»

Ahora me tenía que dar la vuelta y mirar hacia la izquierda, hacia la cama de Couso. Me quedé unos segundos meditando a oscuras, moviendo rápido los ojos bajo los párpados. No pensé ninguna de esas tonterías de «ojalá todo haya sido una pesadilla», «esto ha sido un mal sueño». No tenía ningún sentido. Todo había sido demasiado real. No. Pensé en todo lo que tenía que hacer esa mañana. Conseguir un certificado de defunción, comprobar el estado del cuerpo, comprar un ataúd, hacerme con varios kilos de hielo y organizar un convoy para sacar a mi compañero de Bagdad. Era plenamente consciente de cuál debía ser mi trabajo esa mañana. «Estamos en guerra –pensé–. ¿Quién cojones me va a dar un certificado de defunción, dónde voy a conseguir un ataúd, cómo consigo el sello del Ministerio de Sanidad y el salvoconducto del Ministerio de Exportación para sacar el cadáver del país? Si ni siquiera sé si en la frontera habrá funcionarios de aduana.» Me noté tenso. El sueño no me había ayudado mucho. Toda la pena del día anterior se había transformado en rabia. Estaba furioso. Rabioso. Indignado.

Me volví por fin hacia la izquierda. En la cama de Couso, apretados, estaban durmiendo Diego Miralles e Íñigo Pérez-Tabernero, los técnicos de MediaSat. No me habían querido dejar solo en esa primera noche sin José. El teléfono de la habitación empezó a sonar al poco tiempo. Todo el mundo llamaba para ver qué tal estaba, cómo había pasado la noche. Me sentí igual de arropado por todos los colegas que la noche anterior, cuando se volcaron conmigo pese a que yo estaba más entero que muchos de ellos. Dejé de contestar al teléfono porque si no no iba a poder hacer nada.

Preparé un par de zumos para Diego e Íñigo y conseguí darme una ducha. Había agua. Me di prisa por si la cortaban. Ya nos había pasado alguna vez, por eso José y yo nos acostumbramos a asearnos rápido. Cuando uno se duchaba el otro se afeitaba, y luego, cambiábamos. Mientras me secaba pensé que a veces bromeábamos diciendo que éramos como un matrimonio, o mejor, como una pareja de hecho.

Antonio Baquero vino enseguida a la habitación. Me había prometido que no me dejaría solo, que me acompañaría a hacer todas las gestiones necesarias y que él se iría de Irak junto al cuerpo de Couso. Que su guerra había acabado. Como la mía. Como la de Diego Miralles. O la de Marta, o la de Jorge, o la de Fernando Matei, o la de Carlos Hernández. Colegas y amigos demasiado impactados por la muerte de José. Todos nos habíamos pasado muchos minutos al teléfono, hablando con nuestras familias, tranquilizándolas, llorando con ellas. El mensaje para todos nosotros era el mismo: «Salid de ahí».

Me puse unos vaqueros y me domé un poco el pelo con una gomina grumosa que Marta y Mapi, las productoras de Antena 3, nos habían comprado a José y a mí. Con el pelo todavía mojado me asomé a la ventana por el salón. Miré hacia el norte. Los tanques norteamericanos se habían retirado del puente de Al Yumuría, desde donde nos habían disparado. Nos llegaban informaciones de que la mitad oeste de Bagdad estaba tomada por las fuerzas de la coalición y que una división acorazada de marines venía desde el sur y desde el este, es decir, por la zona en la que nos encontrábamos, haciendo un movimiento de pinza. Miré luego por la ventana de nuestro cuarto, hacia el sur, hacia los palacios presidenciales de Sadam y la playita donde hacía dos días habían masacrado a decenas de iraquíes. Todo parecía en calma. Vigilado por un único Abrams apostado, insolente, a la entrada del palmeral.

Miré luego alrededor para ver cómo estaba la capital en su día después. Suponía que sus gentes estarían como yo, intentando recomponerse. En Bagdad había silencio. No se veían coches en las calles ni gente andando. Quizá yo también estaba triste, quizá mi estado de ánimo aquella mañana no era el ideal para palpar el pulso de la ciudad, pero indudablemente, Bagdad estaba absorta, ensimismada. A veces nos pensamos que los periodistas somos los únicos cualificados, junto a los militares, para evaluar una situación de guerra. Para saber si estamos en una ofensiva o en un alto el fuego. Y resulta que los habitantes, los civiles, van muchas veces muy por delante de nosotros.

Las ciudades son organismos vivos, con flujos de información impensables que llegan desde los arrabales más miserables a los barrios más pudientes. Casi siempre, para cuando los reporteros nos levantamos de la cama, las noticias ya han corrido de barrio en barrio, de calle en calle, de sótano en sótano: «Los americanos están en la ciudad», se habrían cuchicheado esa noche entre todos. Para ellos, por tanto, tocaba esconderse y esperar. Por eso la ciudad estaba tan callada.

Miré hacia abajo desde el balcón buscando el coche de Safa, pero no lo vi. Había desaparecido el día anterior, cuando todavía estábamos en el hospital operando a José a vida o muerte. Me desanimé. Pensé que igual ya no le volvía a ver más. La última vez que lo vi estaba acurrucado en unas escaleras del hospital, cerca del quirófano, llorando por José mientras lo operaban. Se le acercó un hombre y le dio otra mala noticia. Nunca supe quién era ese hombre, ni cómo encontró a Safa, ni cómo le llegó la noticia. Supongo que otra vez por esos canales inescrutables de información entre las gentes asediadas.

—Jon, me tengo que ir —me dijo sollozando en el hospital Ibn al Nafis—. Me ha venido a buscar un amigo para decirme que mi mujer se ha desmayado al ver por Al Jazira el ataque al hotel. Te ha visto a ti llevando a alguien en un colchón y montándolo en un coche que no era el mío. Piensa que puedo estar muerto. Necesito irme.

—Claro, Safa —le dije—, no te preocupes por José que saldrá adelante. Tranquiliza a tu mujer y vuelve cuando puedas. Pero no te arriesgues, que parece que hay combates en la zona donde vives.

Safa tardaría dos días en poder regresar desde su barrio, en los alrededores del aeropuerto, al hotel Palestina. Dos días de desconsuelo porque enseguida se enteró de que José había muerto y que él no había estado allí, intentando hacer algo. Cuando por fin apareció, el día 10, nos encontramos de sopetón en el ascensor del hotel. No nos dijimos nada. Sólo nos abrazamos muy fuerte. Muy, muy fuerte. Después de llorar durante quince minutos se repuso y me contó por qué había tardado tanto.

Había barricadas por todos lados. Le habían parado primero unos milicianos iraquíes que le querían robar y a los que había entregado todo su dinero. Después fue retenido en un control de soldados norteamericanos a los que enseñó su acreditación de Telecinco para que le dejaran pasar. Había visto numerosos tiroteos y muchos muertos en las aceras. Casi todo el camino lo había hecho agachado sobre el volante, con el chaleco y el casco que le habíamos dejado. Estaba atemorizado y desconsolado. Su país se hundía y los yanquis habían matado a quien él llamaba «mi hermano pequeño». *My small brother*.

Yo desconocía todas esas peripecias de Safa cuando, desde aquella ventana del hotel miraba hacia el oeste, hacia la zona donde estaba su barrio. Se podían divisar pequeñas columnas de humo negro que indicaban combates o bombardeos. «No arriesgues tu vida por venir», pensé al mirar hacia allí. Pero íntimamente deseaba que estuviera conmigo, como lo había estado el último mes. Como lo había estado cuando nos dispararon. Cuando me llamaba a gritos, desgarrado, «¡Jon, Jon!», o cuando me ayudó a subir el cuerpo de José a la cama.

Surge una extraña relación de fraternidad entre las personas que se ven sometidas a situaciones límite. Especialmente entre los supervivientes. Nos da la sensación de que sólo entre nosotros podemos entendernos. Que sólo entre «los que estábamos allí» podemos alcanzar a definir la verdadera magnitud del drama que sufrimos. Podemos contarlo a nuestras mujeres, a nuestros hijos, a nuestros padres o amigos, pero en ninguno de ellos encontraremos esa expresión de anuencia, de asentimiento. Ese brillo en la mirada, entre la lágrima y la alegría, del que también estuvo allí. Sólo esa persona te comprende. Sólo ella es capaz de recordarlo y de sentirlo.

Y yo quería que esa mañana mi compadre Safa estuviera conmigo. Tenía que hacer demasiadas gestiones y necesitaba alguien que hablara árabe. En todo eso pensaba allí, en la ventana de mi cuarto, mientras Antonio hacía unas llamadas. Necesitábamos saber cuál era la situación en las calles antes de salir hacia el hospital. Todos nos decían que no nos moviéramos, que era peligroso. Pero Antonio y yo estábamos decididos. En primer lugar, debíamos acudir a la Cruz Roja Internacional para ver si había alguna posibilidad de organizar un convoy de evacuación bajo su bandera. Después, regresar al hospital para realizar los trámites legales. Íbamos a salir pasara lo que pasara.

Miré hacia abajo, hacia la puerta del hotel. Decenas de periodistas despistados se arremolinaban en la entrada. «¡No hay funcionarios del Ministerio de Información. Se han largado!», me gritó entonces Antonio desde el teléfono. Eso sí que era una noticia. Si ellos habían huido significaba que la ciudad había caído o estaba a punto de hacerlo. Los periodistas se miraban unos a otros sin saber muy bien qué hacer. Subían a las habitaciones y bajaban rápido, nerviosos, después de hablar con sus medios. Por primera vez se podía trabajar sin censura, pero también sin la protección que proporcionaban esos funcionarios ante *fedayines* demasiado coléricos.

Empezaron a organizarse pequeños grupos expedicionarios. Se extremaron las precauciones. Conductor o traductor iraquí por si se encontraban a milicianos o soldados de Husein; las letras TV bien visibles en los laterales y el techo de los vehículos para alertar a los aviones norteamericanos; cascos y chalecos antibalas con la leyenda «prensa» o «periodista» escrita en inglés y en árabe.

Nadie sabía lo que nos podíamos encontrar en las calles. Los primeros periodistas que volvieron al hotel después de dar una vuelta decían que todo estaba en calma. Que no había ni Guardia Republicana, ni *fedayines*, ni milicianos del Baaz. Que al otro lado de los puentes era muy peligroso pasar porque los tanques estaban apuntando y que, después de disparar contra nuestro hotel, nadie confiaba en que fueran a hacer caso de una bandera blanca.

Era el vacío. El final. El epílogo del régimen. La ciudad, efectivamente, estaba cercada, pero no había habido resistencia. No se combatía calle a calle. No había mártires lanzándose desesperadamente, cargados de dinamita, contra los tanques norteamericanos. No había lucha de guerrillas. No se veían grupos de *fedayines* hostigando a las tropas por todas las esquinas. No se escuchaban francotiradores, ni el sonido de bombas-trampa. Bagdad, la poderosa Bagdad, la ciudad esplendorosa de los Omeyas, la sede del viejo califato, se había entregado sumisa. Dócil. Cobarde. Aquello no había sido como Stalingrado, ni como Sarajevo, ni como Grozni o Jenín. Bagdad no había luchado. Se había rendido a la primera. Tal y como muchas veces habíamos defendido José y yo que iba a suceder.

«Acertamos, Couso; acertamos, amigo», pensé para mí mientras escuchaba a alguno de estos compañeros que se había aventurado fuera del hotel y que habían subido a mi habitación. Me fui otra vez al balcón del salón para estar solo. «Acertamos, Couso, esto se ha ido a la mierda en una noche y a ti te ha faltado esa noche.» Hablaba al aire. Al cielo. A las nubes. Al tejado del hospital donde estaba su cuerpo y que distinguía desde mi habitación. Hablaba solo, para mí mismo, porque me faltaba una mitad.

En el piso de arriba, donde habían matado a Taras, el cámara de Reuters, sus compañeros habían colgado una sábana blanca, a modo de gigantesca bandera, con un letrero en rojo que ponía «Press». Miré hacia otras plantas. Muchos otros colegas habían tenido la misma iniciativa. Todo el mundo estaba realmente conmocionado. La fachada del hotel Palestina era ahora como una inmensa colmena de la que colgaban enormes lenguas blancas.

De la recepción del hotel empezaron a llegar noticias desalentadoras. Un grupo de unos 30 *muyahidines* árabes, mercenarios musulmanes que habían acudido a la llamada de la *Yihad*, de la guerra santa, se habían congregado en la puerta del Palestina. No sabíamos cuáles eran sus intenciones. Todo el mundo se puso inquieto. Los tipos, desde luego, imponían. Delgados, sucios, barbudos, y casi todos malcarados. La guerra tocaba a su fin y estos fundamentalistas no habían podido entrar en combate. ¿Quién nos garantizaba que no fueran a cometer ninguna acción contra la prensa occidental? Barajamos todas las opciones. Desde el secuestro masivo hasta la entrada habitación por habitación rebanándonos el cuello a todos los periodistas, pasando por que ellos mismos, a la desesperada, se hicieran explotar en nombre de Alá.

Llamé a mi director de Informativos, Juan Pedro Valentín, para contarle la situación. Me preguntó si era cierto que se estaba evacuando el hotel y le dije que no, que algunos compañeros estaban pensando en irse a casas particulares ya que era evidente que el Palestina había dejado de ser un sitio seguro, pero no le dije nada de los *muyahidines*. Le conté mi intención de acudir al hospital a comprobar que el cuerpo de José estaba bien conservado y bien cuidado y a comenzar los papeleos. Por supuesto, me ordenó que no me moviera del hotel. Que esperara a que la situación se estabilizara, a que llegaran los norteamericanos, porque era muy peligroso salir y no quería perder a otro amigo.

Le dije que sí a todo como a los tontos. Él sabía que yo haría lo que creía que tenía que hacer, pero era su deber, como jefe y amigo, pedirme que no hiciera ninguna tontería. Me contó que las embajadas españolas de Jordania, Kuwait e Irán estaban avisadas y que saliéramos por donde saliéramos, habría un coche esperándonos. Finalmente, me contó también algo inquietante.

Le transmitían desde el Ministerio de Defensa español que el cuerpo de Couso, en esos momentos, diez de la mañana del 9 de abril, día del asalto a Bagdad, estaba siendo rescatado por soldados norteamericanos de las fuerzas especiales. Me quedé estupefacto. Antonio Baquero, que estaba delante, me miró con la misma cara de perplejidad cuando dije en voz alta para que me escuchara: «¿Me estás diciendo que los yanquis han montado una operación de Rambo para infiltrarse en Bagdad, en el hospital Ibn al Nafis, y rescatar el cadáver de un periodista español que ellos mismos han asesinado?».

No me lo podía creer. Al otro lado del teléfono, Juan Pedro me repetía que él tampoco se lo creía, pero que el portavoz del Ministerio de Defensa le aseguraba que Couso estaba ya en manos norteamericanas. Yo se lo discutía. Le decía que la ciudad no había caído. Que no habíamos visto ni un solo soldado estadounidense en el centro de Bagdad. Que eso era imposible.

–«Me consta que su cuerpo ha sido ya rescatado.» Ésas han sido las palabras exactas del asesor del ministro –me repitió Juan Pedro–. Escucha, Jon, yo tampoco me lo creo, pero me da igual. No quiero que lo compruebes. No quiero que te arriesgues. Los yanquis están muy cerca, si es cierto lo sabremos enseguida, y si no lo es, seguimos con el plan de evacuación original y preparamos el convoy cuando sea seguro.

–¿Pero cómo no lo voy a comprobar, Juan Pedro? Me estás diciendo que se han llevado a José y que me quede aquí tranquilo –repliqué.

–No te muevas del hotel. No salgas –me ordenó, sabiendo que no le iba a hacer caso.

Antonio y yo nos pusimos inmediatamente el casco y el chaleco antibalas y bajamos rápidamente las escaleras del hotel. En la puerta, efectivamente, había un grupo imponente de *muyahidines*. Realmente asustaban. No hablaban con nadie. Sólo miraban a la gente que entraba y salía. No parecían armados, pero era imposible saber qué llevaban debajo de los pantalones y las camisas. Buscamos un conductor al que ofrecimos bastante dinero para acercarnos hasta el hospital. Nos costó convencerle porque tenía miedo. Nadie sabía qué estaba ocurriendo en un perímetro de un kilómetro fuera del hotel. En aquellos momentos no éramos conscientes de que faltaban apenas dos horas para que los tanques norteamericanos llegaran a las mismas puertas del Palestina.

Cuando llegamos al hospital el escenario era macabro. En la entrada, justo delante de nosotros, una señora con un velo en la cara se daba golpes en el pecho en señal de duelo mientras señalaba un vehículo verde. Desde dentro del coche el conductor gritaba histérico para que saliera algún camillero. Cuando entrábamos por la puerta, dos hombres ayudaron al conductor a sacar a un herido que llevaban detrás, un hombre fuerte, incluso gordo, vestido de civil. Sólo llevaba puestos unos vaqueros y tenía la cabeza abierta y completamente separada en dos trozos. Como un melón. La señora gritaba y gritaba. Los camilleros trataban de convencer al conductor, un familiar, de que no se podía hacer nada por él. Estaba muerto.

Los aullidos desoladores de esa viuda nos acompañaron todo el pasillo, mientras nos dirigíamos a la zona de urgencias. Allí el espectáculo era casi peor. Los heridos estaban literalmente acumulados en camas y camillas. En todos los rincones. Había en el aire un murmullo de dolores y quejas. De «ayes» y llantos. El que no tenía amputado un miembro, llevaba aparatosos vendajes por todo el cuerpo. Era un auténtico hospital de campaña. Por las heridas que se podían ver a simple vista, los ingresados no habían recibido disparos. Eran heridas traumáticas, terribles, imponentes. Eran zarpazos de metralla. Trallazos de obuses y misiles. Puede que los que estuviéramos viendo fueran *fedayines* heridos por el fuego de un tanque, pero la mayoría, incluidos varios niños y algunas mujeres, eran civiles. Ciudadanos alcanzados por una bomba errática o un cañonazo. O simplemente bagdadíes con mala suerte en el último día de guerra.

Buscamos al doctor Faisal, el que había operado a José. No estaba, pero uno de sus médicos nos entregó el parte de defunción que estábamos buscando. Después nos acompañó a la morgue para identificar el cadáver. Como nos imaginábamos, José seguía allí. Ningún Rambo norteamericano se había descolgado de un helicóptero para rescatarlo, como había aventurado satisfecho ese portavoz ministerial. Un empleado nos entregó sus gafas y algún objeto personal que llevaba en sus bolsillos, como su inseparable paquete de tabaco. Nos despedimos una vez más de Couso. «Hasta mañana, compañero», le dijimos.

Antonio y yo nos enfadamos mucho. «¿Pero ese tío de Defensa de qué cojones va?», decíamos. Nos encolerizamos al pensar que alguien, desde un despacho ministerial en Madrid, seguramente con la mejor intención del mundo o quizá para apagar los fuegos de indignación que la muerte de José habían provocado en la opinión pública, nos había lanzado a una ciudad sumida en el caos. A unas calles peligrosas, tiroteadas constantemente, sólo para comprobar si era cierto lo que decía. Habíamos salido a la carrera, sin avisar a nadie, sin saber si llegaríamos al hospital o nos veríamos en medio de un tiroteo. Habíamos salido pensando que a lo mejor a nuestro compañero se lo habían llevado de verdad, pero sin saber muy bien si queríamos esa operación de rescate de los norteamericanos. Al fin y al cabo, ellos lo habían matado. Ellos nos habían disparado. Estábamos todavía demasiado indignados como para poder decidir si aceptábamos su ayuda. ¡Si ni siquiera habían pedido disculpas!

Al salir del hospital nos dirigimos a la sede del Comité Internacional de la Cruz Roja, que estaba justo al lado. Hablamos con dos de los portavoces para pedirles ayuda para la evacuación de José. Para nuestra desilusión, y sin demostrarnos excesiva preocupación por el ataque contra un objetivo civil como era el hotel, nos dijeron que su prioridad eran los vivos, no los muertos. Que en esos momentos estaban intentando evaluar el número de heridos por los bombardeos y que su misión era llevarles medicinas. Que ellos se harían cargo del cuerpo de José en cuanto la situación se calmara y, mientras tanto, su propio forense acudiría al hospital para asegurarse de que se conservaba en buen estado. Les dimos la mano y nos alejamos. No podíamos hacer otra cosa.

Cuando volvimos al hotel los reporteros españoles habían convocado una reunión en la suite de Antena 3. Estábamos casi todos. Después de tranquilizarnos un rato, expuse mis ideas. Para mí la guerra había terminado y mi única misión era sacar el cadáver de mi compañero cuanto antes. Antonio Baquero, gran amigo y mejor persona, se venía conmigo. Mi intención era organizar un convoy de varios vehículos y, en cuanto las condiciones de seguridad nos dieran una mínima garantía, evacuaríamos. Si alguien se quería sumar, estaba invitado.

Fueron muchos los que dijeron que se iban. Todos estábamos muy tocados por la muerte de José. La noche nos había ayudado a reflexionar más en frío. Todos estábamos de acuerdo en que el hotel ya no era un sitio seguro y que debíamos activar el plan B, es decir, alojarnos en casas privadas y discretas de iraquíes. Esa posibilidad no la habíamos tenido hasta entonces, puesto que el ministerio nos había obligado a vivir en el Palestina. Pero el ministerio había sido bombardeado, sus funcionarios habían huido, el régimen estaba acabado. Era el momento de buscar refugio en otro sitio.

Mientras los colegas discutían qué hacer, yo seguí haciendo llamadas. Hablé con Aziz Rifat, un amigo iraquí que vive en España y con el que ya habíamos trabajado antes. Se comprometió a encontrarnos cinco coches en Jordania y cinco conductores lo suficientemente locos como para entrar en Bagdad el día que lo están tomando los norteamericanos. Aziz cumplió. Al atardecer del día siguiente los conductores llegaron exhaustos al hotel Palestina. Hablé con mi familia y mi mujer. Le prometí salir cuanto antes. Y hablé también con Juan Pedro. Mi jefe.

–Puedes llamar al Ministerio de Defensa y decirles que «nos consta» que el cuerpo de José sigue en el depósito del hospital. Y diles de mi parte que dejen de jugar con nosotros.

–¡Has tenido que ir al hospital, capullo! Te dije que no te movieras del hotel.

–¿Y qué querías que hiciera –contesté–, que me esperara en la habitación a que un marine llamara a mi puerta y me invitara a ser evacuado?

Mi director me indicó que había hecho nuevas gestiones con Defensa y que le transmitían que la caída de Bagdad era inminente, y que en cuanto eso ocurriera, había prioridad en evacuar el cuerpo de Couso. Me aconsejó que me mantuviera frío en la medida de lo posible. Que me tragara mi rencor con los americanos. Que era difícil de asimilar que ellos fueran a evacuarnos, pero que era la solución más rápida y menos peligrosa.

Estaba en medio de esa conversación con Juan Pedro cuando por la puerta entró Ángela Rodicio, de TVE. «Los yanquis están sólo a dos kilómetros en línea recta desde el hotel», nos espetó. Todo el mundo nos quedamos clavados. «En serio –nos repitió–, están aquí, a cinco minutos en coche. ¡Esto se acabó!» Corté la conversación y le dije a mi jefe que ya le llamaría. Los que habían pensado en mudarse a una casa privada se olvidaron de ello. Los que querían dejar el país también. Yo mismo salté enseguida y le dije a Antonio Baquero: «Vamos a encontrar a esos putos yanquis».

Safa seguía sin aparecer, así que los compañeros de Antena 3 nos dejaron uno de sus conductores. Jorge Priego, el cámara de Televisa, me acompañó hasta la puerta y me pidió que tuviera cuidado. Él no pensaba salir. Su curiosidad por esa guerra había muerto junto con José y su propia cámara, que quedó carbonizada tras el cañonazo. Me entregó una pequeña cámara de vídeo digital. «Toma, por si quieres grabar algo, para mí esta guerra ha terminado», me dijo. Eduardo Salazar, el reportero mexicano que trabajaba con Priego, me abrazó y me pidió que no hiciera el loco. En el momento en el que Antonio y yo nos montábamos en el coche nos llamó Paco Peregil, del periódico *El País*, y un reportero chileno que le acompañaba.

–¿Podemos ir con vosotros?

–Venga, montad, pero nosotros tenemos que volver pronto, que yo tengo que entrar en directo –les dije.

Tomamos dirección sudeste, hacia el barrio Al Karradi. Las avenidas estaban vacías. La ciudad impresionaba en su soledad. En las ventanas, escondidos detrás de los visillos, se podían adivinar rostros expectantes y caras de preocupación. Pasamos por delante del Ministerio del Aire, que estaba completamente devastado y que nunca habíamos tenido oportunidad de grabar por la censura. Una estatua marmórea de Sadam, con el brazo en alto, saludando al modo hitleriano, era lo único que se mantenía en pie en todo aquel amasijo de hierros y hormigón. «Impresionante», pensamos.

Cuando llegamos a una pequeña rotonda el conductor decidió parar. A lo lejos, a unos 500 metros, se veía la columna de tanques. Nos dijo que nos bajáramos y que fuéramos andando, porque al coche podían confundirlo y ametrallarlo.

Me acordé entonces de una situación parecida en Belén, cuando la ciudad palestina fue ocupada en marzo de 2002 por las tropas israelíes. El cámara Bernabé Domínguez, el productor Miguel Marichalar y yo nos quedamos varias horas atrapados en un fuego cruzado en la parte vieja de la ciudad, entre milicianos y policías palestinos y los blindados israelíes. La batalla fue durísima y hubo varios muertos. Los portales y los huecos entre los coches eran nuestros únicos refugios. En un momento de esa mañana un tanque solitario, un imponente Merkava que escupía fuego por todos sus costados, apareció rugiente y poderoso en medio de una avenida.

La imagen era temible. Aquella mole de acero adueñándose de las calles vacías de Belén resumía la historia y las desigualdades de ese llamado «conflicto de baja intensidad». Bernabé decidió grabarlo y salió al centro de la avenida. Yo salí con él. El cañón del tanque apuntaba hacia su izquierda, buscando objetivos a los que disparar. Cuando el tanquista nos vio, giró la torreta hacia nosotros, y lentamente, muy lentamente, el cañón empezó a bajar hasta quedarse a nuestra altura. Estábamos justo en el centro del visor del artillero. En medio de su diana.

–Jon, ese hijo puta nos está apuntando –me susurró Bernabé sin dejar de grabar.

–Tranquilo, que no va a disparar –contesté tragando saliva de puro miedo–. Si salimos corriendo ahora va a pensar que somos palestinos y nos suelta un cañonazo. Aguanta, nos está reconociendo. No te pongas nervioso. Además, hay más periodistas por aquí, hay muchos testigos.

Bernabé aguantó. Su espectacular imagen de ese tanque apuntando con su cañón al objetivo de nuestra cámara ganó un premio y fue utilizada por Telecinco en un anuncio promocional que decía: «Cuando un tanque te apunta de esta manera... sólo hay una razón para no salir corriendo: buscar la verdad».

Yo también buscaba la verdad en esa avenida de Bagdad. Quería saber por qué se había disparado contra el hotel Palestina. Miraba fijamente a los tanques norteamericanos y preparaba mentalmente lo primero que les iba a preguntar. Ahí los teníamos. Delante de nuestras narices. Era evidente que la ciudad ya había caído y que como mucho quedarían algunas bolsas aisladas de resistencia en ciertas zonas. EE.UU. había tardado sólo tres semanas en presentarse en Bagdad. Nos ajustamos los chalecos y los cascos mientras observábamos a los blindados. Nadie lo dijo pero todos debimos de pensar lo mismo: de qué nos van a servir los cascos si uno de esos cañones nos dispara.

No teníamos banderas blancas ni prendas parecidas, así que, a la desesperada, alguien sacó unos pañuelos de papel, unos kleenex. Me fui hacia el centro de la avenida, hacia donde éramos más visibles. Les dije a mis colegas que se alejaran de las aceras y de los árboles, y que si algún iraquí pretendía acercarse a nosotros que lo echáramos.

–Que nos vean bien, que no les quede ninguna duda de que somos periodistas. Vamos, hay que echarle huevos –les dije–. Así se hace en los territorios palestinos ocupados. Allí hay que exponerse claramente y confiar en que el tanquista israelí identifique rápidamente al reportero.

–Vamos –se lanzó Baquero–, llevemos los cuatro las manos en alto. Como si nos rindiéramos. Venga, Jon, adelante.

–Que no haya ninguna actitud equívoca. No mováis los brazos bruscamente, para que no piensen que sacamos un arma. Señores, nos estamos jugando la vida. Chileno –me volví hacia él–, haz el favor de llevar la cámara en la mano y apuntando al suelo. Ni se te ocurra ponértela al hombro hasta que no estemos al lado de ellos y les hayamos saludado, no vayan a creer que es un lanzagranadas. Tranquilos, en Palestina funciona.

El conductor nos dio un abrazo fuerte y con una pequeña sonrisa nos pidió que volviéramos rápido y enteros. «*Inshallah*», si Dios quiere, le contesté.

Así que allí íbamos los cuatro, estirados por la rigidez del chaleco, sudando de puro nerviosismo por las comisuras de los cascos. Nuestros cerebros pensaban rápido. Qué hacemos aquí, por qué nos arriesgamos, si nos pagan lo suficiente, si van a disparar, si lo harán a matar, si deberíamos volvernos, por qué le hacemos esto a nuestras familias, por qué han matado a José. Durante varios segundos nadie fue capaz de hablar. Cuando miré al resto y vi cómo agitábamos de manera torpe los kleenex que llevábamos en la mano derecha exclamé: «Parecemos los Locomía y sus abanicos».

Fueron seguramente algunos de los segundos más largos de nuestras vidas. Quinientos metros eternos en los que cada uno íbamos pensando si dispararían o no. A mí me daba igual. Miraba al frente, a la bocacha del cañón del Abrams que apuntaba hacia nosotros, y sólo veía la cara de Couso. Y esa imagen me indignaba. Me encolerizaba y me hacía andar más deprisa. «Más despacio, Jon», me decía el chileno. Tuve la sensación de que ya no me importaba nada. De que me daba igual si disparaban. De que sólo quería ver la cara al tanquista que tenía delante y llamarle «hijo de puta».

Cuando llegamos a unos 20 metros de esa masa enorme de acero blindado que es el Abrams, de repente me volví hacia atrás. Instintivamente busqué con la mirada a José y a su cámara para que grabara esa imagen imponente. Era lo que estábamos buscando desde hacía 20 días para volvernos a casa. Ahí estaban, los yanquis y su caballería. En ese momento no me di cuenta de que a José me lo habían matado 24 horas antes. Fueron sólo unos instantes, pero mi mente estaba ya dibujando los planos que quería para mi crónica y los planos que estaría haciendo José: desenfoque desde el cañón al tanquista sobre la torreta, paneo hacia la derecha de un blindado a otro, corto de la ametralladora pesada, colectivo de varios soldados que hablaban entre sí, general de la columna de tanques... y entonces me miré la mano. A esa mini cámara digital que me había prestado el mexicano y que ni siquiera sabía usar. Traté de hacer un plano con ella y el pulso me temblaba. Enfoqué al Abrams. El tanquista, rubito y con cara de cansado, me saludó cortésmente en inglés: «Hola». Bajé la mano y me puse a llorar. Ni siquiera fui capaz de insultarle. Al fin y al cabo, qué coño sabía él de lo que había ocurrido el día anterior en el otro lado de la ciudad.

Me retiré del área para que el resto de cámaras que empezaban a llegar no me sacasen con lágrimas en los ojos. Baquero se dio cuenta y enseguida vino a por mí.

–Venga, vámonos –me dijo.

–No, sigue currando, que tienes que hacer la crónica. Hoy es el gran día, tío. La guerra se ha acabado. Yo estoy bien, déjame cinco minutos para que me recupere.

Les vi trabajar desde lejos y me dieron mucha envidia. Paco, Antonio, Mónica, Carlos, Gerome, Sotiris, todos los colegas se movían rápido, de un tanque a otro, de un marine a otro. Había que conseguir material rápido porque estábamos a media hora de los informativos. Unos iraquíes comenzaron a apedrear una fotografía gigante de Sadam. Otra imagen impactante.

Cuando me encontré mejor busqué al oficial jefe. Era un capitán. Le dije que el hotel Palestina, donde estaba toda la

347

prensa internacional, estaba desprotegido y que podía haber venganzas contra nosotros. Que varios *fedayines* estaban merodeando por la zona y que sería buena idea que mandaran allí un par de blindados para dar seguridad.

El tipo desplegó un mapa de la zona. Me dijo que el hotel Palestina era precisamente su destino final. Que sabían que la prensa estaba allí y que era allí donde iban a montar su puesto avanzado de mando. Me enseñó la ruta marcada en rotulador naranja. Iba por la misma avenida por la que habíamos ido a su encuentro. El plano era en 3D. Realizado sobre fotografías de satélite, y muy minucioso. El edificio del hotel Palestina se distinguía perfectamente y estaba señalizado con una flecha, aunque también es cierto que ese oficial tenía orden de dirigirse allí y él mismo podía haberlo marcado. Pero no pude dejar de pensar que el sargento Gibson, el que estaba dentro del tanque que nos disparó, tenía un mapa igual de detallado. En el que también estaba señalizado el hotel Palestina.

«Give me five minutes, I'll meet you there.» Nos vemos allí en cinco minutos, me dijo el capitán. Antonio y yo salimos corriendo hacia el coche dejando entre los tanques a Paco y al chileno. Llegué a mi puesto de directo apenas unos segundos antes de que empezara el informativo. Me quité el casco y me atusé un poco los apelmazados pelos con un poco de agua de una botella. Hacía mucho calor. Al quitarme el antibalas, una mancha enorme de sudor se marcaba sobre mi camiseta exactamente allí donde había estado el chaleco. No podía salir así en televisión. Pedro Souza, un encantador periodista portugués de alma rumbera, se quitó su camisa gris y me la prestó. Él se puso mi camiseta sudada. Ya nunca nos devolvimos las prendas. Nos las quedamos como recuerdo de buenos amigos.

Salí al aire agotado y un poco confuso. Improvisándolo todo porque no tenía ni una sola nota. Cuando Hilario Pino me preguntó por la situación de la ciudad, arranqué recordando a José Couso y esas 24 horas de vida que le habían faltado o de muerte que le habían sobrado. Había visto a los tanques, sí. Los norteamericanos habían tomado la ciudad, sí. No había combates por las calles, no. Lo contaba con entereza pero sin pasión. Porque se lo debía a José y porque me dolía el alma de hacerlo solo, de recordarle unas horas antes en el hospital, dentro de una bolsa.

Conté lo que me había dicho el capitán de la columna acorazada y aventuré que a lo largo del informativo acabaríamos viendo a los tanques norteamericanos en directo. Allí de pie, sobre la tarima del puesto de directo, mientras el presentador me daba paso, pude escuchar el informativo que estábamos haciendo. Pude oír las reacciones a la muerte de José. Las portadas de todos los diarios. Las crónicas cariñosas enviadas por muchos de los que estaban allí: «Pepe, Pepino, Cousiño, las patillas más chelis de Bagdad», le llamaba Baquero. «Escribo hoy la nota más triste de mi vida», decía el argentino Gustavo Sierra. «Había estado toda la mañana trabajando de ventana en ventana», aseguraba Ángeles. La sangre me hervía y el corazón me dolía. Escuché la voz rota de Dani, uno de sus amigos y cámara también de Telecinco, leyendo un comunicado. Pensé que si yo lo estaba pasando mal, en Madrid, su familia, sus amigos, su gente, tenían que estar destrozados. Decidí quitarme el pinganillo, el auricular, porque todas esas emociones me estaban afectando y podía quedarme sin voz. Mudo de pena.

Me concentré en lo que veía y en lo que intuía. Si yo había visto a los norteamericanos en el este y ayer nos dispararon desde el oeste es que habían completado la pinza y ya estaban en las dos mitades de Bagdad. Sadam había pasado a la historia. Eso lo sabían también los *muyahidines* que había en la puerta del hotel. Les podía ver delante de mí, escondidos entre los coches del aparcamiento. Ese grupo de pobres miserables se estaban pasando los unos a los otros unas ramplonas maquinillas de afeitar para rasurarse las barbas integristas antes de que vinieran los marines.

No habían ido a asesinarnos, ni a suicidarse. Simplemente el régimen les había dejado tirados, sin armas, sin comida, sin ropa, y no sabían qué hacer ni adónde ir. Todos esos mercenarios estaban atemorizados pensando que llegaban los norteamericanos y que todos ellos podían acabar en Guantánamo. Por eso se habían acercado al hotel, para ver si les podíamos echar una mano o pasar más desapercibidos. Ya no había en sus ojos cólera divina. Ya no aullaban que Alá era grande. Ya no se mostraban arrogantes y seguros de su *Yihad*. Aquellos fundamentalistas no fueron ni guerreros, ni santos, ni mucho menos mártires, sino, seguramente por primera vez en mucho tiempo, simplemente hombres, con sus miedos y sus miserias, como todos nosotros.

Los norteamericanos tardaron poco más de esos cinco minutos que me habían dicho. Llegaron en horario de *prime time*, de máxima audiencia, y salieron en directo en todos los informativos del mundo. Triunfantes. Desafiantes. Fue uno de los momentos más intensos de mi vida profesional y seguramente de todos los que estábamos allí. Joserra Plaza, el cámara de Euskal Telebista que me estaba ayudando a hacer el directo supliendo a Couso, enfocó a los tanques para que yo pudiera ir comentando lo que veía y poder girarme. Joserra, Fernando, Asier, fueron varios los camarógrafos que se iban turnando para atender a sus propios periodistas y ayudarme a mí a salir al aire.

Todos nos ayudamos. Pero sobre todo, todo el mundo me ayudó. Era como si el espíritu bonachón de José flotara por encima de nosotros dándonos unas inusitadas cualidades solidarias. Recuerdo que Ángela Rodicio me dio un beso en directo pese a que le había robado dos minutos de satélite y la apertura del informativo ante su propia audiencia. Que Joseba Iriondo me prestaba su teléfono satélite. Que Marta, la productora de Antena 3, me pasaba pequeñas notas escritas apresuradamente con datos nuevos que se iban conociendo.

Poco a poco la plaza de Al Fardus, la plaza del Paraíso, se fue llenando de tanques. Un destacamento de marines entró en la recepción del hotel para hablar con el director, que se había puesto su mejor traje para recibirles. Un grupo de iraquíes, no más de 300, querían tirar la estatua de Sadam bajo la mirada complaciente de todos aquellos soldados. Era lo programado. Esa estatua era la más reciente de Sadam, apenas tenía año y medio, y estaba situada en medio de las treinta y siete columnas que simbolizaban el año de su nacimiento. No había movimientos de masas a favor de las tropas. Los tipos allí congregados eran los mismos que en días anteriores merodeaban por el hotel vendiendo tabaco o pidiendo limosna. Tipos marginales en su mayoría. Lumpen, incluso. A algunos de ellos los habíamos visto gritar a favor de Sadam durante las actuaciones que se organizaban delante del hotel y ahora estaban allí, intentando derribar su estatua.

Aquello olía demasiado a montaje. Estaban todos los elementos de la buena manipulación. La figura caída del dictador, una plaza emblemática de su megalomanía, un hotel cargado de periodistas, unos soldados heroicos que liberan Bagdad, unos cuantos iraquíes gritones que, si se les sacaba en plano corto parecían muchedumbre pero que enfocados desde arriba, en plano general, eran un grupo de amigos. En mi cabeza no encajaba que esos soldados tomaran el hotel para instalar su campamento. ¿Por qué lo consideraban seguro si el día antes otros soldados del mismo ejército lo habían cañoneado?

En aquel momento no tenía respuestas. Sólo rabia. Sólo adrenalina que me ayudaba a mantenerme entero para contar la caída del régimen de Sadam Husein. Las franjas de satélite tenían que ser compartidas por todos los periodistas españoles, así que, mientras no estaba en directo, procuraba hablar desde un teléfono por satélite. Cuando no estaba en cámara me acercaba a la estatua, para hablar con los que la intentaban tirar, para percibir ese supuesto ambiente de euforia.

En cuanto cayó la estatua se simbolizó, como querían los norteamericanos, el final de la historia de Sadam. Yo estaba justo detrás del monumento cuando lo arrancaron de cuajo. Sus dos enormes piernas se quebraron por la rodilla al primer empellón del tanque, pero no se derrumbó. Era una metáfora de la misión de los norteamericanos. Habían acabado con su régimen. Le habían roto las piernas, pero el dictador resistía. Unos minutos después, y decididos a no hacer el ridículo delante de todas las televisiones del mundo, no hubo clemencia.

Cuando ese fardo informe de bronce se espetó contra el suelo, yo también me desmoroné. Toda esa ansiedad que me había ayudado a trabajar ese día. Todos esos nervios, esa tensión, esa mala hostia, se fueron al suelo con la estatua. Me alejé de aquella barahúnda de iraquíes histéricos y marines satisfechos para llorar tranquilamente. Para rumiar mi desgracia y hablarle a Couso. Contarle que ya habíamos terminado. Que nos podíamos volver a casa. «La guerra se ha acabado, Pepiño», le dije mientras miraba la fotografía de su acreditación.

14

LA EVACUACIÓN

«¿Quién coño me ha escrito en mi cuaderno de notas *Lieutenant Colonel Mckoy*?», exclamé para mis adentros al atardecer de ese 9 de abril. Era la última página de mi libreta. Era la única que me quedaba en blanco y había decidido no usarla. Dejar el cuaderno como estaba. Que se quedara así, como recuerdo de las peores 24 horas de mi vida. De esa jornada terrible en la que no pude coger ni un solo apunte porque me habían matado a mi compañero. Acababa de descubrir que alguien había emborronado aquella hoja en blanco con ese nombre: teniente coronel Mckoy.

Era una letra impersonal, en bolígrafo azul. No se podía distinguir si era de mujer o de hombre. Interpreté que alguien me estaba diciendo que preguntara por ese hombre. Que seguramente ese teniente coronel iba a ser el gran jefe de todos los marines que habían tomado el hotel. Era, por tanto, la persona a la que tenía que dirigirme para explicarle el incidente de la mañana anterior y convencerle para que evacuara el cuerpo de José por la misma vía que sacaba a sus propios heridos.

Me fui a la recepción y comencé a preguntar por los oficiales de rango más alto. Un sargento de origen mexicano, un tal Ojeda, me dijo que preguntara por el mayor Matt Baker. Cuando lo encontré se mostró muy amable conmigo. Estaba ojeroso y en su cara se marcaban las líneas de las gafas de sol que habían llevado durante su travesía por el desierto para evitar los golpes de arena. El mayor me confirmó que en ese hotel iban a colocar su puesto de mando y que, efectivamente, el oficial de más rango sobre el terreno era el coronel Mckoy. Que él me ayudaría, pero que le dejara unas horas supervisar el despliegue de sus hombres por la zona. Que en cuanto aseguraran el perímetro y descansara un rato podría exponerle mi problema. No tenía otra opción. Supuse que ese coronel estaría efectivamente muy ocupado en el mayor día de gloria de su carrera militar como para hacer caso a un periodista con un «pequeño» problema.

Nunca supe quién fue el que escribió su nombre en mi cuaderno. Recuerdo haberlo subrayado en rojo con varias vueltas de mi rotulador. MCKOY. Me hacía gracia su nombre. Cuando llamé a mi jefe, Juan Pedro Valentín, y le dije que estábamos seguros en el hotel y que ya había contactado con un ayudante del coronel Mckoy, no aguantamos la risa. Mckoy. Suena a chiste, decíamos. ¡Cuántas veces José y yo habíamos utilizado esa expresión con algún periodista que se les daba de listo o algún guía que creía saberlo todo! «Ése es un macoi», decíamos. Y ahora, resulta que el que había conquistado el hotel era el coronel Mckoy del cuerpo de marines.

Yo ya me había repuesto de mi llorera tras la caída de la estatua. Debían de ser las ocho de la tarde y preparé el directo de la noche. El hospital Ibn al Nafis quedaba en la misma área que los marines tenían controlado, así que pensé que por fin el cuerpo de José estaba seguro.

—Mañana a primera hora vamos para allí, pero le vamos a pedir una escolta al Mckoy ese —me dijo Antonio.

—Cojonudo. Estoy seguro de que los marines se lo pueden llevar cuando quieran. Voy a llamar a la tele para decirles que los yanquis están aquí y que presionen al Ministerio de Defensa –contesté.

Era nuestra opción más razonable. Lo habíamos hablado por la tarde, sin el ofuscamiento que nos había provocado horas antes la suficiencia del portavoz «al que le constaba» que José había sido rescatado. Bagdad había caído. Los norteamericanos habían ganado. Ellos mandaban en la ciudad. Lo más lógico era tragarnos todas nuestras culebras y pedirles una evacuación urgente. Baquero y yo, con la ayuda de otros colegas, íbamos a hacer la gestión sobre el terreno, pero pensábamos que el Ministerio de Defensa español, formal aliado de EE.UU. en esta guerra, podría echarnos una mano.

–Juan Pedro –le dije a mi director–, habla con el ministro para que soliciten la evacuación de José. Vamos a darnos un plazo de un día. Si el jueves por la noche no nos contestan de manera fiable, yo me lo llevo por carretera. ¿Te parece?

–Me parece –me dijo.

Esa noche, los jardines del hotel Palestina se llenaron de antenas, generadores y marines. Los norteamericanos tardaron poco menos de una tarde en acondicionar como su nuevo puesto de mando el hotel al que habían disparado el día anterior. Junto a esas antenas de transmisión militar se arremolinaban algunos asustados *muyahidines* que habían elegido el mismo jardín para pasar la noche. La escena era un poco surrealista para los que ya llevábamos allí unas semanas. Los marines todavía no se habían percatado de que esos tipos no eran ayudantes de los periodistas, sino mercenarios integristas. Por su parte los árabes, tan dispuestos al martirio hacía sólo unos días y a matar yanquis infieles, sonreían con cara de idiotas a los soldados para que no les pidieran la documentación.

Y allí en medio de todos ellos, estábamos los reporteros. Algunos colegas propusieron delatar a los *muyahidines*, decirles a los soldados que aquellos tipos, pese a su apariencia angelical, eran martirópatas llegados a Irak a pelear en una supuesta guerra santa. Pensaban que así estaríamos más seguros y evitaríamos que cualquiera de los *yihadíes*, a la desesperada, cometiera un acto suicida.

Yo me negué a ello. Nosotros no hacíamos la guerra con nadie ni les hacíamos el trabajo de espionaje a nadie. ¡Sólo faltaba que se corriera la voz en el magma integrista de que los periodistas europeos habían vendido a los mártires de Bagdad! Una cosa es dar unas galletas a un *muyahidin* hambriento o unas cervezas a un marine con sed, pero algo muy distinto es ayudar a escapar a los primeros o ayudar a los segundos a detenerlos.

Era mucho más interesante ver cómo evolucionaba esa situación. Comprobar si al final los fundamentalistas islámicos se entregaban, huían o se enfrentaban a los norteamericanos. ¡Los tenían al lado! Era su sueño, su pasaporte al paraíso de los mártires, como les arengaba Sadam Husein. Hablé con uno de ellos. Se presentó como Abdul, tenía unos 20 años y era, o eso me aseguró, de Jordania. Me dijo que ya no tenía ganas de luchar, que si los iraquíes se habían rendido enseguida él no iba a morir por unos cobardes. Que su *Yihad* continuaría en otro lugar, y que se volvía a Amman, a la capital jordana, a tratar de conseguir un trabajo.

Su cara y su aspecto, delgado, sucio, hambriento, lleno de cortes en la cara al rasurarse apresuradamente la barba ante la llegada de los marines, eran un cuadro de derrota y humillación. Pero sus ojos seguían mirando desafiantes. Sus pupilas brillaban con brío, con odio incluso. Pude sentir que hablaba conmigo porque le daba unas galletas y quizá podía ayudarle a escapar, pero que me odiaba. Odiaba todo lo que oliera a occidental, a infiel. Me recordó a los prisioneros talibanes a los que pude entrevistar en la cárcel de Duab, en el valle afgano del Panshir. Igual que ellos, Abdul ni se arrepentía ni renunciaba a hacerse un sitio a la derecha del profeta, en ese vergel donde los ríos son de miel y existen huríes fabulosas, según la descripción del paraíso que les han hecho sus particulares imanes.

Los ojos de Abdul gritaban que se sentía colérico por no poder continuar con la *Yihad* iraquí, y que estaba dispuesto a seguir en otra parte del mundo. Pero aquel loco de Alá no lo estaba tanto. Guardaría su fe hasta la próxima ocasión en la que pudiera demostrar su valor ante el infiel. Por el momento, prefería mendigar unos frutos secos a los periodistas y saludar a los soldados de EE.UU. como si se alegrara de verlos.

Los marines tomaron el hotel y se quedaron con varias plantas del mismo. Los oficiales se instalaron en algunas de las habitaciones y el resto de la tropa tuvo unas horas de descanso para poder darse una ducha, comer algo diferente al rancho de todos los días y, sobre todo, llamar a sus familias. Todos los periodistas sufrimos el acoso de los soldados, que nos pedían, por favor, nuestros teléfonos por satélite. Los de origen mexicano o portorriqueño descubrieron enseguida a la colonia de periodistas españoles. La mayoría eran críos que no llegaban a los 20 años. Muchos de ellos enrolados en el ejército porque no tenían otro trabajo, o porque algunas unidades subvencionan los estudios de sus soldados.

Al cederles el teléfono para una llamada corta conseguíamos que a cambio hablaran con nosotros de sus experiencias de combate. Incluso algunos se dejaron entrevistar a cámara. Volví a echar de menos a José, porque algunas de las conversaciones eran realmente buenas, como la de Ricardo Medina, un soldado nacido en Honduras y emigrado muy joven a EE.UU. Después de un par de años en el paro había decidido alistarse.

Había cierto paralelismo entre la vida de este marine y la del *yihadista* Abdul. Los dos veinteañeros, los dos en paro, los dos desencantados. Ricardo había elegido los marines. Abdul, los *muyahidines*. Ambos eran un producto parecido. A su manera, habían fracasado en sus respectivas y tan diferentes y encontradas sociedades. Y ambos habían acabado siendo carne de cañón para unos generales o unos imanes que los usaban en su propio tablero de intereses. Sin embargo, uno era ahora un héroe de guerra en su país, y el otro podía ser detenido, considerado «combatiente enemigo» según la nueva calificación bélica inventada por el Pentágono para los que no considera «prisionero de guerra», y acabar en una mísera celda en la base caribeña de Guantánamo.

Al menos una cosa diferenciaba a Ricardo de Abdul. En el hondureño no había odio, ni rencor, ni fundamentalismo. Ricardo ni odiaba a los iraquíes ni tenía especial tirria a Sadam.

«Voy a donde me manden –me decía– podía haberme tocado Corea del Norte, pero he caído en Irak.» Iba a ser su primera y última guerra. En cuanto volviera a Estados Unidos dejaría los marines y buscaría un empleo en Los Ángeles, donde vivía. Pertenecía a la Compañía Kilo y, según me dijo, habían tenido tres bajas en toda la guerra, una de ellas un íntimo amigo suyo. No parecía un héroe. Tampoco estaba entusiasmado con haber tomado Bagdad, más allá de que para él eso significaba que la guerra se había terminado. Cuando habló con su madre, Sara, a través de mi teléfono, se puso a llorar como un crío. Llevaba un mes sin ducharse y sin hablar con ella. Ricardo no tenía novia y se le notaba muy unido a su madre. ¡Un marine llorando con su madre!, no parecía muy bizarro, pero le hacía más humano. Pedí a Ricardo que me dejara hablar con ella: «Es un niño, yo sólo quiero que vuelva, que lo echo mucho de menos», me dijo sollozando.

La nueva situación del hotel creó inquietud. A primera vista parecía mucho más seguro, rodeado de soldados y tanques norteamericanos. Pero, de esta manera, el hotel se convertía en un potencial objetivo militar de los iraquíes, si es que quedaba alguno en condiciones de ofrecer batalla. Nos acordábamos de la muerte de Julio Anguita Parrado, alcanzado por un misil en un centro de transmisiones americano cerca del aeropuerto. «Si queda algún remanente del ejército de Sadam todavía operativo, este edificio es un blanco de manual», pensábamos preocupados. Un misil de Sadam impactando en el hotel Palestina ya no sería interpretado por los iraquíes como un ataque a la prensa, sino como una operación contra el alto mando norteamericano que se había instalado allí.

Desde luego que si el cañonazo al hotel del día anterior lo hubieran perpetrado los hombres de Sadam, todo el mundo se hubiera llevado las manos a la cabeza. Washington, Londres e incluso Madrid, habrían utilizado ese hecho como una prueba irrefutable de la maldad del régimen de Husein, que no respetaba ni siquiera a la prensa internacional ni la libertad de opinión o expresión. Aquel día primero de la nueva era post-Sadam habíamos pasado de ser escudos humanos de los iraquíes a ser rehenes obligados de los norteamericanos.

Mi situación personal era aún más desquiciante. De repente tuve que aprender a convivir con el ejército que había matado a mi compañero el día anterior. Mascar mi rabia y mi mala leche contra todos ellos y apretar los dientes cada vez que me metía en el ascensor y uno de esos marines entraba conmigo. Algunos de ellos, en actitud verdaderamente insolente y actuando como fuerza de ocupación, dedicaron esa tarde y esa noche a entrar en las habitaciones pistola en mano o con el M-16 amartillado haciendo rondas de seguridad. O al menos eso decían, porque si entraban en un cuarto y alguien tenía allí una cerveza o una botella de alcohol enseguida preguntaban si podían echar un trago. En fin, que lo que no habían hecho los iraquíes, entrar apuntando con sus armas en las habitaciones, lo hacían los norteamericanos.

Cuando bajé a la terraza del hotel para entrar en directo en el informativo de la noche, me encontré con otros dos marines sentados en sendas sillas de plástico, justo detrás de donde yo tenía que situarme. Me preguntaron si se apartaban y les dije que no, que no me importaba.

–¿Para qué televisión es? –me preguntó uno con acento sureño.

–Para Telecinco, una televisión española.

–¡Ooooh, Madrid, torero! –me contestó el mismo, mirando a su compañero con cara de satisfacción, como si con ese topicazo hubiera demostrado una cultura enciclopédica.

Sonreí entre dientes, forzado, para seguirles la gracia. Ambos eran oficiales. Me fijé que tenían varias latas de cerveza vacías en el suelo y fumaban como descosidos. «Lo que me faltaba, dos marines borrachos», pensé.

–¿Cómo ha ido la guerra? –les pregunté antes de entrar en directo.

–*Not bad*. No ha estado mal –me contestó el más hablador–. Nos los hemos follado en todas las posturas.

Lo dijo satisfecho, sonriente. Usando un lenguaje cuartelero tremendamente gráfico. Me ofreció una cerveza que rechacé amablemente. «Éstos me pueden dar juego en el directo», pensé.

–¿Se suponía que el ejercito iraquí era muy poderoso? –volví a preguntar.

–Eran una mierda. *Bullshit* –me dijo el menos simpático.

Uno era de Texas y el otro del norte, de Illinois. Llevaban el pelo rapado y los dos tenían los ojos muy azules. Al contrario que el soldado Medina, éstos eran profesionales de la guerra. «Perros de la guerra», como me dijo Gassen, un cámara egipcio que trabajaba para Reuters. Eran tipos que se sentían héroes, libertadores, democratizadores. Su discurso era ramplón y muy guerrero. «Hemos acabado el trabajo», me decían. «*Finish the job.*» Les dije que por favor se quedaran sentados unos minutos más porque iba a entrar en directo y quería que se les viera detrás de mí. «*No problem*», exclamaron ambos a la vez.

Cuando por fin me dieron paso desde Madrid, Àngels Barceló me preguntó si los soldados seguían en el hotel o se habían retirado. Me aparté un poco para que la cámara los enfocara. Le dije a Àngels que no, que seguían allí y que los oficiales incluso dormirían en alguna de las habitaciones. Le señalé como ejemplo a los dos marines que estaban sentados bebiendo cerveza. Las sillas de plástico en las que descansaban estaban inclinadas hacia atrás, porque ambos estiraban las piernas hacia delante, apoyándolas en un pequeño pretil. En el momento en que la cámara giró para mostrarlos, sopló una pequeña ráfaga de brisa. Uno de ellos, el hablador, el de Texas, se cayó hacia atrás de manera ridícula empujado por el viento. Enseguida se levantó y se volvió a sentar recomponiendo su uniforme y su figura marcial. Su compañero no dejaba de reírse de la bufonada de su colega, que «había triunfado» para Telecinco con una bonita caída.

Cuando se volvió a sentar entablé un pequeño diálogo en directo con ellos, algo simple. Que si estaban bien, que sí.

Que si todo estaba tranquilo, que también, me contestaban de manera cansina. Y expliqué a Àngels que llevaban un rato bebiendo y disfrutando de la agradable brisa de esa noche. En fin, le dije, que parecía que todo estaba bajo control. Hice recuento: los soldados norteamericanos seguían apostados en el hotel, en el trozo de jardín que deberíamos estar disfrutando José y yo, y sin embargo el pobre Couso estaba en el hospital, junto al resto de cadáveres producidos en el avance de estos tipos que tenía detrás. ¡Perra guerra! Tiempo después, una espectadora de A Coruña que suele ver Telecinco me escribió una carta. Aquella noche, venía a decir, fue Couso en forma de viento el que empujó a ese marine al suelo. Seguramente sí.

Aquella noche sí que me costó dormir. Sadam era ya historia y los marines se permitían el lujo de entrar pistola en mano en las habitaciones para registrarlas. Todo había cambiado de repente. Ahora ya no tenía que saludar de manera forzada a los esbirros del Ministerio de Información que siempre deambulaban por el vestíbulo del hotel. Ahora, tenía que sonreír sin ganas a los soldados que nos habían liberado el hotel.

Seguramente iba a ser la primera vez en tres semanas que no escuchara bombas, misiles, sirenas o antiaéreos. Pero sin embargo me costó más que nunca conciliar el sueño. Antonio Baquero se vino a dormir conmigo para no dejarme solo, pero esa noche, tan llena de emociones para otros, fue para mí la más triste. No podía dejar de pensar y enrabietarme con nuestra mala suerte. A esas horas José y yo deberíamos estar bebiendo cervezas y planificando nuestra vuelta a casa. «¡Y que la posguerra se la chupen otros, que nosotros nos hemos comido la guerra!», decía Couso a menudo cuando pensábamos en este día.

¡Cuántas vueltas le habíamos dado a cómo sería el final y cuándo nos iríamos! En las noches inclementes de bombardeos, cuando nos quedábamos horas y horas despiertos grabando las acometidas de los misiles, tuvimos mucho tiempo para hablar. De su familia, de Lola, de sus niños, de sus hermanos, de los míos, de Yolanda, de mi hija Ibai. Echaba de menos aquellas conversaciones. Quizá por eso no dejaba de hablar a Antonio, que dormía en la cama de al lado. En la de José.

Allí, en aquella almohada sudada de tantas noches, me acordé de cómo brindamos el día que conseguí, gracias al ordenador del argentino Gustavo Sierra, bajarme por internet la primera ecografía de mi hija. Estábamos en su habitación, bebiendo unas cervezas, y después de muchos días intentándolo conseguí por fin conectarme a mi correo electrónico. La fotografía empezó a aparecer muy lentamente, en blanco y negro. Yo esperaba de manera ansiosa a que se descargara, pero la conexión se hacía por un teléfono satélite y era extremadamente lenta. Los tres aguantamos allí de pie casi 20 minutos, mirando a la pantalla del ordenador. Cuando por fin apareció la fotografía entera y vi a Ibai por primera vez, desde Bagdad, en otra noche de bombardeos, supongo que se me puso cara de tonto. Levantamos aquellas latas ya calientes y brindamos los tres. «¡La haremos novia de mi hijo Pepiño, que parece muy guapa!», me gritaba José.

Le contaba estas anécdotas a Baquero mientras daba vueltas y vueltas intentando dormir. Le contaba que la habitación en la que había muerto José era la que habíamos reservado para nuestra compañera de *El Correo* Mercedes Gallego, que venía hacia Bagdad empotrada en una unidad de marines. Habíamos planeado el encuentro muchas veces. Ninguno de los dos la conocíamos, pero su voz nos había servido de referencia informativa durante toda la guerra: ella nos contaba si ya habían cruzado la frontera, si estaban en una tormenta de arena, si su unidad había sobrepasado ya el Éufrates...

Mercedes y Alfonso Bauluz, de la Agencia Efe, eran los únicos periodistas españoles que viajaban empotrados con las tropas norteamericanas. José y yo pensábamos que teníamos que ser extremadamente corteses con una mujer que venía de pasar 20 días en el desierto sin haberse dado ni una ducha. Guardamos hasta el último día una toalla limpia sólo para ella, y Safa, nuestro conductor, tenía el encargo de hacerse con un ramo de flores en cuanto llegara.

Incluso le habíamos guardado parte de la ropa que nos había entregado el departamento de Estilismo de Telecinco, camisas, camisetas y algún pantalón, porque el desierto no perdona y seguro que traería la ropa llena de arena. «Mercedes –le conté a Baquero– puede que llegue a Bagdad mañana con las tropas y que venga aquí al hotel, pero ya no será lo mismo.»

Hablamos bastante esa noche. Antonio tampoco podía dormir. Le conté que José y yo habíamos convertido las noches de bombardeos en una incómoda rutina en la que intentábamos descubrir alguna pauta en los ataques. Un patrón de comportamiento en las acometidas de los aviones. Apuntábamos las horas de los bombardeos, la intensidad, el fragor. El lugar donde habían atacado, el tipo de bombas o misiles lanzados, el humo o el fuego que podía verse después.

Pretendíamos ser más listos que nadie y prevenir, pasado el tiempo y descubierto su ritmo, los siguientes ataques. Nos reíamos con la posibilidad de que pudiéramos irnos a tomar unas cervezas a la habitación de los mexicanos o a la de los de Antena 3 diciéndoles «tranquilos, hoy hasta las tres de la madrugada no atacarán. Será en el sur, en el aeródromo militar de Al Rasheed». Sonreí entre los vapores incómodos del insomnio mientras lo contaba, porque nunca acertamos nada. Era imposible encontrarle una lógica a la muerte. «A la segunda semana de ataques dejamos de coger notas que no llevaban a ninguna parte», le reconocí a Antonio. Creo que entonces me dormí.

Al día siguiente nos levantamos temprano. Era día 10. La ciudad estaba en manos de los norteamericanos y estábamos decididos a evacuar el cuerpo de José como fuera. Habían pasado dos noches desde su fallecimiento y no podíamos soportar la idea de que en Madrid, su familia, sus amigos, no pudieran descansar. Teníamos que sacar a José de allí y llevárselo a su viuda.

Bajamos al vestíbulo y preguntamos por el mayor Baker. Nos atendió otro oficial, al que le explicamos el caso y le pedimos una escolta de marines para ir al hospital y comprobar si nuestro compañero seguía allí. «Ustedes le mataron, amigo –le dijimos–, es justo que garanticen nuestra seguridad para comprobar si sigue allí.» El tipo aceptó y puso a nuestra disposición un Humvee, un todoterreno blindado con una dotación de cuatro soldados con los que negociamos la ruta hasta el hospital y las paradas de seguridad que había que hacer.

Cuando salíamos del hotel nos encontramos con Carlos Hernández y Fernando Matei, de Antena 3, que quisieron venir con nosotros. ¡Los marines nos acompañaban al hospital Ibn al Nafis para ver si estaba allí el cuerpo de José y desde Madrid, desde el Ministerio de Defensa, esa mañana, seguían insistiendo en la teoría de la operación rescate del cuerpo! Aquello empezaba a tomar unos tintes surreales que a mí me empezaron a desesperar.

–¡Qué rescate ni qué hostias! –comenté a Baquero–. Aquí lo único que necesitamos es que alguien, alguien que mande, dé la orden de que se evacue el cuerpo de un periodista español.

–Pues claro –decía Antonio–. Tienen la ciudad tomada, controlan el aire, no paran de pasar helicópteros... Si quieren, a éstos no les cuesta ni diez minutos sacar el cuerpo de aquí.

El problema es que no parecía que el apoyo español a la guerra de EE.UU. pudiera acelerar ninguna gestión en Bagdad. Las aparentes excelentes relaciones entre los gobiernos de EE.UU. y España a nosotros no nos sirvieron de mucho. España había apoyado la guerra pero nosotros, ahora que necesitábamos de manera egoísta esa influencia, no la percibíamos.

Los soldados se quedaron apostados fuera del hospital. Nosotros entramos en la morgue y Carlos fue quien tuvo el arrojo de reconocer el cadáver por segunda vez. A mí los colegas no me dejaron acercarme. Junto a Couso había otra bolsa amarilla. Era la de un miembro canadiense del Comité Internacional de la Cruz Roja. Vatche Arslanian, de 48 años, había fallecido la noche anterior en un tiroteo cuando intentaba llevar comida a una zona de Bagdad. Un médico nos dijo que el portavoz del CICR nos estaba buscando.

Roland Huguenin-Benjamin, el portavoz, quería vernos cuanto antes y había acudido a buscarnos al hotel. Nos dijo que ya habían hablado con los norteamericanos para que les abrieran un pasillo de seguridad. Pretendían montar un convoy para la evacuación del cuerpo de su compañero y el del nuestro. La ruta sería por Kuwait. Más larga pero más segura. Dijimos que de acuerdo, que estaríamos en contacto, pero todos comentamos las palabras del jefe de Cruz Roja, Marcus Dolder, el día anterior cuando les pedimos ayuda: «Nuestra prioridad son los vivos, no los muertos». Pensamos que ahora que ellos también tenían un muerto, habían cambiado sus prioridades.

Cuando regresamos al hotel Palestina nos esperaba otra sorpresa. Otro de esos quiebros insospechados que tienen las guerras y que ayudan a entender el sinsentido de los conflictos. Un marine bajito, de apenas un metro sesenta de estatura, nos ordenó parar en la puerta de acceso gritándonos de manera un tanto hosca. Tenía unas enormes gafas de montura gruesa que le agigantaban sus ojos miopes. Su cara picada y su frente llena de espinillas adolescentes nos indicó que aquel minisoldado apenas tenía 18 años.

—¿Adónde van? —nos preguntó en inglés, dando por hecho que debíamos hablar su idioma.

—A nuestras habitaciones —le contestamos.

—Son ustedes periodistas, ¿verdad?, pues muéstrenme sus acreditaciones.

Yo le saqué mi carnet de empleado en Telecinco, pero el soldado me lo devolvió sin apenas mirarlo.

—Esto no me vale —me espetó—, necesito ver su acreditación del Ministerio de Información.

—¿Del Ministerio de Información... norteamericano? —le pregunté.

—No, del iraquí. Mis órdenes son dejar pasar sólo a los periodistas que demuestren su acreditación ante los iraquíes.

Era el colmo del surrealismo. Los marines nos pedían esa acreditación por la que tanto habíamos peleado, que tantos disgustos nos había causado. Esa acreditación tan cara que había que renovar semanalmente. La que José escondía siempre para que no nos reclamaran el dinero que debíamos al ministerio. Bagdad había caído y una cartulina plastificada en color rosa, con la firma del responsable de propaganda de Sadam Husein, era el único documento válido para poder acceder a nuestras habitaciones. Afortunadamente, yo lo llevaba encima. Esa misma mañana, al vestirme, había estado a punto de dejarla porque el Irak que había fuera era muy diferente al que había vivido hasta el día anterior. El país estaba en manos norteamericanas, el dictador había caído, su régimen se había desmoronado, pero, como en una última victoria, Sadam seguía decidiendo si yo podía entrar en el hotel Palestina. Intentamos hacerle ver a aquel soldado pequeño y matón lo estúpido de la situación, pero aquella máquina de obedecer órdenes sin cuestionarse su sentido ni se inmutó.

Entré en directo pocos minutos después y dije que José seguía en el hospital pese a diversas conjeturas que habían corrido por varios medios españoles de que los norteamericanos habrían organizado una operación de rescate. ¿De quién lo iban a rescatar, de ellos mismos? Era inaudito que las únicas noticias que me llegaban del gobierno español fueran para ponerme aún más furioso. Esperaba una queja diplomática, una petición pública de explicaciones, una investigación rigurosa. Pero los únicos datos que me llegaban era que intentaban rescatar el cuerpo desde Madrid. Un cuerpo al que yo, escoltado por marines, acababa de ver en la morgue. «¡No es necesaria una operación de rescate –dije en directo ante los espectadores–, sino una orden de traslado!» Simplemente eso, porque la ciudad estaba tomada por Estados Unidos y sus soldados controlaban el área.

Mientras seguía en directo para mi informativo, vi por fin aparecer a Mercedes Gallego. Pequeñita pero imponente. Con el pelo recogido en una coleta y una camiseta verde de los marines que dejaba ver unos brazos chamuscados por el sol del desierto. Fue lo único bueno que me pasó en esas 48 horas terribles. Fue un encuentro entre supervivientes.

Aproveché los minutos de publicidad para soltar el micrófono y darle un abrazo enorme, de esos que hablan, de los que sueltan lágrimas. De esos que ríen, lloran y gritan a la vez. De los que duelen y reconfortan. Mercedes había llegado dos días tarde para conocer a José. Y Couso había muerto sin poder ofrecerle «ese té calentito» que tan bien le salía.

Aquel abrazo fue un enorme diálogo. No hizo falta que Mercedes me explicara lo mal que lo había pasado con los marines en el desierto, cómo había sufrido, cómo se había puesto a prueba a sí misma, cuánto había llorado al saber la muerte de su íntimo amigo Julio Anguita Parrado, o qué sola se sintió cuando le dijeron que José también había fallecido. Tampoco fue necesario que yo le contara mis dos días anteriores, la guerra, el cañonazo, los gritos, el hospital, el horror. Sólo le dije lo mucho que habíamos pensado en su llegada y cómo le teníamos preparado un recibimiento de princesa.

Por la tarde, en cuanto se duchó y se cambió de ropa, Mercedes me ayudó a localizar al teniente coronel Mckoy y a solicitar su ayuda para evacuar a José. Ella tenía un dominio del inglés infinitamente mejor que el mío, sabía tratar a los marines después de 20 días con ellos, y sobre todo, venía fría. Les podía mirar a la cara sin pensar: «Los vuestros han matado a mi colega».

Afortunadamente, enseguida apareció un tal capitán Plenzler, que era un oficial de relaciones públicas al que Mercedes había tratado en Kuwait. Se interesó por el caso y prometió hacer algo lo antes posible. «Estoy seguro de que en el Comando Central ya hay alguien haciendo gestiones sobre esto», nos dijo. Me dio el pésame por lo que había ocurrido y nos aseguró, poniendo el más convincente de sus gestos, que probablemente habría alguna explicación, pero que en situaciones de guerra podía pasar cualquier cosa. Finalmente, con toda la buena intención, me ofreció ayuda del psicólogo que viajaba con los marines, que ya había tenido que atender a numerosos soldados con estrés postraumático, o si lo prefería, dijo, podía ser atendido y aconsejado espiritualmente por el capellán. Rechacé ambas ofertas. No estaba ni para psicólogos ni para *paters*.

Esperamos toda la tarde pero los teléfonos no sonaban. Yo estaba cada vez más colérico por la situación y más angustiado al pensar en la familia de José. Habían pasado dos días desde su muerte y seguía allí, en el hospital. Y lo peor es que no teníamos nada bueno que decir. Ninguna buena noticia. Ninguna llamada de nadie. Ni de los norteamericanos, ni del Ministerio de Defensa, ni del Ministerio de Asuntos Exteriores, ni de ninguna embajada española en la zona. Nada que indicara que seríamos evacuados.

Por eso, cuando sobre las seis de la tarde me llamó el embajador español en Kuwait, Álvaro Alabart, le contesté de manera ruda haciéndole pagar toda la ansiedad que llevaba acumulada esos días. Sus órdenes, que había recibido del Ministerio de Asuntos Exteriores, eran que tratara de contactar con el mando central norteamericano en Kuwait y convencerles de la necesidad de sacar el cadáver. Yo ya no podía esperar más.

—A las ocho de la tarde apagaré los dos teléfonos satélites que tengo —le grité—. Si antes de esa hora usted no me ha llamado y me ha dado una información razonable de que Couso será evacuado enseguida, yo me llevo mañana su cuerpo por el desierto.

–Las cosas se van a solucionar, tranquilo –me respondió azorado–. ¿Sabes cuántos periodistas españoles más quieren ser evacuados, cuántos quieren salir?

–Mire. Yo sólo sé que al menos unos quince reporteros han decidido hoy mismo que dejarán el país en cuanto sea posible. Nos iremos todos en el mismo convoy por Jordania.

–Pero podrías decirme el número exacto –insistió.

–Ni idea, pero transmita esto a Madrid. Si España es aliada de EE.UU. en esta guerra está demostrando que no tiene demasiada influencia. Ni siquiera es capaz de conseguir que el ejército norteamericano evacue el cuerpo de un español asesinado por ellos. Si mañana no nos sacan en helicóptero, el gobierno español tendrá el sábado en portada de todos los periódicos la fotografía de un ataúd negro llevado a hombros por periodistas españoles mientras atraviesan andando la frontera jordana. A las ocho apago los teléfonos. Perdone mi tono pero estoy un poco harto de que jueguen con nosotros.

Nunca supimos si aquel ultimátum funcionó o simplemente las cosas siguieron su ritmo. Lento, pero su ritmo. El caso es que antes de que se cumpliera el plazo de las ocho de la noche sonó el teléfono. Un tal Chris Camble, de la embajada norteamericana en Kuwait preguntaba por mí. Quería saber el número exacto de mi habitación. Estuve a punto de contestarle que preguntara a la unidad de tanques que había disparado al hotel dos días antes, pero me contuve. El tipo aseguró que al día siguiente, sobre las diez de la mañana, un oficial del ejército estadounidense llamaría a mi puerta para recogerme, llevarme al hospital, y evacuarnos a Couso y a mí.

Era la primera llamada de alguien que parecía saber de qué iba todo aquello. La primera vez que me tranquilizaba en dos días. Mercedes, que lleva mucho tiempo trabajando en EE.UU., me dijo que todo estaba ya arreglado. Que si un tipo de la embajada norteamericana, es decir, de la CIA o del servicio de inteligencia del ejército nos había llamado, los íbamos a tener allí al día siguiente. Otra vez tuve la sensación mustia de sentirme agradecido a nuestros asesinos. De tener que decir gracias a alguien que primero dispara y luego te pregunta si quieres que te saquen de allí para enterrarte en otro lado. Las malditas guerras son terriblemente caprichosas.

Cuando les conté la conversación con el embajador, entre el resto de colegas hubo una sensación de alivio, de que aquello se acababa. Todos le creíamos y pensamos que al día siguiente se presentarían en nuestra habitación unos fornidos marines que me sacarían de allí. Sin embargo, a todos les extrañaba el súbito interés por saber si más periodistas querían ser evacuados y su número exacto.

La respuesta no la sabríamos hasta dos días después, cuando todos esos reporteros salieron en convoy hacia la frontera jordana. Allí un funcionario de la embajada en Amman se afanó en apuntar los nombres de todos los que habían salido de Irak con el fin de fletar un avión que los sacara a todos juntos de Oriente Próximo. Querían dar la sensación de que el gobierno español evacuaba y salvaba a todos los periodistas nacionales del horror en el que se había convertido Bagdad. Ese lugar en el que habían muerto un reportero de *El Mundo* y otro de Telecinco.

Aquella noche Mercedes no pudo disfrutar de su cuarto. La cama que le habíamos reservado había servido para sacar a José del hotel. Las ventanas habían estallado en pequeños añicos que se habían esparcido por la habitación. La moqueta estaba manchada de sangre y en el aire seguía flotando ese olor acre que deja la mala suerte en los lugares que asola.

Allí seguía la cámara destrozada de José, tal y como había quedado tras el impacto. Los periodistas tendemos a llevarnos recuerdos de los infiernos que visitamos, un casquillo, una bala, un trozo de misil, pero nadie cogió nada de la habitación 1403. Todo quedó como estaba. Inerte. Frío. Por una vez, aquellos fragmentos de metralla, aquel trípode tullido, tenían dueño. Tenían un nombre y un apellido, y eran los de un amigo.

La mañana del 11 de abril, viernes, nos levantamos muy temprano. En realidad yo apenas había dormido. Pensaba que todo aquel mal sueño, por fin se iba a acabar. La noche anterior habían llegado en cinco todoterrenos, exhaustos y muy cansados, los conductores que venían desde Amman, en Jordania, para sacarnos del país. Mi amigo Aziz había cumplido. A los tipos les había costado llegar más de lo previsto porque en el camino encontraron tiroteos, controles de ambos bandos y numerosas barricadas. Hablé con mi director esa noche y le dije: «Tengo los coches aquí. Vamos a dar a la embajada un día de gracia, pero si no pasa nada, el sábado me cojo a José y me lo llevo por carretera».

Le había dado muchas vueltas al tema por la noche. No me hacía ninguna gracia salir por carretera y hacernos 600 kilómetros de desierto con el cuerpo de Couso. En cuanto me levanté me puse a dar vueltas por la habitación, nervioso. Mercedes y yo bajamos a la recepción y buscamos a los oficiales de guardia para comentarles la situación. Mientras hablábamos con ellos apareció un marine pequeño pero fornido. Se llamaba Andy Petrucci, y era el *regimental contac*, nuestro contacto.

Él nos explicó todo el proceso. Un convoy sanitario con varios vehículos de escolta iría primero al hospital de Bagdad donde se encontraba herido Paul Pasquale, el jefe de Reuters.

Después se dirigiría al hospital Ibn al Nafis, a recoger el cuerpo de José, y después regresaría al hotel para recogerme a mí y las cosas personales de mi amigo. El convoy nos llevaría luego a lo que llamaban en jerga militar el STP-3, el Shock Trauma Platoon, una unidad medicalizada y especializada en heridas de guerra. De allí, un helicóptero nos sacaría del país.

El programa se cumplió. Varios compañeros fuimos con los marines para retirar el cuerpo de José. Debíamos reconocerlo otra vez para asegurarnos de que nos llevábamos su cuerpo y no el de otro. Volvió a ser Carlos Hernández el que tuvo ese valor. A mí, otra vez, me prohibieron verlo. Todo fue demasiado impactante. Marines armados hasta los dientes habían escoltado a unos periodistas por los pasillos de un hospital atiborrado de heridos civiles y militares, provocados precisamente por los norteamericanos. Los propios médicos no daban crédito a lo que veían, y muchas de las víctimas tampoco. Algunos se escondían de pánico entre las sábanas y otros miraban desafiantes, rencorosos, disparando todo tipo de odio contra esos soldados que acababan de ocupar su país.

Los amigos de José no quisimos que los marines sacaran el cuerpo. Nos lo echamos a la espalda y recorrimos los doscientos metros que había entre el depósito y la salida apretando los dientes. Conteniendo las lágrimas. Pidiéndoles a los soldados que, por favor, enfundaran sus pistolas. Que respetaran nuestro dolor y nuestra mala leche. Que a José lo habían matado compañeros suyos.

Con su cadáver a la espalda no tuve sensación de peso. Me dio impresión de ingravidez, de que José ya no estaba efectivamente allí. Como si su alma se hubiera ido ya de su cuerpo menudo. Pensé en su risa y en su sonrisa. «El tipo más cariñoso que he conocido», dije en alto mientras le daba un beso a esa bolsa donde iba su cuerpo. Baquero lloraba. Jorge lloraba. Cuando lo metimos en la ambulancia militar nos pusimos a aplaudir. Palmadas lentas, duras, de pena inmensa y de resentimiento. Un pequeño homenaje de sus amigos y compañeros. Un saludo a alguien que nos dejaba. Un terrible sentimiento de que en esa bolsa podíamos estar cualquiera de nosotros. De que teníamos suerte por seguir vivos.

Regresamos al hotel para recoger nuestras cosas. En la otra ambulancia viajaba Paul, de Reuters, que estaba muy malherido pero consciente. Decidí saludarle y después no volver a verle, pese a que viajaríamos en el mismo convoy. Él todavía no sabía que su cámara, Taras, había muerto. Si me veía a mí en el helicóptero se preguntaría qué hacía allí y tendría que responderle que Couso había muerto. Entonces él lo intuiría enseguida, porque siempre le daban largas cada vez que preguntaba por Taras.

–¿Dónde está la flor que te dejamos encima de la almohada cuanto te fuimos a visitar al hospital? –le pregunté.

–Creo que está en mi culo –respondió con un increíble sentido del humor, teniendo en cuenta que había perdido el glúteo derecho y habían estado a punto de amputarle un pie y una mano.

En el STP me despedí de Mercedes. El otro periodista español que había viajado empotrado con los marines, Alfonso Bauluz, de la Agencia Efe, logró colarse conmigo en el mismo helicóptero Chinook de doble hélice que nos sacaría de Irak hacia Kuwait. Iba vestido de soldado norteamericano y estaba completamente lleno de arena. Al principio, incluso, lo confundí con un soldado. Sus dotes de persuasión y su aspecto guerrero acabaron convenciendo al oficial que autorizaba los vuelos. Alfonso y yo salimos juntos de Irak acompañando, escoltando, a José.

«*We get you home.*» «Te llevamos a casa.» Ése era el lema de la Mef Casevac Team, la unidad de helicópteros de rescate que nos evacuó de Bagdad. El artillero de la nave, un gigantón con gafas de sol, se situó junto a una ametralladora pesada que parecía colgar de una de las puertas del aparato. Aquel tipo se abrazó a su arma y no la soltó en todo el viaje. Apuntaba a todo lo que se movía. «Por si acaso», nos dijo. Estaban especializados en rescates de alto riesgo en zonas hostiles, es decir, que entraban en territorio enemigo para recoger heridos graves o muertos. Aquel tipo había hecho ya varias misiones de ese tipo en Nayaf, Nasiriya o Kut, y su ametralladora ya se había estrenado en Irak.

Volamos muy bajo para no entorpecer los vuelos de aviones y helicópteros de combate que viajaban por esa misma ruta. Eso obligaba al artillero y a los pilotos a estar muy atentos. A esa altura, apenas cien metros, podíamos ser alcanzados por un misil tierra-aire guiado por calor o por un simple lanzagranadas RPG. Por eso extremaban las precauciones.

A la menor sospecha. Al menor movimiento de gente entre los tejados que teníamos debajo o los palmerales que sobrevolábamos, los pilotos lanzaban las contramedidas del helicóptero y realizaban una maniobra brusca a la derecha o a la izquierda, una especie de volantazo. Las contramedidas eran pequeñas partículas incandescentes de acero que pretendían despistar a los misiles guiados por calor o por movimiento, y con los volantazos trataban de evitar que un posible misil impactara contra nosotros. Hasta en dos ocasiones realizó el piloto esos giros bruscos. Bauluz y yo le preguntamos al artillero qué había pasado: «Nos han lanzado algún misil desde aquellos árboles, pero tranquilos, todo está controlado», nos dijo desde la profundidad de sus gafas de espejo. Bauluz y yo nos mirábamos pero no estábamos tranquilos. Nos imaginamos la posibilidad de saltar por los aires junto a José en algún lugar del desierto iraquí.

Al iniciar el vuelo, uno de los tripulantes nos había entregado dos tapones para los oídos. Así pudimos soportar el ruido de los rotores. El silencio no era total pero servía para crear cierta sensación de aislamiento. Apenas podíamos comunicarnos. De hecho, teníamos que escribir todo lo que decíamos porque era imposible entendernos. Alfonso estuvo en todo momento hablándome y animándome. También lo hacía, a su manera, el artillero y el tripulante que viajaba a nuestro lado. Nos enseñaban las fotos de sus mujeres y sus niños y nos daban el pésame por lo ocurrido. Yo tenía una enorme sensación de tristeza. Delante de mí, a la altura de mis ojos, viajaba José, en el interior de esa bolsa amarilla. La habían colocado en la parte de estribor de la nave. Al otro lado, donde estábamos sentados nosotros, viajaban en otras dos camillas otros dos marines heridos.

«Nos llevan a casa.» Masculló durante un rato la ironía de ese emblema. Nos llevaban a casa hundidos, cercenados. Volvíamos la mitad del equipo. Volvíamos a casa, sí, pero yo había dejado una parte de mí en Bagdad. Y José... José se lo había dejado todo. José había muerto y éste era el final de nuestra aventura. Los norteamericanos le mataron y los norteamericanos «nos llevaban a casa».

Miré intensamente la bolsa hermética, enfrente de mí. Trataba de imaginarme la figura de José en su interior. Fueron dos horas de vuelo de intenso dolor. Dos horas de fijación en esa bolsa amarilla a la que miraba y hablaba. Le dije que lo sentía. Le dije que me sentía culpable por haber aceptado cubrir esa guerra. Le dije que jamás podría olvidar tanta humildad y tanta humanidad junta. Que había sido mi mejor compañero de viaje. Le grité, por encima del ruido intenso de las aspas del helicóptero, que lucharía por encontrar a los responsables de su muerte. «Esa bolsa no es sitio para ti, José –pensé amargamente–, sal de ahí ya. Huye, vuela, espérame en algún lado porque te echo mucho de menos, amigo.»